RICHARD CARLSON

RICHARD CARLSON

Lo que **Sí** importa en la **Vida**

Enfrenta los grandes retos y sigue adelante

alamah AUTOAYUDA

Título original: *What about the Big Stuff?: Finding Strenght and Moving Forward When the Stakes are High.*

alamah [○]

De esta edición:
D. R. © Santillana Ediciones Generales, S.A. de C.V., 2004.
Av. Universidad 767, Col. del Valle.
México, 03100, D.F. Teléfono (52 55) 54 20 75 30
www.alamah.com.mx

- Distribuidora y Editora Aguilar, Altea, Taurus, Alfaguara, S. A.
  Calle 80 Núm. 10-23, Santafé de Bogotá, Colombia.
- Santillana Ediciones Generales, S. L.
  Torrelaguna 60-28043, Madrid, España.
- Santillana S. A.
  Av. San Felipe 731, Lima, Perú.
- Editorial Santillana S. A.
  Av. Rómulo Gallegos, Edif. Zulia 1er. piso
  Boleita Nte., 1071, Caracas, Venezuela.
- Editorial Santillana Inc.
  P.O. Box 19-5462 Hato Rey, 00919, San Juan, Puerto Rico.
- Santillana Publishing Company Inc.
  2043 N. W. 87 th Avenue, 33172. Miami, Fl., E. U. A.
- Ediciones Santillana S. A. (ROU)
  Cristóbal Echevarriarza 3535, Montevideo, Uruguay.
- Aguilar, Altea, Taurus, Alfaguara, S. A.
  Beazley 3860, 1437, Buenos Aires, Argentina.
- Aguilar Chilena de Ediciones Ltda.
  Dr. Aníbal Ariztía 1444, Providencia, Santiago de Chile.
- Santillana de Costa Rica, S. A.
  La Uruca, 100 mts. Oeste de Migración y Extranjería, San José, Costa Rica.

Primera edición: septiembre de 2004.
ISBN: 968-19-1232-2
Traducción: Gerardo Hernández Clark.
D. R. © Diseño de cubierta: Antonio Ruano Gómez.
Diseño de interiores: Times Editores, S.A. de C.V.
Impreso en México.

Índice

Dedicatoria

Este libro está dedicado a todos los que han vivido situaciones difíciles o dolorosas, y a los héroes desinteresados que los ayudaron a superarlas.

Agradecimientos

Tengo una deuda de gratitud con las siguientes personas:

Mi amada familia: Kris, Jazzy y Kenna por recordarme todos los días las cosas verdaderamente importantes. Las amo mucho. A mis padres, Barbara y Don Carlson, y a mis hermanas Kathy y Anna, por el amor que siguen compartiendo conmigo y por incluirme en sus vidas. Es bueno poder reír juntos después de todos estos años.

Muchas gracias a mis queridos amigos Benjamin Shield y Joe Bailey por estar dispuestos a platicar conmigo sobre los sucesos que pueden transformar la vida, así como por sus ideas y su amistad incondicional; a Marvis Karn por su increíble sabiduría y disposición para escuchar. Me has ayudado mucho en lo personal. También agradezco de manera muy especial a un amigo y mentor de toda la vida: Marvin Levin. Gracias por tus ideas, por estar siempre ahí, y por tu leal amistad.

A las miles de personas que he conocido y que han compartido conmigo historias sobre los grandes retos de sus vidas.

A Leslie Wells, mi brillante correctora, y a todas las personas de Hyperion que trabajaron en este libro y que siguen creyendo en mi mensaje. A Patti Breitman, quien me exhortó durante mucho tiempo a escribir este libro; a Linda Michaels por su perseverancia para llevar mis libros a otros países; y a Nicole Walton por el enorme apoyo que me ha brindado cotidianamente. ¡Les agradezco mucho a todos!

Finalmente, gracias a mi amigo Robert Faberman. Después de todos estos años, sigo pensando en ti todos los días. Nunca te olvidaremos.

Introducción

No tienes que recordármelo. ¡Lo admito! Soy la misma persona que dijo: «No te ahogues en un vaso de agua... todos los problemas son pequeñeces» [*Don't sweat the small stuff... and it's all small stuff*]. Por fortuna, la enorme mayoría lo son. Casi todas las cosas que nos molestan en la vida cotidiana son de una importancia relativamente menor, y saber cómo manejarlas es fundamental para tener una vida más feliz y menos estresada. Incluso puedo decir que éste es el requisito más importante.

No obstante, es innegable que existen situaciones y retos graves que son inevitables. Todos experimentamos dolor en el transcurso de la vida; algunas causas son universales: enfermedad, muerte, lesiones y envejecimiento, y otras varían de persona a persona: drogadicción, alcoholismo, aprietos financieros, divorcio, ser víctima del crimen, la violencia o los prejuicios. Estos sucesos pueden presentarse en cualquier momento, con diferente intensidad y de distintas formas, pero sin duda existen. Algunas causas son previsibles; otras, totalmente inesperadas.

El 11 de septiembre de 2001 fuimos testigos de lo rápido que puede cambiar la vida. Además de la pérdida de miles de vidas inocentes, Estados Unidos, y en cierta forma todo el mundo, cambió para siempre. Los actos de violencia, dirigidos contra una nación o contra un individuo, provocan esto. Lo mismo ocurre con otros sucesos como los accidentes o los diagnósticos inesperados.

Este libro nació por una razón muy especial. Desde 1997, año en que se publicó mi primer libro [*Don't Sweat the Small Stuff*], he recibido miles de cartas con la misma pregunta: «¿Qué hacer frente a los problemas o situaciones graves?» Conforme he ido haciéndome mayor y —espero— más sabio, he empezado a hacerme esta pregunta con más frecuencia. Este libro es un intento por responderla. Su creación me ha permitido aprender mucho y ha sido una parte significativa de mi vida. He tenido el privilegio de hablar con algunas personas extraordinarias que han enfrentado problemas de esta índole y he podido aprender de cada una de ellas.

Emprendí este libro tanto desde la perspectiva de un alumno como la de un maestro. No soy experto en este campo, y algunos problemas de la vida son tan graves que no creo que haya expertos o personas verdaderamente calificadas para aconsejar sobre ellos. Una vez aclarado esto, quiero que sepas que éste no es un libro preceptivo; su intención es apelar, motivar y despertar tu capacidad de curación interna. Creo con todo mi corazón que cada persona, independientemente de lo que esté viviendo, tiene la capacidad de sanar y de gozar de salud interna. Lo he visto una y otra vez. Lo que te ofrezco es mi mejor intento para guiarte en esta dirección.

La intención de este libro es ofrecer consuelo e inspiración. Mi objetivo es que te sientas inspirado y optimista para encontrar la paz y seguir adelante. Algunos necesitarán ayuda especializada o amistades; otros, leer algunos libros más, tomar un curso, aprender a meditar o acercarse a su religión. Mi esperanza es que este libro encienda tu creatividad y te encamine en la dirección adecuada.

Quisiera agregar unas palabras sobre un tema delicado. Te pido que mientras lees este libro no olvides el buen humor y los aprietos que implica nuestra condición humana. Aunque el tema es serio y hay mucho de por medio, creo que es importante conservar la jovialidad y la objetividad. No lo digo para disminuir la gravedad de algunas cosas que debemos enfrentar, sino para facilitar su superación.

Cuando vemos a personas que están enfrentando una situación grave, resulta evidente que quienes mejor las manejan son los que han logrado conservar la ecuanimidad y el sentido del humor. A veces es difícil entender cómo lo hacen, pero no hay duda de que lo logran. En parte se debe a que el mejor antídoto contra el dolor es la alegría. Mientras más valoremos la vida y la gozamos con alegría, será más fácil equilibrar el dolor y ver las cosas en su verdadera dimensión.

Pienso que hay varias formas de enfrentar los sucesos trascendentales de la vida. Primero, podemos prepararnos creando una reserva de salud interna. También podemos ser conscientes de la manera en que ciertos pensamientos, actitudes y comportamientos pueden empeorar las cosas y de que es posible evitar más dolor, al menos hasta cierto punto. Asimismo, podemos aprender a sentirnos más felices y satisfechos en nuestra vida diaria, lo que funcionará como contrapeso del dolor.

Podemos aprender a superar y aceptar las cosas, y a dejar que nuestra sabiduría interior se haga cargo. Con la práctica, aprenderemos a tener acceso a nuestra salud mental y a gozar de paz interior, no sólo porque esto proporciona la recompensa inmediata de una vida feliz y satisfecha, sino porque puede funcionar como una preparación para lo inevitable. En este sentido, creo que aprender a no ahogarnos en un vaso de agua prepara para hacer frente a los retos y a las situaciones graves. Acostumbrarnos a responder de forma saludable y eficaz en lugar de reaccionar ante pequeñeces, es una especie de entrenamiento para encarar asuntos más serios. Nos habituamos a ser saludables, y la salud es muy necesaria cuando enfrentamos situaciones difíciles.

También podemos ser proactivos en nuestras respuestas; esto significa que podemos aprender tácticas específicas para responder a sucesos y aspectos dolorosos de la vida. Por ejemplo, podemos aprender a tener un optimismo sincero y a rendirnos al dolor en vez de intentar resistirlo. Hay disciplinas como la meditación, el yoga y la conciencia profunda que enseñan que la rendición es una opción realista y saludable. Podemos aprender a rezar, a pedir ayuda y, principalmente, a acercarnos a Dios en las buenas y en las malas.

No hay duda de que podemos aprender a practicar la compasión y la amabilidad cotidianamente. Esto no sólo beneficia a los demás, sino que nos hace inmunes al dolor. Si observas a los voluntarios que acuden a un desastre natural, a un acto de terrorismo o a una crisis personal, notarás que ellos son quienes mejor los superan. Esto sucede porque no están concentrados en sí mismos, sino en lo que pueden hacer para ayudar. Su mente y su corazón están llenos de amor, y el amor es la fuerza de curación más poderosa.

Al profundizar en la sabiduría se afina la capacidad de enfrentar el dolor y ayudar a los demás a enfrentar el suyo. Sin embargo, es importante señalar que no hay que padecer una crisis de vida o muerte para gozar los beneficios de una sabiduría cada vez más profunda. Si concentramos nuestra atención y esfuerzos en las cualidades más profundas de nuestro ser y más importantes de la vida, no sólo nos preparamos para hacer frente al dolor, sino que aprendemos a valorar el don de la vida. De hecho, eso es lo más importante que se debe recordar: la vida es un don. A pesar del dolor y de los problemas grandes o pequeños, la vida es una experiencia mágica. Piensa que los esfuerzos que hagas para aprender a manejar los retos y situaciones graves reforzarán tu decisión de no ahogarte en un vaso de agua.

Espero que este libro te ayude a mejorar tu experiencia de vida y que lleve alegría y esperanza a tu corazón. Mi esperanza y mis oraciones están puestas en que, a pesar de todo, encuentres la paz incluso cuando enfrentes retos y situaciones difíciles.

Richard Carlson

Aprende de los sucesos trascendentales

Hay mucho que aprender de los sucesos trascendentales de la vida. Ya sea algo alegre como una boda, un nuevo bebé o una celebración de cualquier clase, o algo triste o trágico como un accidente, una enfermedad o la muerte; siempre hay lecciones importantes que pueden mejorar nuestra vida y, si se les presta atención suficiente, pueden transformar el mundo.

Diez días después de los ataques terroristas contra el World Trade Center y el Pentágono salí a comer con una amiga, quien me dijo con lágrimas en los ojos: «¿Te diste cuenta de que ninguna de las personas que iban en los aviones secuestrados y que pudieron hablar por teléfono llamaron a su corredor de bolsa?» Sin ánimo de burla, mi amiga señaló algo evidente e importante. Cuando enfrentamos situaciones difíciles, sólo importa una cosa: el amor. Nadie se preocupa de cuánto pesa o de cómo se ve; no nos molesta que la vida no sea perfecta, los impuestos altos; que los liberales y los conservadores peleen; nuestros conflictos previos, las disputas con los vecinos o la falta de lugares para estacionarse. No importan las tasas de interés de las inversiones ni pensamos en ninguna de las cosas de las que solemos quejarnos. De hecho, lo único que importa, cuando *en verdad* importa, es el amor. La pregunta es: ¿por qué tratamos a la vida como si en este momento no importara?

Christopher Morley dijo acertadamente: «Si fuéramos a morir repentinamente, pero alguien nos avisara cinco minutos antes, si tuviéramos esos cinco minutos para manifestar nuestros sentimientos más profundos, todas las cabinas telefónicas estarían ocupadas por personas deseosas de comunicarse con otras personas para expresarles con voz entrecortada su amor».

La bodas nos recuerdan la importancia del amor. Siempre es reconfortante ver a las parejas que asisten tomadas de la mano a estas celebraciones. Es como si la ceremonia en honor de una pareja tuviera el efecto de unir a las demás. Las bodas evocan nuestros sentimientos de amor y nos alientan a reflexionar sobre su naturaleza. ¿No sería agradable ver a esas mismas parejas caminar tomadas de la mano más seguido? ¿Por qué no lo hacen?

Una vez, una amiga me contó que cuando dio a luz, sus padres estuvieron en el hospital. Tal vez te preguntes qué tiene esto de raro. Lo raro es que sus padres no se habían dirigido la palabra en diez años. El nacimiento de su nieto los juntó y hablaron casi como viejos amigos. La amargura y el resentimiento dieron lugar a la veneración del don de la vida y del amor. No hubo esfuerzo de por medio; lo que sucedió fue que ambos cayeron en cuenta de que hay cosas más importantes en la vida que las nimiedades que nos mantienen separados. ¿No sería maravilloso tener presente esto cotidianamente? ¿Por qué no podemos hacerlo?

En un libro anterior conté la historia de Jim e Yvonne, quienes estuvieron infelizmente casados durante más de 30 años. Un día recibieron la noticia de que Jim tenía cáncer. Antes de recibir la noticia habían vivido un año de irritación constante, y ambos se sentían molestos e insatisfechos gran parte del tiempo. Jim dijo que su amor se había perdido muchos años atrás.

Seguramente has oído relatos similares, pero vale la pena recalcarlos. En el momento en que supieron del cáncer, experimentaron un cambio repentino en su conciencia y sus sentimientos se transformaron. La ira, el rencor y la impaciencia fueron reemplazados instantáneamente por el amor y la ecuanimidad. Se dieron cuenta de que más allá de los hábitos superficiales y autodestructivos que habían adquirido, en realidad se amaban y necesitaban mutuamente.

¿En verdad se había perdido su amor? Y si así era, ¿adónde se fue? ¿Es posible que se hayan concentrado en las cosas equivocadas y que hiciera falta un acontecimiento importante para despertarlos? Yo creo que el amor que sintieron al saber de la enfermedad siempre estuvo ahí. ¿Es posible descubrir esta posibilidad en nuestra vida diaria sin necesidad de recibir malas noticias? ¿Por qué no?

Los sucesos trascendentales también nos enseñan (o recuerdan) la brevedad y el valor de la vida. Si asistimos a un funeral, ¿qué escuchamos? Sin duda, muchas reflexiones profundas (y acertadas) sobre la fugacidad de la vida.

No hace mucho asistí a la fiesta de graduación de secundaria de la hija de unos amigos. Lo que mejor recuerdo es la manera tan afectuosa en la que muchas personas que conocían a la graduada decían: «No puedo creer que sea toda una mujer; todo pasó tan rápido». En un momento estamos jugando en la cuna y al siguiente estamos terminando la escuela secundaria. Escuché cosas similares en la última fiesta de retiro a la que fui, otro suceso importante. Los amigos, colegas y el homenajeado decían cosas como: «Parece que fue ayer cuando Fred trabajaba en la sala de correo. ¿Adónde se fueron todos esos años?»

¿Por qué olvidamos disfrutar el proceso de la vida mientras se está desarrollando? ¿Por qué nos preocupamos tanto por pasar rápidamente de una cosa a la siguiente? ¿Por qué tenemos tanta prisa y al final nos sentimos tan frustrados? Nos apresuramos a crecer y a hacer las cosas, y luego quisiéramos poder hacerlo otra vez. ¿Hay alguna manera de aminorar la marcha y disfrutar el proceso? Si pudiéramos hacerlo, ¿es posible evitar el remordimiento?

El tercer regalo que aprendemos de los acontecimientos trascendentales es la importancia de la amabilidad y la generosidad. Es impresionante la generosidad que se manifiesta durante una dolorosa tragedia. Su presencia nos hace sentir orgullosos de ser humanos. Con frecuencia, las personas dan todo. He visto cómo después de una tragedia, niños pequeños ponen sus juguetes favoritos en cajas y los envían a familias necesitadas. También es común ver a personal de emergencias y a personas comunes realizar actos extraordinarios y arriesgar sus vidas para salvar a desconocidos.

No hace mucho, una amiga dio a luz. Entonces ocurrió algo notable: la nueva madre se vio inundada no sólo de hermosos obsequios sino también de guisos que le llevaron prácticamente todos sus vecinos. ¡La familia tuvo comida para varias semanas! Otros se ofrecieron a limpiar la casa y a realizar otras tareas. La amabilidad fue casi tan hermosa como el bebé.

El año pasado se casó una de las mejores amigas de mi esposa Kris. Fue una ceremonia maravillosa, pero hubo otra cosa extraordinaria. Me conmovió ver la disposición de Kris para tomar un avión y dedicar una semana a ayudar a su amiga con los preparativos. Aunque era una de las épocas más atareadas de su vida, su respuesta fue: «Me encantaría hacerlo», y lo decía en serio, pues disfrutó cada minuto. Aunque prácticamente no había tenido tiempo para ella durante los meses anteriores, se las arregló para brindar varios días a alguien a quien amaba. A lo largo de los años he hablado con mujeres y hombres que han hecho cosas similares por sus amigos cuando se trataba de algo importante.

Ser amables y generosos es natural y proporciona mucha satisfacción. ¿Hay alguna manera de integrar esa amabilidad y generosidad a la vida diaria? Yo creo que sí, si lo convertimos en una prioridad.

Estemos o no involucrados directamente, los sucesos trascendentales siempre están alrededor. A veces creo que los acontecimientos importantes son al «entendimiento» lo que la escuela es a los niños. En ambos casos, la información está ahí, lista para llevarnos a nuevas alturas, pero debemos estar dispuestos para aprender.

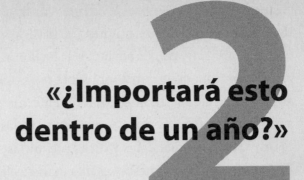

«¿Importará esto dentro de un año?»

En *Don't Sweat the Small Stuff* propuse la pregunta: «¿Importará esto dentro de un año?» El supuesto, obviamente, es que la mayor parte de las cosas *no* serán importantes dentro de un año. Ahora bien, si no lo serán, ¿qué caso tiene molestarse por ellas ahora?

Hace dos semanas iba a reunirme con alguien para comer, o por lo menos eso creí. El problema fue que la persona con la que iba a verme nunca apareció. Como dejé de lado algunas actividades para ese encuentro, estaba impaciente y molesto. Entonces recordé la pregunta y mi reacción comenzó a suavizarse. No es que recordar la importancia relativa de las cosas sea una panacea que evitará cualquier molestia; simplemente ayuda a ver las cosas con objetividad.

Sin embargo, hay otro aspecto esencial en esta pregunta: las cosas que *sí* serán importantes dentro de un año, los sucesos trascendentales.

Cuando miremos hacia atrás dentro de un año, ¿importará que hayamos cuidado nuestra salud? ¿Importará el tiempo que hayamos pasado con nuestros seres queridos?

¿Importará si ahorramos e invertimos dinero? ¿Importará si dedicamos por lo menos un poco de tiempo a las cosas realmente significativas? ¿Importará que hayamos meditado, rezado o continuado nuestras prácticas religiosas? ¿Importará si alguien a quien amamos muere, enferma gravemente o sufre un daño físico serio? La respuesta a todas estas preguntas es: «Sí». Formular éstas y otras preguntas similares y reflexionar sobre las respuestas, es una manera eficaz de calcular la importancia relativa de algunos acontecimientos y circunstancias de nuestra vida. En general, si algo pasa la prueba del año, significa que merece tiempo y atención; si no, tal vez no vale la pena considerarla dentro de las prioridades.

Lily, una ocupada madre y profesionista, me contó que tenía el hábito de decir sí a cualquier solicitud. Llegó un momento en el que había adquirido demasiados compromisos en el trabajo, en la escuela de sus hijos y en su comunidad, pero como creía que le iba «bastante bien», se sentía culpable de decir no. No es que una sola cosa hubiera tomado el control de sus actividades y su tiempo, sino que la suma de decenas de pequeños compromisos la estaba haciendo polvo.

Después de la muerte de un familiar, Lily empezó a analizar su vida. Uno de los cambios más significativos que hizo fue empezar a preguntarse: «¿Importará esto dentro de un año?» Se dio cuenta de que aunque es relativamente fácil justificar la importancia de algo a un año de distancia, sólo un puñado de cosas en verdad importarían.

Lily empezó a eliminar algunos compromisos que le habían impedido ocupar su tiempo como quería hacerlo, aprendió a decir no más seguido y, por supuesto, su vida empezó a mejorar.

Muchas personas han utilizado esta pregunta de manera similar, yo entre ellas. Sé lo fácil que es adquirir más compromisos de los debidos, incluso sin contar los que no pasan la prueba del año. Por eso es tan importante preguntarse, «¿importará esto dentro de un año?»

Gracias a esta pregunta, mi vida ha cambiado. Aunque soy más renuente a acceder a ciertas peticiones, me inclino más a decir sí a las cosas realmente importantes. Por ejemplo, los cambios que observé en mis hijas en un lapso de un año me impresionaron mucho. Me di cuenta de algo obvio: no volveré a tener otra oportunidad de pasar tiempo con mis hijas de nueve y doce años, pues dentro de un año tendrán diez y trece. Cada decisión que me evite pasar tiempo con alguna de ellas tiene una consecuencia muy clara.

Cierto sábado, mis hijas no tenían nada qué hacer y yo había planeado arreglar el ático. A pesar de que no es divertido, estaba decidido a hacerlo. Incluso lo había anotado en mi agenda, pues ya era necesario.

Cuando estaba a punto de comenzar, mi hija de doce años, Jazzy, me dijo: «Papá, ¿qué vas a hacer ahora?» Cuando le dije que iba a estar ocupado en el ático, ella contestó: «Oh, bueno, es que pensé que tal vez podríamos hacer algo juntos».

Éste es un pequeño ejemplo de la importancia de preguntarse, «¿importará esto dentro de un año?» No se trata de posponer indefinidamente todas las tareas domésticas u otra clase de compromisos; no podemos hacerlo, y quizá ni siquiera lo queramos. Sin embargo, en muchos casos podemos elegir, y éste era uno de ellos. En casa, es raro que las niñas no tengan planes los sábados para salir con amigos, jugar futbol o cualquier otra cosa, por eso estaba en mis manos elegir.

Cerré la puerta del ático con la seguridad de que el desorden seguiría ahí para otro día, y así fue. Paseamos juntos y vimos una película. No hace falta decir que valió la pena el cambio de planes. Un año después, todavía me alegro de haber tomado esa decisión.

El valor de la prueba del año es que permite ver cada circunstancia de manera independiente o automática. En otras palabras, en vez de reaccionar diciendo «no tengo tiempo» o «estoy muy ocupado» a nuestro cónyuge, pareja o hijos, nos tomamos un minuto para evaluar la situación y hacemos tiempo si es algo en verdad importante.

La otra cara de la moneda es que nos volvemos más cuidadosos al evaluar cada situación antes de decir sí. Cuando nos piden algo, debemos hacernos dos preguntas. Primero: «¿Lo debo hacer?» y, segundo: «¿Lo quiero hacer?» Si no respondes sí a una de estas preguntas, aprenderás a decir no con más frecuencia y empezarás a tener más tiempo para las cosas realmente importantes. Después de todo, ¿qué es más importante que el tiempo?

He descubierto que tener presente esta pregunta me ha permitido ser una persona más feliz y más auténtica. Cuando digo sí, rara vez es por obligación. Ya sea que se trate de hacer un favor a alguien o de participar como chofer en un viaje escolar al campo, si digo que quiero hacerlo, normalmente lo digo en serio. Esto elimina el arrepentimiento y resentimiento hacia los demás, pues lo hago por decisión propia.

Un problema común es confundir lo importante con lo urgente o lo obligatorio. Tenemos veinte puntos en la lista de pendientes y sentimos la obligación de terminarlos. Entonces pensamos: «Pasaré más tiempo con mis hijos cuando haya terminado estos pendientes» o «Me encantaría trabajar como voluntario en la iglesia, pero estos días estoy muy ocupado» o «Empezaré a hacer ejercicio la próxima semana, cuando mi agenda esté más despejada».

Los puntos de la lista pueden incluir limpiar el garaje, hacer algunos mandados, reunirnos (por obligación) con un conocido que vino a la ciudad o cualquier otra cosa. Tal vez somos miembros de algunos comités o trabajamos como voluntarios en otras actividades que, bien vistas, no significan mucho para nosotros. No digo que estas cosas no puedan ser importantes, sino que muchas veces la manera en que ocupamos el tiempo depende de nosotros. Tenemos la intención de hacerlo todo, pero lo importante se queda atrás porque carece del carácter de urgente.

Benjamin, mi mejor amigo, y yo, nunca intercambiamos regalos en los días festivos. Fue su idea; me dijo: «Saber que no vas a gastar tu precioso tiempo recorriendo centros comerciales para buscarme algo, me hace más feliz que cualquier regalo que pudieras darme». Lo mejor de todo es que lo dice en serio. Sabe que no me gusta ir de compras, especialmente cuando hay grandes multitudes. Piensa un momento en el obsequio que me hace. Cada año me regala las dos o tres horas que necesitaría para trasladarme a las tiendas apropiadas para encontrarle el regalo perfecto.

El otro día escuché una anécdota que me rompió el corazón, pero que ilustra perfectamente esta estrategia. Un hombre muy ocupado trataba de encontrar tiempo para visitar a su madre enferma en el hospital, y cada día se decía: «La veré mañana». Seguramente ya imaginas el final de la historia. La madre falleció antes de que él hallara tiempo.

La mayoría de las circunstancias no son tan drásticas como ésta; suelen ser más intrascendentes y se relacionan con la distribución cotidiana de nuestro tiempo y energía. Sin embargo, es importante recordar que la vida tiene determinada forma por la manera en que gastamos nuestros minutos, horas y días. Nuestro tiempo es precioso y podemos aprender a tratarlo como tal. Una excelente manera de comenzar es preguntar «¿Importará esto dentro de un año?»

Acepta que no sabes y sumérjete en lo desconocido

Una vez hablé con un hombre que había sido, según sus palabras, «burlado y estafado» por uno de sus socios. Para empeorar las cosas, este socio era uno de sus mejores amigos. El hombre se sentía traicionado, herido y resentido. Llevaba un año rompiéndose la cabeza para encontrar una razón lógica o una respuesta que aliviara su dolor. Estaba decidido a saber por qué las cosas habían sucedido así, a «entenderlo». Incluso había acudido a una terapia para tratar de superar la experiencia.

No obstante, por más que se esforzaba, el resultado parecía ser siempre el mismo: frustración. Mientras más insistía en saber, más confusión sentía; empezó a pensar con cinismo y se convenció de que nunca podría volver a confiar. El hombre estaba experimentando un caso de pensamiento circular.

Gracias a lo que describió como un golpe de suerte, alguien lo animó a asistir a una conferencia en la que mencionaron, entre otras cosas, que casi siempre hay sucesos que sencillamente no comprendemos, pero que no hay nada de malo en que sea así. La idea central era que al hacer las paces con el hecho de que no sabemos, podemos dejar atrás el pasado sin importar cuán doloroso haya sido y seguir adelante.

En mi juventud tuve problemas con la ortografía. Mi padre solía decirme: «Richard, no hace falta que conozcas la ortografía de todas las palabras, sólo que sepas cuáles palabras no sabes». Él tenía razón. Para eso existen los diccionarios.

Mientras tengamos conciencia de que no sabemos cómo se escribe una palabra, no habrá problema; simplemente tenemos que buscarla. Algo similar ocurre con los desafíos de la vida: no siempre es necesario saber algo; lo más importante es saber que no sabemos y que quizá no sea necesario ese conocimiento. Al igual que la conciencia de no saber cómo se escribe una palabra abre la puerta a una respuesta, en este caso un diccionario, el reconocimiento de que no sabemos qué hacer o por qué ocurrió algo, también abre puertas. Es necesario tener un poco de fe y paciencia, las respuestas surgirán. Cuando damos un paso hacia lo desconocido y dejamos de rechazarlo o resistirlo, preparamos el camino para nuevas respuestas.

Cuando las personas son deshonestas, poco éticas, poco confiables o falsas, como en la anécdota anterior, hay factores que están más allá de su percepción. El mundo y sus habitantes están llenos de intereses opuestos, motivaciones íntimas y necesidades que pueden provocar resultados decepcionantes e incluso perjudiciales.

Al principio, el hombre que se sentía traicionado por su antiguo amigo pensó: «¿Y qué con eso?». Luego se hizo la pregunta obvia: «¿Qué se supone que debo hacer, perdonar los actos de maldad simplemente porque no comprendo qué los motivó? ¿Qué clase de psicología barata es ésta?»

Sin embargo, poco a poco empezó a captar el mensaje que el conferencista intentaba transmitir. Los seres humanos somos criaturas increíblemente complejas. Todos hemos experimentado dolor y decepción, y estamos llenos de sentimientos discrepantes y antagónicos.

Con frecuencia, nuestros móviles son inconscientes, lo que significa que a veces hacemos cosas sin saber por qué. Algunos hemos tenido pésimos modelos de conducta y hemos aprendido hábitos negativos y destructivos. Nuestra visión del mundo está teñida de negatividad, egoísmo e inseguridad. En mayor o menor grado, todos tenemos daños internos que matizan nuestro discernimiento, compasión y hasta nuestros valores éticos.

Por ejemplo, la necesidad de una persona por demostrar que tiene la razón puede ser tan intensa que puede llevarla a criticar en público a las personas que más ama. Intentará ponerlas en su lugar, pero no porque no las ame, sino porque su necesidad exagerada de tener la razón es parte de lo que él cree que es y de aquello con lo que se identifica. Puede tratarse de motivaciones o hábitos inconscientes que literalmente lo controlan. Cuando alguien dice o hace algo que contradice su postura, él salta a la acción para defender su orgullo inconsciente, y dirá o hará prácticamente cualquier cosa con tal de demostrar, una vez más, que tiene la razón.

Por desgracia, es casi inevitable conocer, hacer amistad, asociarse e incluso casarse con personas que tengan un daño similar. Los detalles pueden cambiar, pero el daño estará ahí; puede haber sido causado por la educación, por un comportamiento aprendido, por los genes o por cualquier otra cosa. ¿Quién lo sabe con certeza?

Uno de mis mentores lo equiparaba con una persona que estuviera en una silla de ruedas emocional. Así como las personas confinadas a sillas de ruedas no pueden caminar, una persona traumatizada puede ser incapaz de actuar de manera distinta, por más desagradable que sea para los demás.

El hombre que estafó a su amigo puede estar tan identificado con su propio egoísmo o con la necesidad de parecer exitoso, que es prácticamente incapaz de tratar a las personas honestamente y de manejar sus negocios con ética. El hecho de que su «víctima» era un buen amigo, no fue suficiente para eclipsar su inseguridad.

La diferencia, por supuesto, es que es más fácil sentir compasión por una persona con un impedimento físico. Es algo que puede verse, es evidente y comprensible. Por otra parte, una persona con un impedimento emocional tiene un problema invisible que es más difícil de comprender; lo único que podemos ver son sus efectos.

¿En qué nos beneficia saber esto? Llevar a la práctica este conocimiento no es sencillo. No tiene nada que ver con justificar el comportamiento de las personas. Por ejemplo, el hombre cuyo amigo lo engañó estaba considerando presentar cargos legales y/o criminales. De lo que se trata es de hacer las paces con el hecho de que, aunque quisiéramos que fuera distinto, hay cosas que simplemente no comprendemos.

El primer paso para alcanzar la paz interior es admitir que simple y sencillamente no conocemos todas respuestas.

El segundo paso para lograr la paz interior, reforzarla y protegerla, es aceptar lo desconocido en vez de resistirnos. Al aceptar que no sabemos, y al acercarnos a ello, estaremos en paz más pronto.

A la mayoría nos produce temor el cambio, ya sea porque nos casamos o divorciamos, porque tenemos un hijo, porque nos mudamos, cambiamos de empleo o abandonamos una relación. Todo es atemorizante porque es diferente. No sabemos qué va a ocurrir ni podemos predecir las consecuencias o el futuro. Lo desconocido nos saca de nuestra zona de comodidad.

El esposo de Sara murió en un accidente automovilístico. Aproximadamente un año después, sus amigos y familiares decidieron que era tiempo de que conociera a personas nuevas; incluso de que saliera con alguien. Ella había conocido a alguien que había despertado su interés, pero aunque quería salir con él, sentía demasiado miedo. Al igual que Sara, a veces nos sentimos apesadumbrados, aburridos, solos o asustados, y algo en nuestro interior prefiere quedarse con lo familiar, aunque sea doloroso, a pisar territorio desconocido.

Una vez escuché que unos leones rescatados de un incendio fueron transportados en jaulas a otro sitio. Para los leones, el nuevo lugar era perfecto. Había animales de presa y agua en abundancia, belleza natural y seguridad en todas direcciones. Simplemente no podía ser un lugar mejor para un león.

Sin embargo, cuando abrieron las jaulas, los leones se rehusaron a salir. Aunque la salida estaba totalmente abierta, los animales se agazapaban en una esquina. Cualquier intento de animarlos tenía como respuesta un enfurecido y amenazante rugido. ¿Qué puede ser peor para un león que estar confinado a una jaula? Sólo una cosa: su miedo a lo desconocido. Ellos preferirían morir en la jaula a salir a un mundo desconocido. Éste es un símil casi perfecto. En general somos como esos leones, la diferencia es que creamos nuestra propia jaula. Uno de los ejemplos más drásticos y tristes es el de las mujeres golpeadas que regresan con los esposos o novios que abusan de ellas. Ellas saben que quedarse o volver es estar en el infierno, pero no hacerlo les resulta tan atemorizante que prefieren lo conocido a lo desconocido.

Hay cientos de ejemplos menos graves —aunque también importantes— en los que el miedo a lo desconocido controla las actitudes y decisiones que tomamos. Un conocido estaba sufriendo en su matrimonio. Su amor había sido aplastado tiempo atrás por el resentimiento que se había desarrollado entre él y su esposa. La pareja había encontrado una manera de estar juntos que, en el nivel más superficial, parecía funcionar. Las cuentas se pagaban, la casa era bonita y los hijos crecían.

No obstante, su espíritu estaba muriendo. No había entre ellos conexión ni intimidad alguna. Sus conversaciones eran corteses pero rutinarias. Hacía mucho que habían dejado de escucharse y ninguno de los dos conocía los sueños del otro.

Aunque era doloroso, por lo menos era familiar. Tratar el asunto sería, según palabras de él: «hacer olas»; sería peligroso y arriesgado. No sabía cuál sería la reacción de ella; tal vez se sentiría devastada, pediría el divorcio o se llevaría a los niños. Podía arruinarlo financieramente. Todo era tan atemorizante que no valía la pena arriesgarse a cambiar.

En situaciones dolorosas, la clave para recuperar la libertad es, en primer lugar, reconocer la jaula. ¿Cómo podemos salir o liberarnos si ni siquiera sabemos que estamos atrapados? Aunque muchas veces asociamos las jaulas con seguridad, en realidad están llenas de angustia. Claro que es familiar, pero es dolorosa.

A veces, el dolor tiene que ser casi insoportable para activar el deseo de liberarnos. Ésta es la razón por la que un adicto frecuentemente toca fondo antes de pedir ayuda. Cuando el dolor es terrible, pero soportable, vemos la jaula como un lugar seguro. Hasta que el dolor cruza la línea y se hace insoportable, empezamos a actuar.

Es difícil evaluar objetivamente los riesgos. Saltar desde un techo puede ser arriesgado; podemos lastimarnos, rompernos una pierna o incluso morir. No obstante, si la casa se está incendiando, es casi seguro que moriremos si no saltamos. Mi conocido consideraba extremadamente riesgoso sacar a la luz los problemas de su matrimonio porque era posible que las cosas empeoraran. Imaginaba el divorcio, terapias, peleas, sentimientos heridos, dificultades económicas, abogados, a sus hijos lejos y toda clase de cosas. ¿Cómo podemos evaluar estos riesgos? ¿Qué tan reales son? Es difícil decirlo. Tal vez no sean más que conjeturas o especulaciones.

No obstante, si permanecemos en la jaula, el sufrimiento está garantizado. El riesgo es de 100 por ciento. Si este hombre se queda en su jaula, permanece en silencio e insiste en mantener el *status quo*, su dolor está garantizado y será cada vez mayor.

Tal vez la medida más segura sea arriesgarse. Muchas veces, cuando damos el primer paso fuera de la jaula nos preguntamos por qué habíamos hecho tanto alboroto. No siempre, pero con frecuencia, sentimos instantáneamente libertad, alivio o por lo menos esperanza. El primer día de sobriedad, la primera noche lejos y a salvo del abusador o la primera cita después de haber perdido a quien amábamos, son experiencias de júbilo puro.

Todo lo que necesitamos es la disposición para reconocer que lo desconocido es menos riesgoso que lo conocido, y dar el primer paso. Una vez que esto sucede, vemos lo desconocido bajo una nueva luz. Lo vemos y experimentamos como aquello que mantiene vida viva y fresca. La disposición para salir de la zona de comodidad se convierte en nuestra manera de liberarnos.

Lo más difícil es dar el primer paso; una vez que lo damos, el mundo empieza a cambiar. Las cosas que parecían atemorizantes ahora parecen una aventura y nos damos cuenta de que valió la pena ser los primeros en tender la mano o en pedir disculpas. Ese salto a una nueva carrera o empresa lo consideramos ahora como una oportunidad a pesar de las dudas iniciales. Empezamos a percibir nuevas opciones que antes eran invisibles; a probar, y a abrir los ojos a nuevas posibilidades. En pocas palabras, la vida se vuelve más rica y significativa.

El mundo es un lugar misterioso. Es tentador pensar que cuando algo es desconocido, lo más prudente es evitarlo. Aunque hay ocasiones en las que esto es verdad, también es cierto que un paso hacia lo desconocido puede resultar la mejor alternativa. La apertura a esta posibilidad da sabiduría y tranquilidad. Espero que la próxima vez que no sepas algo, te des cuenta de que no tiene nada de malo no saber.

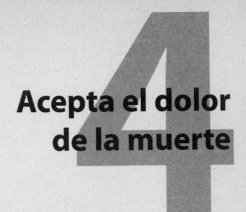

Acepta el dolor de la muerte

Vivimos en una sociedad que reprime la manifestación del dolor. Algunas religiones lo permiten más que otras, pero en general, el sufrimiento sólo se acepta en dosis pequeñas y controladas. Una vez conocí a un hombre cuyo hermano había muerto en un accidente mientras esquiaba. Ambos trabajaban en el mismo edificio, y el hombre me dijo que los primeros días después del accidente había recibido apoyo por medio de tarjetas, flores y condolencias.

Sin embargo, cuando regresó al trabajo, prácticamente toda la compasión había desaparecido de manera abrupta. Sus compañeros de trabajo parecían incómodos con lo que había pasado y era evidente que no querían hablar del tema. Había una urgencia casi irracional para que otra persona ocupara la oficina del hermano fallecido, y una negación colectiva que hacía que todos actuaran con normalidad.

El mensaje implícito en esta oficina era: «Es momento de seguir adelante; volvamos al trabajo». Nadie lo expresó en voz alta y esto provocó que fuera confuso y doloroso.

Quisiera ir un poco más allá en la interpretación del comportamiento de este grupo. Diría que el mensaje, no intencional y producto del miedo, era: «Entierra tu dolor. Deja de pensar en él. Huye y él desaparecerá».

Hay muchos ejemplos en los que un individuo o un grupo tiene buenas intenciones pero sus acciones subsecuentes provocan consecuencias negativas y no previstas. Piensa en todos los proveedores de alcohol codependientes que destapan una cerveza o sirven un vaso de vino para su compañero alcohólico. Ellos lo hacen con la mejor intención; en la mayoría de los casos, ignoran lo que están haciendo y el papel que están desempeñando. Creen que sólo están ofreciendo a la persona que aman algo que ésta quiere, algo reconfortante, están ayudando a relajarse.

El manejo del sufrimiento está a la cabeza en la lista de las cosas que pueden provocar consecuencias no deseadas. Nuestra incapacidad para hacer frente a la muerte hace casi imposible brindar apoyo, por mucho que queramos hacerlo. Nuestras palabras, actos o inacción provocarán de manera inevitable más daño que bien. Nuestra incomodidad se manifestará de maneras inesperadas. Por ejemplo, podemos decir: «Todo estará bien», en el peor momento. O tal vez tratemos de digerir la pérdida con la mente y no con el corazón, y decir: «Era su momento de partir». Aunque con buenas intenciones, nuestras palabras pueden caer como sal en una herida.

Cuando aceptamos la pena, nos informamos, nos abrimos y familiarizamos con ella, ocurren dos cosas: nos sentimos más cómodos con el tema y con el proceso. Esto permite «estar» con otras personas durante su pena y «estar» con nosotros cuando sea nuestro turno. No olvides que no es un asunto de «si», sino de «cuándo». Todos experimentaremos dolor, y al igual que los compañeros de trabajo del ejemplo anterior, todos estaremos cerca de personas que estén experimentándolo. Es conveniente prepararnos, en la medida de lo posible, para estos acontecimientos inevitables.

Hay excelentes libros sobre la muerte, la pena por la pérdida de alguien, la recuperación y otros temas relacionados. Te exhorto a que los leas antes de que sea necesario, o si ya es necesario, a que los leas en este momento. Entre mis favoritos están *Who Dies?* de Elisabeth Kübler-Ross, *When Bad Things Happen to Good People* de Rabbi Harold Kushner, y *Awakening fom Grief* de John E. Welshons. Considero que cada uno es una lectura obligada, no sólo para aprender a enfrentar la muerte y la pérdida, sino para aprender a vivir la vida. Aunque estos libros tratan temas serios, no son deprimentes, creo que levantan el ánimo, inspiran y llenan de esperanza.

Asimismo, hay residencias para enfermos desahuciados atendidos por personal y voluntarios afectuosos y comprometidos. Te invito a investigar qué servicios hay disponibles en tu comunidad: clases, grupos de apoyo o conferencias. Busca en la librería o en internet. Pregunta a tus amigos si conocen algún servicio especial. Cuando preguntes, descubrirás que hay más personas de las que imaginas que han pasado por momentos difíciles, y la mayoría está dispuesta a ayudar.

Si nos tomamos el tiempo *ahora* para abrir el corazón al sufrimiento, estaremos mejor preparados para ayudar a los demás y a nosotros. Al mismo tiempo, estaremos abriéndonos a un mundo de riqueza, profundidad y satisfacción interior que es imposible experimentar sin esta preparación.

Mi experiencia me ha enseñado que las ocasiones en las que el sufrimiento cura más y es más benéfico, son aquéllas en las que en vez de huir, negar o fingir, lo vivimos; cuando caminamos hacia la pena y la enfrentamos cara a cara con el corazón; cuando en vez de darle la espalda investigamos con sincero interés la naturaleza de nuestro sufrimiento: ¿qué aspecto tiene?, ¿qué sentimientos nos provoca?, ¿permanece igual o cambia? Al analizar nuestro dolor lenta y metódicamente en vez de combatirlo y huir de él, nos hacemos sus amigos y desarrollamos una relación positiva con él.

Una vez, mi hija menor se vio envuelta en un incidente terrorífico. Una amiga suya estaba encendiendo un pedazo de incienso y por accidente prendió fuego a su suéter. Instintivamente mi hija intentó sofocar el fuego con las manos, y con los golpes evitó que se extendiera. Todo ocurrió en unos segundos y, gracias a Dios, ninguna de las dos resultó herida. La amiga de mi hija fue muy valiente y agradeció a Kenna su valerosa acción.

A diferencia de lo que ocurre con el fuego, tratar de extinguir la pena es lo peor que podemos hacer. Ello hace que la tristeza y el dolor sean menos accesibles y más difíciles de manejar. En vez de permanecer en la superficie donde podemos manejarla, se encona y convierte en un obstáculo aun más grande y doloroso. Por eso propongo sufrir todo lo que sea necesario.

La necesidad de sentir pena no va a desaparecer nada más porque huyamos de ella o porque le demos la espalda. No podemos fingir que no está ahí sólo porque es momento de «seguir con nuestra vida». Cuando enterramos algo, lo único que hacemos es ponerlo en un sitio más profundo; cuando enterramos el dolor sólo provocamos que se haga más profundo y más difícil de manejar. Huir del dolor lo convierte en nuestro enemigo, y lo vemos con ira y repulsión, lo que a su vez provoca que lo rechacemos con más fuerza. Es un círculo vicioso.

El dolor por la pérdida es un proceso natural que va más allá del ámbito de la muerte. Vivimos en un mundo en constante cambio, en el que nada permanece igual; toda experiencia tiene un final, al igual que todo pensamiento. Cada logro tendrá un fin, igual que toda relación. Es natural tratar de aguantar o incluso aferrarse a las cosas, especialmente a aquellas cosas, experiencias y personas que amamos.

Algunos podemos aguantar durante mucho tiempo. Podemos ser fuertes y rechazar el dolor. Si alguien muere, es triste pero lo superamos. Somos duros. Si hay una pérdida, y otra, y otra más, guardamos la compostura y nos las arreglamos para seguir adelante. No obstante, hay un punto, diferente para cada persona, en el que llegamos al límite y empezamos a aceptar la realidad de la vida. En mi opinión, éste es el primer paso hacia la curación.

Para que ocurra una curación verdadera debemos reconocer el dolor presente y el que ha estado presente a lo largo de nuestra vida. No se trata necesariamente de una sesión de conmiseración con un amigo o un terapeuta, sino de una investigación permanente de las pérdidas que necesitan ser procesadas por medio del dolor.

Hay tantos niveles y grados de dolor como personas que necesitan sentirlo. La gravedad de un tipo de dolor no invalida la necesidad de otro. Permíteme explicarte.

Durante un breve lapso, se me dificultó aceptar que mi hija se había convertido en una mujercita. Muchos padres atraviesan por lo mismo cuando sus hijos crecen. Sabía que era normal, pero de todos modos me dolía. Extrañaba los momentos que pasamos juntos cuando era niña: cuando corríamos en el parque, cuando rentábamos botes en el embarcadero o cuando jugábamos. Yo era su héroe, pero sucedió. Ella llegó a ese momento en el que prefería hablar por teléfono con sus amigos que jugar conmigo.

Por esa época, supe de unos padres que habían perdido a su hijo en un insólito accidente en una alberca. Su dolor debe haber sido intolerable. No puedo siquiera imaginarlo.

Creo que es importante respetar el proceso de cada dolor en vez de restarle importancia simplemente porque hay otras personas que están viviendo experiencias aún más dolorosas. En otras palabras, aunque una pareja deba sufrir un dolor inimaginable por la pérdida de su hijo, eso no invalida las pérdidas menos graves que tú o yo podamos experimentar. Yo sentía una enorme compasión por lo que esos padres estaban atravesando y compartía su dolor, pero fingir que no estaba sufriendo hubiera sido un grave error y una injusticia para mí. Así como siempre habrá alguien más apuesto, joven, fuerte, rápido o rico que nosotros, siempre habrá personas que tengan un dolor más grande.

Si estás experimentando un gran dolor, es fundamental que sufras todo lo necesario en este momento; si no es así, no dejes que ese hecho te disuada de familiarizarte con el proceso. Si tienes suerte, podrá comenzar poco a poco, ¡si esto es posible! Puedes trabajar en tu disposición interna para hacer frente al dolor de una manera diferente, con una actitud afectuosa y cordial en vez de con dureza y amargura.

Parece irónico que la solución sea dirigirnos hacia aquello de lo que siempre hemos huido. Sin embargo, estoy aprendiendo que mientras más dispuesto estoy a analizar mi dolor, a observarlo directamente en vez de esconderme de él, me resulta más manejable.

Cuando la ira, la tristeza y el dolor se presenten, intenta tratarlos con compasión y benevolencia en vez de con aversión y odio. Los sentimientos están ahí, esperando ser reconocidos. Rechazarlos, odiarlos y desear que desaparezcan no sirve de nada y sólo los fortalece.

Sufrir todo lo necesario y enfrentar el dolor de una manera distinta, más compasiva, es similar a aprender un idioma diferente. Al principio es difícil, pero la curva de aprendizaje y las primeras recompensas pueden ser elevadas. Pronto nos damos cuenta de que se gasta mucha energía en detener el temor y el dolor cuando la tendencia natural es sufrir. Es posible enfrentar el dolor de manera distinta si abrimos el corazón, reconocemos los sentimientos y tratamos al dolor y a nosotros mismos con benevolencia y compasión. Seamos más gentiles y benevolentes con el dolor y con nosotros, aprendamos a tratarnos y a enfrentar la pena con piedad en vez de con mano de hierro.

Una consecuencia valiosa de aprender a sufrir todo lo necesario es que aprendemos a vivir plenamente. Ésta es otra razón para comenzar ahora, incluso si no está ocurriendo nada trascendente en tu vida en este momento. Cuando nos sentimos seguros con el dolor, aprendemos a enfrentar las frustraciones y dolores cotidianos de maneras nuevas y saludables. Cuando sentimos ira, por ejemplo, podemos reconocerla sin responder necesariamente a ella, o podemos reconocer la envidia o los celos y seguir adelante. No hay razón para que estos sentimientos controlen nuestra vida. El análisis del dolor me ha ayudado a enfrentar no sólo los aspectos más serios de la vida, sino también los más comunes; me siento más capacitado y mejor equipado para enfrentar embotellamientos, contratiempos inesperados y personas difíciles.

Una vez conversé con un hombre que estaba atravesando por un gran dolor; se lo había estado guardando y había hecho un gran esfuerzo para conservar la compostura. Finalmente, decidió buscar la ayuda que necesitaba en un grupo de apoyo. Al cabo de unas horas, su adolorido corazón empezó a sentir alivio cuando envió amor y compasión a aquello que le dolía tanto. No tenía idea de que se había tratado de manera tan despiadada. Lo que inició el proceso de curación fue esa nueva disposición a enviar amor. Con el tiempo, reforzó ese amor y se mantuvo con una actitud de apertura y aceptación hacia su dolor.

Si estás padeciendo una gran pena, te sugiero que busques ayuda, a alguien que te acompañe en el dolor. Tal vez puedas encontrar un grupo de apoyo para personas que sufren por algo similar o quizá tienes un buen amigo o incluso un terapeuta que pueda ayudarte. Recuerda que no estás solo, y que lo ideal es que sufras todo lo necesario. Dios te bendiga.

Toma tus precauciones y déjalo ir

Muchas personas se preocupan por cosas que todavía no ocurren o que tal vez nunca ocurran. Nos preocupamos por la situación económica, los desastres naturales, las emergencias, el terrorismo, las guerras, la salud, el envejecimiento, la enfermedad, la muerte, las catástrofes y muchas cosas más. Hay algunos imprevistos para los que podemos prepararnos —al menos hasta cierto punto—, pero otros están totalmente fuera de nuestro control. No estoy sugiriendo que debas prepararte de manera paranoica; sugiero una preparación mental y material que disminuya nuestras preocupaciones.

Prepararnos para ciertas calamidades nos da la seguridad y tranquilidad de que saldremos bien librados y nos permite preocuparnos menos.

Ahora bien, existen cuatro tipos de personas ante la prevención, los que se preparan pero no pueden dejar de preocuparse, y los que ni se molestan en prepararse pese a que se preocupan. Están también los que no se preparan y de igual manera no se preocupan demasiado. Puedo afirmar que una falta total de preparación (ya sea que uno se preocupe o no) es una actitud egoísta, pues en una emergencia se requerirá de una asistencia que pudo haber sido innecesaria. Mi padre me enseñó que, en última instancia, cada uno es parte de la solución o del problema. Desde mi perspectiva, si no estamos preparados somos parte del problema.

Finalmente, está la categoría a la que te exhorto te sumes: la de las personas que se preparan de manera inteligente y razonable para las emergencias y que están informadas sobre qué hacer, pero que refuerzan estas acciones y esta actitud desechando las preocupaciones.

Prevenir y no preocuparse más es la mejor defensa por muchas razones. Empecemos por las más obvias; estar preparado o no puede marcar la diferencia entre la vida y la muerte para nosotros, la familia o incluso amigos y vecinos. Un plan de emergencia bien practicado puede salvarnos la vida durante un incendio, un terremoto u otro desastre natural, o incluso durante un incidente como un robo.

Es importante saber exactamente qué hacer, cómo salir, cómo proteger a los hijos y cómo ponerse a salvo de acuerdo con la posición que se tenga durante la crisis. Es importante saber cerrar el gas o el propano en casa, y estar conciente de otras acciones de seguridad que se deben tomar durante o después de una crisis.

Un radio de transistores con pilas nuevas puede mantenerte informado de lo que está ocurriendo en caso de que otros aparatos de comunicación que requieran electricidad estén apagados o descompuestos.

También es fundamental tener una reserva de agua fresca y alimentos que se conserven durante largo tiempo; un abrelatas, cobijas gruesas, algunos extinguidores, un cambio de ropa y cualquier medicamento prescrito por tu médico.

Hay otros objetos importantes: cerillos, velas, linternas y un botiquín; también puede ser conveniente tener un poco de dinero en efectivo y un teléfono celular con la pila cargada. Todas estas cosas, más las que se te ocurran, deben ser guardadas en un lugar seguro pero accesible durante una crisis. La configuración exacta —los detalles y las cantidades de reservas— dependerán de las circunstancias individuales y de qué tan preparado estés. He conocido a personas que guardan provisiones para un día o dos y a otras que están preparadas para varios meses.

Además de la supervivencia, hay otra razón para estar prevenidos. Inmediatamente después de emergencias como terremotos o huracanes, las provisiones en el área afectada pueden estar limitadas. Las tiendas, almacenes y distribuidores pueden sufrir daños o cerrar por completo. Esta paralización puede crear pánico, pues las personas que no se prepararon actuarán con desesperación. De acuerdo con la magnitud y naturaleza de la crisis, así como del lugar donde ocurra, puede haber miles o incluso decenas de miles de personas luchando por obtener las cosas esenciales que necesitarán durante el periodo inmediato. Mientras más personas sientan pánico o simplemente necesiten cosas, y mientras menos lugares haya para conseguirlas, más grave será el problema.

Aparte de un acto heroico para salvar la vida de otra persona, lo más valioso y generoso que podemos hacer en una situación difícil es estar preparados. De esta manera no seremos un estorbo ni parte del problema. Mientras menos personas luchen por obtener lo básico, habrá más orden. Además, si tenemos alimentos, agua y otros artículos básicos y nuestros vecinos no, los podremos ayudar y sentirán menos pánico. El simple acto de estar preparados puede convertirnos en héroes y puede salvar la vida de alguien.

Ya que conoces la importancia de la prevención, ¿por qué no te preparas ahora, antes de que lo necesites realmente? Es sencillo y por mucho te tomará unas cuantas horas. Actualmente se ofrecen cursos sobre la mejor manera de prepararse para distintos tipos de emergencias. ¿Por qué no tomas uno y compartes estrategias?

Hay que prepararse antes de que ocurra la emergencia, cuando podemos dedicarle tiempo, no estamos bajo la presión del temor y hay provisiones en abundancia. Si tienes hijos, asegúrate de informarles lo que estás haciendo y enséñales el plan. Hace poco escuché una hermosa historia sobre una familia de cinco miembros que escapó de un espantoso incendio.

Resultaron ilesos y el padre atribuyó su supervivencia al plan para incendios que habían practicado menos de una semana antes. ¿Te imaginas lo que ocurriría si cada persona estuviera preparada para una emergencia? Con este sencillo acto asegurarás la mayor cantidad de reservas y un entorno menos caótico para los trabajadores de emergencia, la policía, los bomberos y demás personal de ayuda. Si no estamos luchando por obtener víveres, tal vez podamos ayudar en el rescate de otras personas. Cada uno influye en estas situaciones, por eso no se me ocurre ningún argumento en contra de estar preparado.

No obstante, además de prepararse, es importante desechar las preocupaciones. Una vez que estamos preparados y tenemos un plan, podemos descansar con la confianza de que hemos hecho todo lo posible. Si éste es tu caso, es hora de que deseches las preocupaciones.

Preocuparse por cosas sobre las que no tenemos control resulta contraproducente. Nos provoca tensión y esto afecta nuestro discernimiento. Cuando estamos preocupados vivimos en un estado de temor. Esto hace difícil, si no imposible, ser afectuosos y amables, y esto es lo que más falta le hace al mundo. Necesitamos ejemplos vivientes que tengan confianza en sí mismos, que sean cariñosos, valientes y generosos. La preocupación excesiva por la seguridad personal y nacional se contrapone a estas ideas. Cuando estamos demasiado preocupados tendemos a ser menos generosos. Estamos tan ansiosos por las propias necesidades y temores que nos olvidamos de los demás. Hay excepciones, como cuando después de una crisis nacional las personas actúan con gran generosidad, pero en general somos más tacaños con el tiempo y el dinero cuando nos ensimismamos.

Cuando no nos preocupamos en exceso, confiamos en que todo va a estar bien. Así es más fácil ayudar a los demás y ser un ejemplo de serenidad. Comprendemos intuitivamente que dar y recibir son los dos lados de la misma moneda. Mientras más damos, más recibimos. Confiamos en el corazón en vez de fiarnos sólo de la cabeza. Las personas ven cómo vivimos y empiezan a confiar en que es benéfico ser generosos y amables. La falta de temor propaga un mensaje positivo.

Por otro lado, uno de los problemas de la preocupación excesiva es que es contagiosa; cuando estamos preocupados tendemos a comentar los temores y a compadecernos por ellos. Luego pensamos en las cosas que están mal en el mundo y olvidamos todo el bien que hay. Esto propaga la preocupación y la negatividad, complica las cosas y nos hace sentir todavía más inseguros. Demasiada preocupación hace que las personas se vuelvan desconfiadas y cínicas. Cuando los hijos nos ven preocupados, también se asustan. Es un círculo vicioso, y la mejor manera de ayudar es salirse de él.

Más allá de todos los aspectos negativos del miedo, está la verdad simple y llana de que la preocupación influye en la calidad de vida. En vez de sentirnos maravillados por la belleza de la vida, nos concentramos demasiado en sus peligros potenciales y tenemos menos experiencias agradables por temor de lo que puede pasar. La preocupación interfiere con el goce, nos mantiene tensos y en guardia, lo que afecta todas nuestras relaciones de manera negativa. También afecta nuestra paciencia y carácter. Cuando nos preocupamos demasiado, es difícil distinguir la inocencia de las personas y recordar que, aunque hay excepciones obvias, la enorme mayoría es decente y afectuosa.

Ausencia de preocupación no significa ausencia de prevención ni negligencia. Todos queremos que el gobierno y el ejército estén preparados; queremos que la policía, los bomberos y otros trabajadores de emergencias estén listos para ayudar al instante; queremos que los médicos estén de guardia por si los requerimos. Nosotros también debemos estar listos por si algo ocurre.

Es conveniente prepararse para el retiro, las eventualidades y las emergencias. Prepararnos significa ponernos a punto y eso es todo lo que podemos hacer. Cuando vivimos sin temor y con una sabiduría serena y preparada, nuestra mente está más lúcida y presta a responder. Es reconfortante saber esto; cuando ponemos las probabilidades a nuestro favor podemos vivir con tranquilidad, y esa tranquilidad contribuye de manera importante a la paz del mundo.

La preocupación es un proceso mental independiente de lo que nos preocupa. En otras palabras, la preocupación puede existir sin importar qué tan preparados estemos. Esto es fundamental, pues si crees que la única causa de tu preocupación es lo que te preocupa y que tu preocupación no está ligada a tu pensamiento, no habrá manera de desechar esos temores. Afrontémoslo: los pensamientos pueden dar lugar a más preocupación, incluso si estamos diez veces más preparados de lo necesario.

Esto no significa que haya cosas por las cuales no debamos preocuparnos; sólo debemos saber que la preocupación es algo que nosotros producimos, que ocurre dentro de nuestro pensamiento. Es de gran ayuda saber de dónde proviene para poder desecharla. La preocupación es una de esas cosas que tienden a crecer y a alimentarse de sí mismas mientras no reconozcamos el papel que desempeña el pensamiento en este proceso.

Muchas personas identifican la preocupación con el interés por los demás. Yo no comparto esta idea. Aunque hay momentos apropiados para preocuparnos por los seres queridos, es importante saber que la preocupación no es sinónimo de amor. ¿Qué palabras usamos cuando intentamos definir el amor o el interés por los demás? A mí se me ocurren palabras como *dulce, amable, confianza, relajado, desinteresado, generoso, alentador, atento, dispuesto* y *abrazos.* ¿Y a ti?

Cuando pensamos en la preocupación vienen a la mente los adjetivos opuestos: palabras como *tenso, desconfiado, cínico, suspicaz* y *nervioso,* por nombrar algunas. Ésta es otra buena razón para tratar de eliminar o por lo menos reducir nuestro sentido del temor. Es más fácil deshacerse de algo cuando lo consideramos dañino que cuando lo malinterpretamos como una ventaja.

Hagas lo que hagas, no finjas que no sientes temor. Hacerlo no sirve de nada, y no es la mejor manera para deshacerse de él. El antídoto más eficaz que conozco es reconocerlo plenamente y, en vez de huir, enfrentarlo directamente.

Incluso podemos decirle: «Te percibo, temor, y está bien que estés aquí. Sin embargo, estoy preparado para darte menos importancia. A partir de ahora, siempre que surjas voy a desecharte más rápidamente».

La experiencia me ha enseñado que el temor regresa de vez en cuando. Cuando esto te ocurra, pregúntate si estás preparado para los problemas que se pudieran presentar. Si no es así, decide qué acción llevarás a cabo y cuándo lo harás. Entonces, toma tus precauciones.

Si ya estás preparado, mantente tan desenfadado e indiferente al temor como te sea posible, y desecha amable pero decididamente el exceso de temor. Piensa que tu miedo es una grabadora que reproduce cintas que ya no son necesarias. Seguí esta estrategia y después de años de preocuparme, me di cuenta de que era momento de detener la cinta o por lo menos de bajar el volumen. Esta metáfora me ha ayudado mucho.

Mi consejo es sencillo: haz todo lo que esté en tus manos para prever la multitud de cosas que podrían pasar. Hazlo con serenidad e inteligencia; asegúrate de que estás utilizando tu juicio y sabiduría, y que no estás reaccionando con paranoia.

Una vez preparado adecuadamente, recuerda que has hecho todo lo posible desde el punto de vista práctico. Mientras más confíes en tu preparación, más fácil desecharás el temor. Debes recordarlo con tu actitud y pensamientos; se trata de que descubras lo importante que es desechar el miedo para disfrutar plenamente la vida. Cuando estés preparado y olvides el temor, no sólo te ayudarás, también contribuirás a la seguiridad de tu comunidad y al bienestar mundial.

El baile del divorcio

Hace un momento escuché en la radio a una persona que afirmaba que la mejor manera de manejar un divorcio era ¡evitándolo! Supongo que esta sugerencia tiene algo de verdad, pero es poco realista. En Estados Unidos, cerca de 50 por ciento de los matrimonios terminan en divorcio, y la mayoría de las personas han tenido algún contacto directo con estas separaciones: padres divorciados, amigos, familiares o colegas.

Cuando titulé esta estrategia «El baile del divorcio», lo hice sin intención de restarle importancia a la gravedad del final de un matrimonio. Creo que es uno de los sucesos más difíciles de enfrentar. Conozco a muchas personas que han sufrido esta terrible experiencia, y aunque algunos pensaban que era la mejor solución o la única, ninguno la considera divertida.

Utilizo la palabra «baile» porque el manejo del divorcio es un proceso vivo y en movimiento. Se trata de encontrar un delicado equilibrio entre emociones e intereses en conflicto. Personas que lo han vivido y lo viven, me han comentado que sienten amor, odio, celos, resentimiento, desesperanza, miedo, ira y sed de venganza, ¡todo al mismo tiempo! No es sorprendente que sea un proceso tan confuso.

Este baile con frecuencia involucra niños. Hay que discutir y responder muchas preguntas respecto a ellos. La más importante es «¿qué es lo mejor para los niños?», pero hay otras. ¿Cómo compartiremos el tiempo, la responsabilidad y las necesidades económicas de los hijos? ¿Dónde vivirán? ¿Cómo manejaremos los corazones rotos, las familias y las nuevas relaciones? La lista sigue y sigue.

Luego está el problema de las «cosas». ¿Cómo dividimos el dinero, los bienes y las posesiones? ¿Quién se queda con qué? Eso no es justo, etcétera. Uno se ve en la posición de tener que caminar en la cuerda floja entre ser justo y razonable y defender los intereses propios. Si todo esto no es una especie de baile, ¡no sé que pueda ser!

Si hay un momento en el que es necesario mantener el corazón abierto, es durante y después de un divorcio. No obstante, es un momento en el que las personas están más tentadas a cerrarlo de un portazo. La obstinación se apodera del corazón y la cabeza, y es fácil ceder a la negatividad. ¿Cómo podemos evitar esto?

Una vez di un discurso a un grupo en el que la mayoría eran personas divorciadas. A algunos les había costado mucho trabajo recuperarse del doloroso rompimiento de su matrimonio. Habían leído libros, acudido a consejeros, asistido a seminarios y grupos de apoyo. Les hice tres preguntas. Primero: «¿Les han servido las estrategias de curación que han intentado?» La mayoría contestó que sus esfuerzos habían ayudado. Al parecer había métodos y fuentes que po-

dían ser eficaces. Las otras dos preguntas requerían más reflexión: «¿Quién cree que cuando está en su mejor momento
y en un entorno afectuoso, puede poner en práctica los consejos que ha recibido, cualquiera que haya sido su origen?»
Uno por uno alzaron la mano. Mi última pregunta se refería
al otro lado de la moneda: «¿Quién cree que cuando reacciona-
na sin pensar y se siente inseguro puede seguir un consejo,
por bueno que sea?» Como era de esperar, nadie alzó la mano.

Mi conclusión, que compartí con el grupo, fue la misma a la
que he llegado en muchos otros casos; el elemento más importante para que alguien se recupere de un divorcio es la capacidad de desarrollar su bienestar. Sin duda hay otros factores
importantes: amigos, planes de apoyo, asesoría legal, cooperación del ex cónyuge, buenos libros o incluso un terapeuta, por
mencionar algunos. No obstante, nada de esto ayuda si no hay
disposición y ánimo. Cuando las tenemos, podemos superar
casi cualquier problema.

Los seres humanos tenemos, básicamente, dos formas de
pensar, aunque hay toda una gama entre una y otra: la primera puede llamarse saludable, a la segunda podemos lla-
marla reactiva, por tratarse de una reacción abrupta.

Cuando estamos en nuestro estado de ánimo más saludable, «bailamos» con la vida y fluimos con las cosas. Somos pacientes, sensatos, considerados y amables; tomamos decisiones
prudentes y adecuadas; tratamos a los demás respetuosa y compasivamente, y así nos tratamos a nosotros mismos. Realizamos cambios cuando es necesario y somos flexibles.

Piensa en tu vida un segundo. ¿Puedes recordar algún momento en el que hayas conservado una actitud saludable y
serena a pesar de circunstancias difíciles?

Nuestro talante reactivo es muy diferente. Si eres como yo, tal vez te preguntes cómo es posible que una persona pueda reaccionar de manera tan distinta ante sucesos similares. A veces manejamos las situaciones bien, incluso las graves, pero con otras simplemente perdemos los estribos.

Al ser reactivos somos impacientes; se nos dificulta pensar, nos sentimos inquietos y forcejeamos, somos irascibles y sentenciosos, estamos molestos y somos intransigentes con nosotros y con los demás, nuestra capacidad para resolver problemas se reduce, así como nuestra objetividad.

Es importante identificar la diferencia entre estas dos actitudes, pues hacerlo proporciona un punto de partida desde el cual podemos trabajar. Es reconfortante conocer el poder de la actitud, porque a diferencia de los demás factores involucrados en el divorcio, es algo que nos pertenece y podemos controlar.

A veces es difícil creerlo, pero lo cierto es que somos la fuente de nuestro amor. En el hermoso curso en audiocasetes *To Love and Be Loved,* de Stephen y Ondrea Levine (publicado por *Sounds True*), se habla de una mujer que había dicho: «Mi madre no se deja querer». Los Levine señalaron algo que me llevó algún tiempo digerir. En un tono muy compasivo, dijeron: «Ella no puede evitar que tú la ames».

La actitud saludable es así de fuerte. Está conformada por amor. Cuando estamos en ella nos sentimos seguros y tranquilos, hasta cierto punto ajenos a lo que ocurre alrededor. Ésta es la actitud más natural en los seres humanos. Todos podemos actuar de manera reactiva, y a veces parece que siempre somos así. No es malo, ni conozco alguna manera de eliminarlo completamente. Sin embargo, si has sentido alguna vez la tranquilidad del bienestar, sabes que éste reside en tu interior y que puedes encontrarlo de nuevo. Por el simple hecho de saberlo, tienes ganada la mitad de la batalla. Cuando reconocemos la existencia de una actitud saludable podemos confiar en ella y adoptarla con más frecuencia. Esto es fundamental para enfrentar un divorcio: cuando tenemos una actitud saludable sabemos a quién recurrir, quiénes son nuestros amigos y qué hacer. Esto no es motivación barata; es la verdad.

Irónicamente, no se accede a la salud y fortaleza con esfuerzo, sino con renunciación. Hay que despejar la mente y renunciar al pensamiento analítico cuando nos afecta. Cuando logramos tranquilizar el diálogo interno surge un flujo de pensamientos natural y ordenado que indica, entre otras cosas, qué hacer. En este sitio tranquilo reside nuestra sabiduría más profunda.

Cuando nuestra actitud sea saludable, la vida nos parecerá manejable y sencilla. Las decisiones y acciones que debemos tomar fluirán como en una danza. Percibiremos el meollo de las situaciones y actuaremos en consecuencia. Por otra parte, cuando tengamos una actitud reactiva, nos sentiremos abrumados y estresados. De hecho, *sentiremos* la diferencia.

Mi querido amigo Joe Bailey, coautor de *Slowing Down to the Speed of Life*, compara al pensamiento con un aparato transmisor-receptor. Bailey afirma que estamos en «hablar» o en «escuchar». La comparación sugiere que estamos en un estado mental saludable o en uno reactivo. Al igual que con el transmisor-receptor, para cambiar del *modo* de hablar al de escuchar es necesario saber en cuál estamos. Cuando lo sabemos, sólo hace falta soltar el botón y el cambio se producirá automáticamente.

Cuando actuamos de manera reactiva, nos sentimos inquietos y nos esforzamos por comprender todo, la clave consiste en reconocer que estamos haciéndolo. Después, al igual que el limo se asienta en el lago, no hacemos nada excepto relajarnos y esperar. Debemos confiar en que nuestra sabiduría entrará en acción. No hace falta esforzarse, pero sí se necesita fe, humildad y paciencia. Requiere fe porque debemos confiar en que nuestra sabiduría y talante saludable existen; requiere humildad porque a veces es difícil admitir que el esfuerzo no es la solución. Finalmente, requiere paciencia porque aunque el procedimiento es simple, tiene cierto grado de complejidad.

Después de que Sally se divorció se sentía amargada y apática. Decía que su esposo era un hombre difícil y poco dispuesto a colaborar y que le había hecho la vida miserable. Ella trataba de entender qué había salido mal, pero no podía. La mayor parte del tiempo, sus pensamientos se concentraban en el odio y la venganza.

Sally no creía que existiera un estado de bienestar, sobre todo cuando tenía que tratar con un idiota como aquél y su vida era tan difícil. Sin embargo, aprendió que sí existía.

El primer paso fue reconocer cuándo su mente se dirigía hacia ese territorio tan familiar. Incluso se le ocurrió un sobrenombre: Sally Apolo. Una y otra vez se sorprendía después del despegue. Pensamientos tales como «odio a ese idiota» se esparcían como pólvora.

Sally aprendió poco a poco a apagar el fuego antes de que se extendiera demasiado, y con el tiempo logró controlarlo completamente. Dijo que había aprendido una importante lección: cualquier éxito que tuviera en ese momento o en el futuro era a pesar de su ira y su temor, y no a causa de ellos.

Sally no renunció a su derecho a enojarse, y a veces se enojaba mucho. Aún debía pasar por el proceso de divorcio, pero ahora era un baile y no un combate. Aunque vivía momentos de arrepentimiento, estrés, ansiedad y frustración, eran de menor intensidad. Las cosas no eran perfectas. Su ex esposo era difícil, pero ella admitió que ya no tanto. Había aprendido nuevas formas de responder a viejos problemas.

El divorcio, al igual que muchas situaciones en la vida, es complicado, doloroso y a veces amargo. No obstante, puedes superarlo si bailas con él y realizas los ajustes necesarios durante el proceso. Date tiempo, espacio y compasión. Hay una parte tuya que es más fuerte que cualquiera de tus problemas, incluso que éste.

7

No te angusties por la edad

Una vez fui a un café al aire libre en el centro de San Francisco. En la mesa de al lado había cuatro hombres mayores que se divertían a lo grande. Reían tanto que pensé que se caerían de sus sillas.

Durante una pausa en las risas, uno de ellos se puso de pie y se excusó. Poco después, una mujer que estaba sentada en la mesa aledaña se volvió hacia ellos, sonrió y les dijo: «Muchachos, ¿cuántos años tienen?», con el afán de ser amistosa porque, al igual que yo, compartía la alegría por el simple hecho de estar cerca de ellos.

En uno de los cambios más drásticos y repentinos de actitud que he presenciado, uno de los hombres montó en cólera y respondió de manera airada y defensiva: «Todos tenemos más de ochenta, ¿por qué?»

Era obvio lo que había ocurrido. Un minuto antes, el hombre estaba viviendo la vida y disfrutando a sus amigos, ahora pensaba en su edad. La pregunta inocente de la mujer sacó a ese hombre del momento y lo envió a su cabeza. Se concentró en su edad y en un instante quedó absorto. Todo lo demás perdió importancia; la edad era el centro de sus pensamientos.

¿Cómo es posible que una persona que tiene la misma edad que tenía un minuto antes pueda transformar instantáneamente su buen humor, desenfado y alegría en seriedad, depresión y autocompasión? Evidentemente, la edad no tiene nada que ver, pues si así fuera, la preocupación hubiera estado ahí todo el tiempo. Además, hay muchas personas que están contentas con su edad, cualquiera que sea. Algunos afirman que son mucho más felices en su vida adulta que cuando eran jóvenes, y muchas culturas no sólo, las valoran sino que honran a las personas mayores.

Es curioso, pero muchos pasamos los primeros años queriendo ser grandes y los últimos deseando ser jóvenes. El elemento común es el descontento con la edad que tenemos.

No creo que la cura para la ansiedad por el envejecimiento pueda comprarse. Si fuera así, ¡ya la tendríamos! Gastamos fuertes cantidades de dinero para vernos y sentirnos más jóvenes y posponer o negar lo inevitable. Gastamos en comida, nutrición, programas de ejercicio, equipo deportivo y complementos alimenticios, así como en ropa especial y cirugías estéticas. Hay clases, grupos de apoyo y todo lo que puedas imaginar. La promesa siempre es la misma: si tomas este producto o lo compras, te sentirás o verás más joven, o incluso te conservarás joven. El problema es que aun si funciona temporalmente, el meollo del asunto seguirá ahí: la angustia.

Antes de continuar, quiero aclarar que soy fanático de todo lo que nos hacer ver o sentir mejor, o que nos ayuda a estar más satisfechos con nosotros y nuestra edad. Creo en la ciencia moderna y la valoro; siento que debemos aprovechar los progresos de la medicina, la psicología y la nutrición siempre que sea posible. Mi médico, el Dr. Timothy Smith, a quien considero un genio, escribió un libro sobre la inversión del proceso de envejecimiento: *Renewal: The Anti-Aging Revolution.* Si no lo has leído, te exhorto a que lo hagas. Creo que debemos cuidar y honrar a nuestros cuerpos, pues son un regalo de Dios y el hogar temporal de nuestra alma.

Ahora bien, una vez hecho todo lo posible para tener una salud radiante, creo importante dejar de preocuparnos por la edad y el cuerpo. Recuerdo que hace muchos años mi papá me dijo socarronamente: «Si quieres provocarte un ataque de ansiedad o un dolor incesante, obsesiónate por mantenerte joven. Esfuérzate siempre. Es un juego que no puedes ganar, así que si quieres deprimirte, ésta es la mejor manera de lograrlo».

Mi padre tiene una percepción verdaderamente saludable del envejecimiento. Aunque se cuida como pocos, está en paz con el hecho de envejecer. Cuando habla al respecto, bromea diciendo: «Soy muy bueno para aceptar las cosas que no puedo cambiar». Puedo dar fe de la exactitud de esta afirmación, y creo que también he hecho un buen trabajo en esa área.

Hace unos meses, un amigo me pidió que sustituyera a un jugador lesionado en su equipo de basquetbol, «Los cuarentones». Acepté encantado de jugar una vez a la semana. Hacía años que no tocaba una pelota de basquetbol, pero ¿qué tan difícil podía ser?

Aquella experiencia me dio una gran lección de humildad. Entre los muchos equipos de la liga y, sobre todo, en mi equipo, ¡yo era el peor jugador! Además, me sentía molido. Mi cuerpo de cuarenta años no pudo hacer lo que solía hacer. Cuando llegué a casa esa noche, Kris no sabía si burlarse de mí o abrazarme, así que hizo ambas cosas.

Me burlé de mí cuando recordé una de mis frases favoritas: «Sin sentido del humor, las cosas simplemente no son divertidas». Llegó el momento de ver las cosas con objetividad y sin demasiada seriedad. ¡Michael Jordan no estará preocupado por mi regreso! Nuestros cuerpos harán lo que la naturaleza dispuso que hicieran: envejecer. Por supuesto, hay cosas que pueden ayudar: estiramientos, ejercicio, dietas, complementos alimenticios y una buena actitud, pero debemos desarrollar un equilibrio saludable entre sujetar y soltar. Debemos evitar que una mente atemorizada interfiera con nuestra calidad de vida.

Sólo hay una manera de librarse por completo de la angustia que provoca el envejecimiento. No es algo que se compre en una tienda, es una solución de naturaleza espiritual y está relacionada con la objetividad.

La solución no es vernos como seres humanos con una experiencia espiritual. Como dice Wayne Dyer, debemos «vernos como seres espirituales con una experiencia humana». Esta perspectiva «de adentro hacia afuera» proporciona paz interior y elimina la idea de que una edad es mejor que otra.

La verdad es que ninguna edad es mejor. Y es verdad no porque yo lo diga ni porque así lo quiera, sino porque la edad es neutral, es como es. Tú y yo tenemos exactamente la edad que tenemos y tenemos la edad perfecta. Nuestros pensamientos pueden convencernos de que éste es un asunto serio, pero sólo son pensamientos. Por ejemplo, dicen que es mejor tener cuarenta que cincuenta años, pero cada año cambian de opinión.

En el mundo espiritual no hay edades; sólo existe el presente. Nuestro cuerpo está aquí en este momento y la vida no es más que una secuencia de momentos. Podemos darle mucha importancia a tener determinada edad y la mente puede jugarnos bromas horribles al respecto, pero siempre viviremos el presente.

Vivir y envejecer en el mismo momento es uno de los enigmas más desconcertantes. ¿Qué puede ser más simple que estar donde estamos, en este preciso momento? Pero a veces no es tan sencillo, nuestra mente está acostumbrada a recordar el pasado y a imaginar lo agradable que sería ser joven otra vez, o a pensar en el futuro y a atemorizarse por él. Estamos envejeciendo. ¿Cómo será? ¿Nos arrepentiremos de algo? Hay cientos de pensamientos que pueden provocarnos angustia.

Uno de los libros más maravillosos que he leído es *A Parenthesis in Eternity* [Un paréntesis en la eternidad], de Joel Goldsmith. Como sugiere el título, la vida ocurre dentro del paréntesis. Si pensamos en los problemas de salud, en los aprietos y especialmente en la edad, inevitablemente nos sentiremos preocupados. Parecerá que hay mucho en juego, e incluso que se trata de una emergencia porque hay muy poco tiempo dentro del paréntesis. Si pensamos nuestra vida así, la perspectiva puede ser terrorífica. Surge el objetivo de retardar la marcha del viaje hacia el fin del paréntesis o en separarlos lo más posible.

Por otro lado, en el plano espiritual el tiempo es ilimitado. No somos estos cuerpos, *estamos* en estos cuerpos. ¡Qué distintas son las cosas desde esta perspectiva! Entramos a un cuerpo, lo habitamos, vivimos nuestra vida como seres humanos y luego partimos, pero sólo el espíritu, no el cuerpo.

La meditación es la mejor forma para contactar la parte de cada uno que vive fuera del paréntesis, la que no necesita un cuerpo, la que nunca envejece. Al meditar desaparece el temor y es reemplazado por una aceptación tranquilizadora. Nos identificamos con esa parte que observa cómo envejece el cuerpo sin identificarse con él; nos convertimos en observadores más que en sujetos de observación. De esta manera, podemos proteger nuestro cuerpo, nutrirlo y cuidarlo, honrarlo y apreciarlo, sin angustiarnos por su transitoriedad.

En la meditación nos conectamos con ese momento (que es éste) que existe más allá de cualquier recuerdo o referencia a nuestro pasado, y cualquier preocupación, esperanza o ansiedad respecto al futuro. Establecemos contacto con el presente. Vemos que nuestra edad cronológica es irrelevante. Simplemente estamos aquí, igual que cuando teníamos diecinueve años e igual que cuando tengamos ochenta y nueve.

Una vez que nos hemos conectado con este reconfortante lugar a través de la meditación, de la reflexión o incluso de un simple razonamiento, es más fácil evocarlo nuevamente. Comenzamos a identificar los pensamientos que nos alejan del momento; establecemos el vínculo entre pensamientos y sentimientos sobre el envejecimiento; nos damos cuenta de que es imposible sentirse viejo sin tener pensamientos de vejez. Esto es exactamente lo que le pasó al hombre del ejemplo, quien se sintió ofendido y asustado cuando la mujer le preguntó su edad.

Hace años, un sagaz maestro que tuve demostró en una conferencia cómo funciona esta dinámica en la vida cotidiana. De manera jocosa simuló que se peinaba frente a un espejo. «Mmm», dijo, «creo que me están saliendo canas». Unos segundos después agregó: «¡Vaya!, me siento viejo. ¡Qué coincidencia! Me siento viejo apenas unos segundos después de haber pensado que estoy viejo».

Todos reímos porque tenía razón. Cuando tenemos un pensamiento sobre nuestra edad, lo tomamos en serio y le damos importancia; sentimos los efectos de ese pensamiento. Si no hay pensamientos, no hay preocupación; simplemente vivimos lo mejor que podemos.

La mala noticia es que esos pensamientos no van a desaparecer si nos pintamos el cabello, nos hacemos cirugía o perdemos algunos kilos. Tampoco si deseamos que desaparezcan o intentamos alejarlos con una actitud positiva. Una aventura amorosa con alguien más joven no servirá, ni tampoco ponernos en forma. No importa qué hagamos ni cuánto nos esforcemos, los pensamientos sobre el envejecimiento regresarán una y otra vez.

La buena noticia es que sólo son pensamientos. Mientras los consideremos como tales y no como la realidad, podremos disfrutar todos los años de nuestra vida. Cuando estos pensamientos surjan, los veremos en su justa medida y los desecharemos, o por lo menos les restaremos significado.

Piensa en esto un segundo: hay una gran cantidad de hombres y mujeres de veintinueve años que están completamente paranoicos y convencidos de que ya están envejeciendo. Aquí hay que preguntarse: ¿Cuál es verdadero problema, la edad de esa persona o sus pensamientos sobre su edad? Si coincides en que no es la edad sino los pensamientos, entonces debes responder: ¿En qué momento cambia esto? ¿Acaso la edad se convierte en un factor «real» cuando cumplimos, treinta, cuarenta, cincuenta o sesenta años?

Éstas preguntas son importantes porque, cuando entendemos que la solución no tiene nada que ver con la edad, estamos a un paso de eliminar todas las preocupaciones sobre el envejecimiento. Nos aplicaremos el criterio que aplicamos a las personas de veintinueve años, y seremos libres por el resto de nuestra vida.

Conviértete en una fuerza de curación

Todos necesitamos el apoyo de los demás en algún momento; todos queremos ser escuchados y comprendidos. Entre las cosas más valiosas de la vida están los vínculos con las personas que se preocupan por nosotros y que saben protegernos y hacernos sentir seguros.

No obstante, también es importante convertirnos en una fuerza de curación. Esto significa ser personas que brinden apoyo a los demás, que los auxilien en épocas de necesidad o que simplemente estén ahí cuando sea necesario; significa convertirnos en la parte «dadora» del círculo dar-recibir.

Ser una fuerza de curación no significa ser un mártir, ser siempre el más fuerte y el más centrado, ni endulzar la realidad ni fingir que es distinta. De hecho, una de las peores cosas que podemos hacer por una persona que sufre es decir que todo está bien cuando no es así. Por ejemplo, imagina a una mujer que acaba de perder a su esposo o a un niño cuyo padre murió hace dos días. Lo último que quiere escuchar es que todo está bien. Todo está mal. Lo mismo ocurre cuando una persona pierde su empleo o su seguridad financiera. En momentos como estos, el optimismo a ultranza no sólo es inútil, sino profundamente desagradable.

Las personas que son una fuerza de curación simplemente están disponibles y se hacen presentes cuando se les necesita, están dispuestas a estar, saben que a veces lo mejor no es dar consejos, sino escuchar. Esto significa que no se preocupan por ellas ni por un plan predeterminado; no planean lo que van a decir, cómo van a decirlo ni cómo van a ayudar. Sus esfuerzos son espontáneos y se adaptan a la situación. Una persona concentrada en la curación está más interesada en consolar que en ser consolada, en escuchar que en ser escuchada, se preocupa más por entender que por ser entendida.

Hay muchas maneras de ser una fuerza de curación. Una vez que tenemos la intención de serlo y comprendemos su importancia, la mejor manera de hacerlo es acallar nuestra mente. De este modo, estamos disponibles, menos dispersos y podemos escuchar mejor. Nos convertimos en ese tipo de personas de las que se dice: «Cuando estoy con ella siento que soy la persona más importante de su vida». La gente percibe esa cualidad de dejar a un lado todo, aunque no podamos hacerlo siempre.

Otra manera de acallar la mente es bajar el volumen de nuestro pensamiento. Cuando desactivamos el pensamiento, incluso los juicios y valoraciones, abrimos la puerta a nuestro potencial para ayudar a los demás.

No olvides que el pensamiento siempre está recreando la realidad que percibimos y experimentamos. Por ejemplo, cuando nos sentimos apresurados es porque tenemos pensamientos de apremio: «Ahora no tengo tiempo; estoy muy ocupado». Es importante saber esto porque así como las personas perciben la impaciencia, también perciben la paciencia, y así como advierten los juicios y opiniones, advierten el amor. Cuando comprendemos la influencia de los pensamientos en los sentimientos, facilitamos que los demás hagan lo mismo; cuando experimentamos paz, quienes nos rodean la sienten también. Nuestra alma serena se convierte en una herramienta de ayuda y curación.

¿Alguna vez has estado con un médico de buen trato o un consejero o amigo que en ese momento realmente quiere estar contigo? Si es así, entonces ya conviviste con alguien que ha aprendido, al menos durante ese momento, a no permitir que sus pensamientos le roben su salud mental. Píensalo un momento. Imagina que estás con ese doctor y que en vez de estar contigo, está preocupado por la piscina que está construyendo en su patio trasero. ¿Notas cómo afectaría eso su eficacia como médico? Es la diferencia entre el día y la noche. Una misma persona con las mismas credenciales, educación y experiencia puede ser una afectuosa fuerza de curación o simplemente otro individuo indiferente. La única diferencia es la atención que presta a sus pensamientos. Este factor es de vital importancia.

Lo mismo ocurre con nosotros. Cuando nuestra mente está despejada y disponible, nos convertimos en una fuerza de curación para los demás. Ya sea que nuestro hijo de cinco años esté hablando sobre el chico malo de la escuela o que nuestra amiga nos cuente que su esposo tiene una aventura, podemos ser una fuente de curación y amor. El factor determinante es la medida en que permitimos que los pensamientos interfieran con nuestra capacidad de escuchar y de estar disponibles.

Al ser una fuerza de curación somos sumamente intuitivos y sabemos cuándo se nos necesita. Tendemos la mano con tacto y sin rudeza, incluso antes de que nos la pidan. Llamamos por teléfono o escribimos una carta para preguntar si hay algo que podamos hacer o programamos tiempo para alguien aunque sea complicado hacerlo. Nuestros esfuerzos son valorados porque estamos dispuestos a hacernos a un lado. Nuestra intención es ayudar, y nos damos cuenta de que en ocasiones la mejor manera de hacerlo es distanciarnos.

El último requisito para ser una fuerza de curación no puede ser subestimado, pues es una de las mejores maneras de enfrentar cualquier situación. Es casi imposible estar preocupado, ansioso o molesto cuando nuestro interés principal es ayudar. Cuando se le preguntó a la Madre Teresa cómo podía ayudarse a sí misma, respondió: «Sal a ayudar a otro». Creo que nadie puede negar esto.

Conviértete en el cambio

Todos queremos cambios. Nos gustaría un mundo pacífico, lleno de amor, bondad, generosidad, compasión y perdón. Si atestiguamos actos de crueldad y odio, decimos: «Esas personas deben cambiar»; consideramos que los negocios son poco éticos y producto de la avaricia; juzgamos a las personas egoístas o crueles; observamos la impaciencia, el interés personal o la intolerancia y nos sentimos decepcionados. Señalamos escrupulosamente a los demás y frecuentemente pensamos en lo mal que andan las cosas.

Sin embargo, mientras exigimos que los demás cambien, nosotros nos resistimos a hacerlo. Justificamos la ira y la frustración con frases como: «Ellos empezaron» o «Ellos deben cambiar primero». Inadvertidamente empleamos criterios completamente distintos para juzgar a los demás y a nosotros.

La verdad es que debemos ser, como dijo Gandhi, el cambio que queremos ver. Si queremos un mundo pacífico, debemos ser pacíficos; si queremos un mundo ético, debemos comprometernos a actuar con ética. Debemos ser afectuosos, amables y generosos. Tú y yo debemos detener el ciclo, especialmente cuando resulte difícil. Cuando actuamos de manera pacífica o tomamos decisiones pacíficas, demostramos que es posible la paz y le allanamos el camino.

Es muy fácil culpar a los demás, pero es difícil mirar al espejo y admitir que somos parte del problema. Sin embargo, tener el valor de hacerlo es el primer paso para transformar al mundo. Estar dispuestos a ver las propias imperfecciones y la aportación que hacemos a los problemas, permite descubrir formas de ayuda a convertirnos en parte de la solución.

El autoanálisis nos ayuda a darnos cuenta de que todos tenemos la misma responsabilidad. No estoy diciendo que seamos despiadados al ver nuestros defectos. No se trata de sentirnos culpables, sino de reconocer que, como dijo Zorba el Griego, «todos somos la catástrofe». Con un autoanálisis honesto y compasivo comprobaremos que en todos hay bien y mal, que todos tenemos virtudes y defectos. Una vez admitido esto, no antes, podremos ver a los demás con objetividad, y perdonar.

El día del 2001 en el que Estados Unidos y miles de inocentes fueron atacados, fue uno de los más dolorosos de la historia. Presenciamos violencia y crueldad inconcebibles, dolor innecesario y mucho sufrimiento. Entendimos lo difícil que es responder al odio con algo distinto que odio. Quienes sugerimos que otros países debían responder a la violencia con la actitud «tú debes ser el primero en tender la mano» o «debes estar dispuesto a olvidar en favor de la paz», encontramos que era casi imposible actuar así.

Una y otra vez escuché decir a personas normalmente sensatas: «Sé que no somos perfectos y que cometemos muchos errores, pero quiero venganza». Parece que incluyeron la parte «sé que no somos perfectos» para aparentar (o para convencerse) de que estaban dispuestos a analizar su propio comportamiento. Sin embargo, cuando el odio y la frustración toman el control, la capacidad de reflexión queda desactivada. Para encontrar la paz en nosotros y en el mundo, es necesario algo más profundo. Se puede pensar en la diferencia entre pensar que sería divertido ser un atleta olímpico y serlo para ejemplificar lo complejo que puede resultar. No pretendo saber todas las respuestas, y estoy al tanto de la dificultad de las preguntas relacionadas con la manera de enfrentar la violencia. Sin embargo, sé que el odio entre individuos o entre naciones no va a resolver el problema. Debemos encontrar una forma, individual y colectivamente, de ser considerados. Para ello debemos estar dispuestos a analizar nuestra tendencia a odiar y a aceptar la cólera como una solución viable.

Este concepto se aplica tanto en las grandes tragedias como en los problemas serios de la vida cotidiana. ¿Cuántos nos hemos visto involucrados —o conocemos a personas que lo han estado— en un horrible divorcio o en una batalla por la custodia de los hijos? He conocido a hombres y mujeres que exigen que su ex compañero cambie para bien, pero lo hacen con una actitud de ira, resentimiento y amargura. Aunque es ridículo pensar que esta ira puede alentar a alguien a responder con amabilidad, todos lo hemos hecho.

¿Cómo podríamos favorecer la paz en el mundo si mantenemos el odio, por muy justificado que sea? Cada uno de nosotros es importante. Nuestros sentimientos y acciones son contagiosos. Si atacamos a otros, estos querrán atacarnos. El resentimiento tiende a provocar lo mismo en los demás. Nunca he visto a alguien que responda a mi ira con un: «Me has convencido de que debo cambiar mi actitud, mi manera de pensar». Por el contrario, desconfianza, cinismo, ira y frustración reciben invariablemente una respuesta similar.

Buda dijo: «El odio no se detiene con odio; el odio se detiene con amor. Ésta es una ley irrevocable». ¿Cuándo ha ocurrido que el odio y la violencia no hayan perpetuado e intensificado el ciclo de violencia? Por supuesto, en ocasiones la fuerza y la dominación han puesto fin a un conflicto militar, pero no recuerdo una sola vez en la que la ira, el odio y la desconfianza hayan desaparecido.

Ésta es la razón por la que este asunto es tan importante. Las causas fundamentales de los actos violentos son el odio y la ira. Para poder vivir en un mundo pacífico debemos eliminarlos de cada persona. Obviamente, sólo tenemos control sobre una persona: nosotros. En la medida en que nos llenemos de consideración, compasión y perdón, podremos convertirnos en instrumentos para la paz, en ejemplos de cómo pueden ser las cosas.

Perdonar puede ser difícil, pero la ira envenena al alma. Se ha dicho que «con frecuencia el odio es más perjudicial que el daño que lo causó». He comprobado esto en carne propia. Varias veces me he sentido enojado, traicionado e incapaz de perdonar. Sin embargo, con el tiempo me di cuenta de que el dolor que experimentaba era mucho más grande que los actos por los que estaba enojado. Los actos habían pasado y estaban superados; la ira, vivía en mi día tras día hasta que finalmente pude perdonar. Cuando hay un auténtico perdón, la pesadez del corazón desaparece y es reemplazada por una profunda paz interior. Robert Muller dijo: «El perdón es la forma más elevada y bella del amor. A cambio de él recibimos paz y felicidad inenarrables».

Sin duda Muller tenía razón. Aunque haya decidido no volver a establecer contacto con determinada persona, en mi mente siempre estoy en relación con ella. Por eso es tan importante perdonar completamente. Con frecuencia, el perdón me ha proporcionado más alegría de la que hubiera tenido si la traición o el daño no hubieran ocurrido. Así de poderoso es.

10

La ficción del fracaso

Estoy convencido de que la mayoría sabe intuitivamente que el fracaso no existe, o por lo menos reconoce que lo que suele llamarse «fracaso» es una parte absolutamente necesaria del proceso vital. No obstante, cuando un resultado o un esfuerzo no da los resultados esperados, se desecha esta idea diciendo que es demasiado «teórica» o incluso superficial. Una y otra vez he escuchado decir: «Sé que *aquellas* decepciones eran necesarias, pero *ésta* es diferente. Nunca la superaré».

El temor al fracaso se manifiesta de maneras sutiles. Me he preguntado cuántas aventuras nunca se emprendieron por este temor. ¿Cuántas clases dejan de tomarse? ¿Cuántas veces evitamos presentarnos a un amigo potencial, ayudar a alguien, hacer algo nuevo, pedir ayuda, ir más allá de nuestra comodidad o simplemente pensar diferente? El temor al fracaso puede ser la diferencia entre poner manos a la obra o no hacerlo, pero también entre ganar o perder. Afecta tanto la calidad de vida como la efectividad y el nivel de éxito.

Es una bendición saber que el fracaso no es más que una ficción hábilmente disfrazada de decepción. Cuando somos capaces de comprobarlo se abre un mundo completamente nuevo. Tenemos menos temor y nos sentimos más inclinados a probar lo nuevo; estamos dispuestos a tomar riesgos, a ser audaces y tener una vida más interesante, pero sobre todo: respondemos a la adversidad con confianza y sabiduría.

Considero que el fracaso es una ficción porque una vez que ha ocurrido, sólo permanece vivo en los pensamientos y la imaginación. No se trata de negar el hecho ni de disminuir su importancia; tampoco sugiero que no sea profundamente decepcionante o que no tenga un impacto duradero. Simplemente señalo que los sucesos que ocurrieron en el pasado ya pasaron y están superados; la única manera de ser un «fracaso» es pensar que lo somos.

He aquí un ejemplo: imagina que una cirujana ha realizado cinco mil operaciones exitosas durante su carrera, pero que el día anterior a su retiro, durante su última cirugía, comete un pequeño error. Si uno de sus colegas no hubiera intervenido, el paciente hubiera resultado herido. Afortunadamente todo salió bien.

Después de su retiro, la cirujana se sintió cada vez más deprimida. No podía olvidar lo ocurrido. Aunque no siempre pensara en ello, de vez en cuando lo recordaba, y se sentía abatida. Su esposo, amigos y colegas le recordaban que había sido una exitosa cirujana y que su competencia estaba fuera de duda, pero diez años después ella seguía deprimida.

Espero que estés pensando: «Obviamente, ella no fracasó; todo estaba en su mente».

Aunque resulta evidente cuando se trata de alguien más, es difícil distinguirlo cuando se trata de nosotros. Los pensamientos son muy convincentes. Cuando pensamos que somos un fracaso o que alguno de nuestros esfuerzos lo es, tendemos a pensar que es cierto.

No obstante, si reflexionamos un momento comprobaremos que no tiene sentido. El grado de «fracaso» depende de los pensamientos y de las percepciones de quien esté pensando. Después de todo, otro cirujano a quien le hubiera ocurrido lo mismo podría haber pensado: «¡Vaya!, sólo un error grave en veinte años. ¡Impresionante!» Sin embargo, otro pensaría lo peor. Si no son los pensamientos del individuo, entonces ¿qué determina el grado de «fracaso»?

Quiero aclarar que no estoy excusando el error. El error ocurrió. La cirujana hizo su mejor esfuerzo, y si fuera a practicar más operaciones en el futuro, sin duda habría aprendido de esa equivocación. La pregunta es: ¿cómo superarlo?

Una vez conocí a un estudiante de leyes que había reprobado su examen de titulación. Me dijo que los últimos tres años habían sido una pérdida de tiempo y que él era un «miserable fracasado». Me pregunté: «¿Quién lo dice?» Hay miles de futuros abogados que reprueban el examen pero que responden: «Lo haré mejor la próxima vez». Estoy seguro de que todos se sienten decepcionados, pero sólo unos cuantos llegan a deprimirse.

Hace unos años corrí en el maratón de San Francisco. Tres semanas antes de la carrera, conocí a un hombre que se había lastimado el tobillo. Dijo que él y su entrenamiento habían sido un total fracaso y que había pasado dos años entrenando para nada. Era evidente que se tomaba en serio los pensamientos sobre su lesión y se estaba deprimiendo.

En todos los casos la solución es la misma. Sin menoscabar la importancia de la decepción, hay dos caminos: depositar toda la confianza en los pensamientos sobre el supuesto fracaso o reconocerlos como tales. Al hacer lo último se desechan respetuosa y gentilmente los pensamientos como tales, no como la realidad, y se continúa el camino.

Cuando ponemos en duda la legitimidad del fracaso, empezamos a experimentar la magia del desapego, uno de los más grandes dones de la vida. Antes de continuar, aclaro que el desapego no tiene nada que ver con indiferencia o apatía. El desapego implica hacer el mejor esfuerzo, poner las cosas a favor y trabajar para alcanzar las metas, olvidando el resultado. Implica involucrarnos más en el proceso y vincularnos menos con los frutos del trabajo. Aunque todavía deseamos que las cosas salgan como lo pensamos, nuestra supervivencia y tranquilidad no dependen de ello. La desesperación es remplazada por confianza.

A veces me refiero a esto como «aferrarse con fuerza y soltar con ligereza», hacerlo produce una enorme libertad emocional. Significa hacer el mejor esfuerzo, dar cien por ciento, poner cuerpo y alma, pero al mismo tiempo estar dispuesto a olvidar el resultado. Significa saber, más allá de cualquier duda, que cuando algo no cumple nuestras expectativas, esperanzas, sueños o visiones, es porque el universo nos depara algo distinto. No es una ilusión; así funciona la vida, y es la mejor manera que conozco para ser felices y eficaces.

Confieso que si alguien me hubiera dicho esto hace veinte años, habría dicho: «Sí, cómo no». Sin embargo, he tenido demasiadas decepciones y he presenciado otras tantas como para dudar. En otras palabras, lo que en la superficie parece decepción o fracaso es justamente eso: la superficie. El misterio es lo que está debajo.

Piensa un momento en el océano. Aunque es hermoso, lo único visible desde la playa es la superficie, pero debajo del agua hay un universo sorprendente. El hecho de no verlo no significa que no existe.

El camino a la libertad es la fe en este misterio; en lo desconocido. Podemos aprender a confiar en que al no encontrar una razón o una explicación aceptable en un determinado momento no significa que no la haya. Empezamos a comprender que a pesar de la decepción y del dolor, en cada experiencia hay un regalo, algo que aprender o una oportunidad; que superaremos cualquier cosa que ocurra.

El apego, como tener grilletes y cadenas en los tobillos, provoca temor y empuja a pensar con temor. Pensamos cosas como: «¿Y si el negocio no sale bien?» o «¿Y si no le gusto?» Empezamos a creer que la única manera de ser felices es que todo salga bien, tal como fue planeado. Si esto no es presión, ¡no sé qué pueda ser! Mientras más confiemos en estos pensamientos, más presión sentiremos.

Por su parte, el desapego proporciona confianza y elimina la presión. Es como quitarnos un peso de encima. El temor al fracaso es una distracción que interfiere la concentración y la capacidad de disfrutar. Sin este temor, ¡el cielo es el límite!

Cuando vemos en retrospectiva, es fácil descubrir que cada error, cada decepción o «fracaso», como tal vez lo llamamos en el momento, era necesario para que llegáramos a ser lo que somos ahora. Una vez hablé con un investigador que había reprobado inglés en la secundaria. En el momento le pareció una catástrofe y pensó que su sueño de convertirse en maestro había terminado. A causa de este «fracaso» cambió su dirección y se interesó en las ciencias. Desde que se convirtió en investigador ha contribuido a salvar muchas vidas y está encantado con su profesión. ¿En verdad aquél fue un fracaso? No lo creo.

Lo mismo puede decirse prácticamente en todos los casos. Una vez conocí a un hombre extraordinario que tuvo serios problemas en la universidad. Sin embargo, aprendió de sus experiencias y juró convertirse en una persona generosa y afectuosa. Años después se convirtió en lo que yo llamaría un «ángel humano». No guardaba la menor duda de que ese «fracaso» había sido el impulso más importante en su evolución como ser humano. Miles de personas se beneficiaron de ese impulso. Él no le deseaba sus errores ni a su peor enemigo, pero ¿fue su experiencia en la universidad un fracaso después de todo?

Recuerdo que no logré entrar a una de las universidades que había considerado, y en aquel momento me sentí muy decepcionado. Sin embargo, si eso no hubiera ocurrido, no habría conocido a Kris y no tendría a mi familia. Además, me encantó la escuela a la que fui. Supongo que muchas cosas hubieran sido distintas si hubiera asistido a la otra escuela. ¿Fue un «fracaso» no haber sido admitido?

Una vez conocí a una mujer que había abandonado la secundaria y se había convertido en drogadicta. Sus padres (y casi todos) le decían que era una fracasada. Durante años ella luchó y padeció, pero al final dejó las drogas. Desde entonces se ha dedicado a ayudar a los jóvenes a mantenerse alejados de ellas. La mujer me dijo que si no hubiera experimentado una desesperación tan grande, nunca hubiera estado en posición de ayudar tanto a los demás.

El secreto está en traer al presente la sabiduría que seguramente tendrás en el futuro. Se trata de saber que las situaciones que parecen problemáticas o incluso desesperadas no lo son.

No sugiero que cuando las cosas salgan mal digas: «Ni modo», como si no te importara. Más bien te exhorto a que seas más desapegado y filosófico respecto a lo que interpretas como fracasos. Te sugiero que cuando ocurra algo que no te guste, en vez de llamarlo «fracaso», no dudes de que te recuperarás y de que finalmente todo estará bien. Cuando tus pensamientos te bombardeen con afirmaciones negativas, deséchalos como si fueran moscas. Algunos de los métodos más poderosos para lograr la paz interior son sumamente sencillos.

Es recomendable excluir las dudas. Podemos recordar que siempre hay una respuesta, aun cuando no podamos verla inmediatamente. Debemos identificar, valorar y dejar ir las dudas siempre que surjan. Cada vez que esto ocurra, confía en lo desconocido; confía que sabrás qué hacer cuando llegue el momento.

Con el tiempo, confiarás plenamente en tu inteligencia interior. En vez de forzar las respuestas o las soluciones, guardarás silencio para saber qué hacer a continuación. El silencio interior no detiene el pensamiento, activa una inteligencia profunda que algunos llaman sabiduría.

Valorar el silencio interior permite ser más pacientes, lo que a su vez refuerza la confianza en que la respuesta está a la vuelta de la esquina. Muchas veces las respuestas más adecuadas no surgen del intelecto, sino de este lugar sereno. Cuando estamos en silencio, accedemos a lo que se conoce como «inteligencia universal». Nadie sabe a ciencia cierta de dónde proviene, pero muchos sabios han asegurado que existe. Es reconfortante conocer esta inteligencia. Nos permite confiar en que si estamos lo bastante callados y somos lo suficientemente pacientes, la solución apropiada está cerca.

Una de las descripciones de la vida que más me gusta dice: «es sólo un error tras otro con muy poco tiempo intermedio». A pesar de que es humorística, es una manera precisa de ver las cosas. Si la analizamos, es totalmente cierta. Cometemos errores y aprendemos de ellos; realizamos ajustes y seguimos adelante. En determinado momento habrá otro error, y otro y otro más. Todos pasan por lo mismo; nuestros padres están cometiendo errores, igual que nuestros amigos, vecinos, hijos, colegas y el resto de la gente.

Observa que la descripción anterior dice «un error tras otro» y no «un fracaso tras otro». No es necesario ver los errores o las cosas que salen mal como fracasos. Los errores son una parte fundamental de la vida y no pueden evitarse. De hecho, nos permiten hacer cambios en nuestra vida y aprender. Sin ellos, la vida no sería interesante.

Creo que la lección más importante es: el fracaso es una ilusión generada y reforzada por el pensamiento. Dos de mis frases predilectas sobre el pensamiento son: «Somos lo que pensamos» y «te convertirás en aquello que pienses». No pensemos que somos un fracaso, porque no lo somos.

11

Enfermedad
y lesiones:
nadie está exento

En *Anatomy of an Illness*, Norman Cousins afirma: «Lo que hago por mí es resultado de mi filosofía, no de mi ciencia». Como una persona no familiarizada con la ciencia médica, eso es lo que puedo ofrecer. Los pensamientos y las ideas que sugiero aquí surgen de mi intuición sobre la naturaleza de la curación en un nivel espiritual y no tienen nada que ver con la medicina.

Mi primera experiencia personal con la enfermedad ocurrió cuando a los trece años me practicaron una apendicectomía de emergencia. Mis padres estaban fuera de la ciudad y me quedé en casa pensando que estaba resfriado. Por suerte, cuando mi madre regresó, en cinco segundos se dio cuenta de que se trataba de algo más serio. Subimos al auto y salimos volando hacia la sala de emergencias.

Casi treinta años después, recuerdo que hubo doctores, enfermeras y miembros del personal médico que fueron estrellas en una noche despejada y oscura. Para ellas fui más que un trabajo. En verdad les importaba. Desde mi perspectiva de adolescente, sabían curar. La compasión y el amor resplandecía en su ser, se veía en sus ojos.

Las personas de las que hablo estaban totalmente presentes, estaban ahí conmigo. Más que lo que hacían, lo reconfortante era su presencia. Con lo que sé ahora, estoy seguro de que estaban apresurados y tenían mucho trabajo. Sin embargo, no daban esa impresión. Se tomaban un minuto extra para sentarse al lado de mi cama y unos segundos extra para verme a los ojos. Cuando estoy con personas enfermas o lastimadas, trato de recordar lo que aprendí antes, durante y después de mi operación: un corazón compasivo y una persona que se interese puede ser tan importante para un paciente como una intervención quirúrgica. Como adulto, he tratado de buscar, para mí y para mis seres queridos, doctores que tengan esta extraordinaria compasión.

Los últimos años han sido interesantes respecto a mi salud física. En general, he sido muy afortunado, pero desarrollé un problema de espalda que sólo puedo describir como misterioso y terrible. Es similar, sólo que peor, al dolor de espalda que terminó con mi carrera de tenista cuando estaba en la universidad.

Al principio, lo más molesto era no hacer lo que acostumbraba. Tuve que abandonar temporalmente mi rutina física de ejercicio vigoroso y yoga. Después, esa molestia se convirtió en miedo cuando empecé a pensar que sería así por el resto de mi vida. Tengo la gran fortuna de que mi espalda está mejorando.

Aunque no pretendo incluir mi antiguo problema de espalda ni ninguna de mis lesiones subsecuentes en la misma categoría de problemas mucho más serios, aprendí mucho sobre mí en el proceso. Cuando he comentado mi experiencia a personas que estuvieron mucho más enfermas o lesionadas, han confirmado la existencia de un hilo compartido de humanidad. Lejos de comparar quién estuvo más enfermo o lastimado, era reconfortante compartir desde el corazón y no desde la cabeza.

Con la enfermedad y las lesiones, pero sobre todo gracias a otras personas que también han estado enfermas, he aprendido sobre lo que llamo el «revestimiento de plata». Por cierto, la *Silver Lining Foundation* [«Fundación revestimiento de plata»] de Aspen, Colorado, (con la cual no tengo ninguna relación) fue cofundada por la antigua estrella del tenis Andrea Yeager. Esta maravillosa organización permite a los niños «escapar» temporalmente de sus enfermedades incurables, por ejemplo cáncer, y emprender formidables aventuras en espacios naturales. Normalmente no hago comerciales, especialmente en mis libros, pero te invito a visitar el sitio de internet de la organización e incluso a que consideres realizar una donación económica. La dirección es www.silverliningfoundation.org

Cuando hablo del «revestimiento de plata» respecto a la enfermedad y las lesiones, no intento restarle importancia al asunto. No estoy diciendo: «Mira el lado amable». Es algo mucho más sutil que eso. Lo que aprendí y quiero compartir son algunas perlas de sabiduría que la enfermedad y las lesiones brindan.

Una de las primeras y más sorprendentes conclusiones a las que podemos llegar como resultado de estar enfermos o lesionados es que no somos un cuerpo. Somos el alma que reside en el cuerpo, pero no el cuerpo. Uno de mis maestros predilectos de espiritualidad, Ram Dass, solía mirar a las personas a los ojos y decirles: «¿Estás ahí? Yo estoy acá. ¿Qué se siente estar ahí?» Ésta es una manera divertida de hacernos notar que somos criaturas espirituales que vivimos en la Tierra y que compartimos una experiencia humana en estos contenedores llamados cuerpos. Por alguna razón, parte de la experiencia de tener un cuerpo es que éste tiene problemas y que en última instancia se desgasta. Los cuerpos se enferman y se lastiman.

Incluso las personas que han sufrido un terrible dolor físico afirman que es de gran ayuda no identificarse en exceso con el cuerpo. En otras palabras, aunque es importante ser amables y respetuosos con nuestros cuerpos y cuidarlos bien, también los es estar ligeramente desapegados de ellos, saber que «ellos» no son «nosotros».

Aunque mi dolor físico ha sido mínimo en comparación con el de muchos, coincido en que el desapego ha sido la clave para mantener mi objetividad. Es reconfortante saber que *estoy* en mi cuerpo pero que no *soy* mi cuerpo. Esto me ha permitido aliviar mi dolor e incluso verlo con cierto humor. Una vez regresé a casa después de un juego de basquetbol con mis amigos. Cojeaba y me dolía todo.

Kris me dijo medio en broma: «Richard, los deportes no solían ser tan difíciles para ti hace veinte años, cuando nos conocimos». Ella tenía razón. Era (y soy) la misma persona, pero a pesar de mis esfuerzos por mantenerme en forma, no soy el mismo cuerpo. Mientras me arrastraba hacia el sofá no pude evitar sonreír ante el «aprieto» de estar en un cuerpo. En vez de aferrarme a mi dolor y de enviar ira y odio en su dirección, me relajé y me olvidé de él. Siempre estaré agradecido de tener un cuerpo y haré todo lo que pueda para cuidarlo. Sin embargo, no cometeré el error de creer que este cuerpo es lo que soy. Como dice Joy Thomas en *Life Is a Game; Play It:* «El cuerpo no necesita que lo curen, pero la mente que cree que es un cuerpo sí necesita ayuda».

Algo similar ocurre con la humildad. Algunos somos arrogantes cuando gozamos de una salud perfecta. Sin darnos cuenta, damos por hecho que el dolor, la enfermedad e incluso la vejez son cosas que les pasan a otros. En el fondo sabemos que la enfermedad y el envejecimiento son inevitables, pero ante la falta de evidencias inmediatas tendemos a negarlos. La enfermedad y las lesiones recuerdan la humanidad compartida. Pueden actuar como catalizadores para la compasión y recordarnos que, a pesar de las diferencias superficiales, en el fondo todos vamos en el mismo barco, o por lo menos en uno parecido. Esto nos ayuda a estar menos absortos en nosotros y a ser más amables y generosos.

Hay pocas cosas tan bien diseñadas para recordarnos nuestra mortalidad como la enfermedad y las lesiones. Éstas recuerdan lo frágiles que son nuestros cuerpos y lo rápido que pasa la vida. El hecho de que nosotros o alguien a quien amamos esté lastimado o gravemente enfermo nos hace pensar que cada día es un don, y así es. Dejamos de dar la vida por hecho, miramos alrededor y nos sorprendemos ante las maravillas cotidianas. Muchos de los supuestos problemas que parecían tan graves pierden importancia.

Mi abuela Emily me dijo una vez: «Es bueno que Dios haya creado el dolor y los achaques; ayudan a estar agradecidos cuando nos sentimos bien». Pienso que es una manera muy sabia de interpretar el dolor físico, especialmente porque ella sufría un agudo caso de artritis.

Hace poco me lastimé ambas rodillas. Cuando empezaron a sanar recordé la sabiduría de mi abuela. Me sorprendió lo agradecido que me sentí por el don de poder caminar. Una pregunta interesante fue: ¿por qué no estaba agradecido antes de lastimarme? Te invito a que te lo preguntes. ¿Crees que hay dones que das por descontados?

Finalmente, aunque estés gravemente enfermo, no descartes la posibilidad de una recuperación total. Como sabes, ésta no pretendía ser una estrategia sobre bienestar físico y, aunque la curación más importante ocurre en el *corazón* y no en el cuerpo, es importante reconocer el poder milagroso de la conexión mente-cuerpo. Estoy convencido de que siempre existe la posibilidad de un giro. Esto es cierto aun cuando los médicos y otros expertos no estén de acuerdo.

Empecé esta estrategia con una cita de Norman Cousins. Como *Anatomy of an Illness* es uno de mis libros favoritos sobre el poder del espíritu humano, creo que sería adecuado terminar con otra cita de él. Hacia el final del libro, Cousins dice: «Mi cuerpo ya ha rebasado por mucho el punto al que los expertos creyeron que llegaría en 1954. Según mis cálculos, mi corazón me ha proporcionado 876,946,280 latidos más de los que creían posibles los médicos del seguro».

12

Aprende a manejar tu mundo emocional

¿Qué pasaría si supieras manejar tu dolor emocional, independientemente de la situación que estés viviendo? No se trata de que elimines el dolor ni de que niegues su existencia, sino de que lo consideres y experimentes desde una perspectiva distinta. Aunque parece una meta difícil, estoy convencido de que es posible alcanzarla.

Imagina una pequeña bola de nieve que rueda por una pista de esquí. Al principio no es más grande que un puño, pero como la montaña está empinada y se cumplen una serie de condiciones, crece con la misma rapidez con la que cae por la pendiente. Después de unos cuantos metros, crece de manera exponencial y gana velocidad . Va más y más rápido y se hace más y más grande hasta que se vuelve totalmente incontrolable y destructiva.

Esto ocurre con nuestros pensamientos. Incluso los más dolorosos son pequeños al principio, pero se enconan y crecen con la atención. Al igual que las bolas de nieve, cuando son pequeños son manejables. Si nos colocáramos a unos metros debajo del punto de partida de la bola de nieve, podríamos recogerla y aplastarla o incluso lanzarla de vuelta a la cima de la montaña. Sin embargo, si estuviéramos medio kilómetro abajo, ¡la misma bola podría aplastarnos! El secreto está en atraparla lo antes posible, antes de que cobre impulso.

Una vez conocí a una mujer que tenía varios amigos varones. Antes de casarse, fue totalmente sincera con su prometido y dejó claro que una vez casada conservaría sus preciadas amistades. Cuando habló de su intención fue precisa y honesta. Para ella, conservar sus amigos significaba salir ocasionalmente con ellos a comer, a cenar o a tomar un café.

Invitó a su prometido a estas reuniones y no hacía nada a escondidas porque no ocultaba nada. Como era una persona abierta y sociable, incluso le dijo que una de las cosas que le gustaban de él y por las que quería casarse era que aceptaba a sus amistades, fueran mujeres u hombres. Él estuvo de acuerdo y le aseguró que jamás tendrían problemas por ello. Dijo que apoyaba incondicionalmente su deseo de conservar todas sus amistades.

Sin embargo, casi inmediatamente después de que se casaron, los amigos fueron causa de conflictos. El marido montaba en cólera y se enfurruñaba durante días cuando ella hacía planes para ver a un amigo, incluso cuando era invitado a la reunión. Se preguntaba por qué ella no quería pasar todo el tiempo con él. «¿No soy suficiente para ti?», le preguntaba. Se sentía traicionado y resentido, y empezó a desconfiar.

Finalmente acudieron a una terapia matrimonial y una de las cosas que aprendieron fue a negociar. El terapeuta les mostró cómo los pensamientos y los sentimientos pueden salirse de control fácilmente, casi con la rapidez que una chispa provoca un incendio forestal. Cuando atrapamos una chispa a tiempo podemos sofocarla con las yemas de los dedos, pero un incendio puede convertirse en una catástrofe.

El terapeuta explicó que el esposo albergaba dudas persistentes respecto a la fidelidad y al significado del matrimonio, y que tal vez eran tan pequeñas y excepcionales que podían pasar desapercibidas incluso para él mismo. En otras palabras, podían estarlo afectando sin que se diera cuenta.

Como no se percataba ni reconocía sus pensamientos como tales, éstos podían crecer, multiplicarse y hacerse más frecuentes, como si se acercaran a hurtadillas, y de repente, sin que él supiera por qué, se veía avasallado por las emociones y reaccionaba con enojo o desesperación.

Es fácil identificar por qué ocurrió esto. Si no prestamos atención y no sabemos qué buscar, los pensamientos toman el control de las emociones, tan rápida e inexorablemente como una bola de nieve rodando cuesta abajo. Cuando nos damos cuenta, es tarde. Ya no es manejable; es demasiado grande y complicado.

¿Qué pasaría si reconociéramos las primeras señales de esos pensamientos, si identificáramos la bola de nieve (el pensamiento) cuando todavía es un copo que cae del cielo, si lo atrapáramos con mano abierta y delicada y lo tratáramos con amabilidad? No me estoy poniendo poético; simplemente señalo el poder de reconocer los pensamientos y sentimientos en sus primeras etapas. Esto permite tratarlos con amabilidad y sabiduría; analizarlos honesta y objetivamente, aprender de ellos y tomar decisiones inteligentes y apropiadas.

Esto no sólo es coherente desde el punto de vista espiritual, también es una de las herramientas más útiles que puede haber. Sus aplicaciones son numerosas. ¿Qué pasaría si reconocieras los pensamientos de temor relacionados con un proyecto laboral cuando todavía son pequeños, si distinguieras entre las sutilezas y el temor, si respondieras inteligentemente, tomándolos como lo que son y enfrentándolos de manera distinta? Te sería más fácil ser valeroso. Podrías pedir consejo sobre cómo superar el miedo o incluso olvidarte de él en vez de dejarlo crecer. Ello podría marcar la diferencia entre emprender el proyecto —aun con miedo— e inventar una excusa para explicar por qué «no puedes» hacerlo. Puede marcar la diferencia entre posponer algo y ponerlo en marcha.

He descubierto que es fácil que los pensamientos de temor se conviertan en pensamientos de paranoia. Asimismo, es sencillo que la ira se vuelva resentimiento. La manera más fácil y efectiva para manejar estos sentimientos es identificarlos en una etapa temprana.

El esposo celoso no sólo salvó su matrimonio sino que superó la tendencia a los celos. Por medio de la meditación (a la cual dedico un capítulo entero en este libro) aprendió a acallar su mente. Por primera vez percibió la actividad mental, que siempre había estado ahí, y describió su mente como un enorme embotellamiento. Con la meditación redujo notablemente el tráfico e identificó cada uno de los automóviles. Su mente era tan caótica que le parecía que estos autos eran simplemente una enorme barra de acero.

Hay un nivel más profundo. Al tranquilizar la mente, distinguimos la diferencia entre el pensamiento como contenido y el pensamiento como proceso. La mayor parte del tiempo tenemos pensamientos del tipo «eso no es justo».

Si lo consideramos *sólo* un contenido, el pensamiento puede volverse abrumador o atemorizante. Solemos analizar el pensamiento y elaborar juicios sobre él; lo exacerbamos al prestarle atención; otros pensamientos lo alimentan y lo justifican. Respondemos al contenido con ira, temor o incluso odio. Nos juzgamos duramente y decimos: «¿Por qué estoy pensando cosas tan horribles?», o lo justificamos diciendo, «en verdad no es justo».

Pensamos en lo que significa, nos concentramos en él y le otorgamos más atención. Permanece con nosotros conforme crece y adquiere relevancia. Ciertos pensamientos llegan a obsesionarnos, como le sucedió al marido celoso. En ese caso, los pensamientos simplemente se enconaban sin que él se diera cuenta. De pronto, todo parece real y apremiante. Debido a este enfoque le otorgamos importancia. Está ahí y creemos que es relevante.

Una mente más sosegada enfrenta el mismo pensamiento de manera distinta. Desde el principio lo reconoce como pensamiento, como parte de un proceso. Lo personaliza menos. En vez de que la frase «eso no es justo» se convierta en una urgencia, la reconoce como un pensamiento más que cruza por la mente. Como tal no es tan amenazante y lo puede manipular con eficacia.

Por primera vez tenemos la opción de elegir. No forzosamente tiene que tratarse de una crisis. Tenemos un espacio emocional; podemos decidir si es necesario y provechoso continuar con determinada línea de pensamiento o desecharla. No se trata de ignorar algo importante. Se trata de liberarse de la prisión de la mente, de no tener que molestarse porque un pensamiento se alojó en nuestra cabeza.

Uno de los aspectos más fascinantes de una mente sosegada es su capacidad de permitir que los pensamientos inconscientes se vuelvan concientes. Gracias a la quietud y a que los pensamientos son recibidos con aceptación, el inconsciente siente menos temor de mostrarse tal como es, y comienzan a surgir pensamientos e ideas que nunca habíamos experimentado.

Un conocido me contó un ejemplo dramático de esto. Dijo que cuando aprendió a acallar su mente, pronto se dio cuenta de que toda su vida había buscado la aprobación de los demás. Su elección de carrera, junto con otras decisiones importantes, tenían poco que ver con su corazón y mucho con el deseo de complacer a los demás. Aunque no sabía esto, ahora era tan evidente que no pudo evitar reír al ver la manera en que había estado viviendo. Durante el siguiente año hizo varios cambios en su vida, todos para bien.

Acallar la mente me ha permitido ser honesto y compasivo conmigo., identificar las maneras en que soy impaciente y grosero, y enfrentar algunos viejos hábitos desde una nueva perspectiva, a veces para abandonarlos definitivamente. Aunque hay muchas personas y enfoques que han sido de gran ayuda en mi vida, nada me ha resultado más eficaz que aprender a acallar mi mente. He descubierto mis patrones de conducta, incluso los destructivos, y las soluciones a la mayoría de mis problemas. Todavía me falta mucho por recorrer, pero confío en el poder de la serenidad.

Una vez conocí a un individuo que se estaba recuperando de la adicción a la heroína. Había estado en varios programas de rehabilitación, todos útiles. Sin embargo, sólo cuando aprendió a acallar su mente pudo dejar las drogas por completo. El hombre afirmaba llevar cinco años sin tomar drogas. Se había dado cuenta de que sus impulsos, aunque eran muy reales, iniciaban con un simple pensamiento. Aprendió a considerar sus pensamientos como pensamientos y no como deseos. Los identificaba, los trataba con compasión, se decía que todo iba a estar bien y los dejaba ir. Decía que había aprendido a tratar sus pensamientos relativos a las drogas como si fueran barcos de papel que colocara suavemente en un río para dejarlos ir.

En la vida hay muchas cosas, grandes y pequeñas, que tienen el poder de perturbarnos. La ventaja de aprender a serenar la mente es que, aun cuando se trata de algo grande, importante y doloroso, podemos distinguir de dónde viene parte del dolor y hacer cambios positivos.

Por ejemplo, una mujer me dijo que «odiaba» a su madre, la cual estaba a punto de morir. La mujer argumentaba decenas de razones y creía que su odio estaba plenamente justificado. Le sugerí con delicadeza que se sentara tranquilamente y que serenara su mente. Durante unos minutos sólo permaneció sentada, respirando en silencio. Aunque sus ojos estaban cerrados, corrían lágrimas por sus mejillas.

Después de unos minutos abrió los ojos y, todavía llorando, me dijo que había descubierto que su odio no valía la pena. Perdonó a su madre y me dijo que iría con ella para arreglar las cosas. Aunque parece una transformación mágica, es sencillo entender cómo ocurrió.

Desde mi punto de vista, ella tenía decenas y decenas de pensamientos que se justificaban unos a otros, y se los tomaba todos en serio. No es que su ira no estuviera justificada o que no tuviera buenas razones. Simplemente se dio cuenta de la tremenda carga de los pensamientos a los que se aferraba y de la importancia de su deseo de mejorar su relación con su madre antes de que fuera demasiado tarde. Sólo se dio tiempo para analizar su pensamiento desde una perspectiva distinta. Descubrió que tener esos pensamientos no significaba que no podía enfrentarlos de otro modo o incluso desecharlos por completo. Fue como si hubiera descubierto su inocencia y la de su madre.

Espero que pongas en práctica esta estrategia para identificar los pensamientos en una etapa temprana, para evitar que controlen tus respuestas. Básicamente se trata de prestar atención a lo que ocurre en tu interior en cada momento y de decidir si quieres que los pensamientos crezcan y se desarrollen al azar. Esta estrategia me ha sido de gran ayuda y espero que también lo sea para ti.

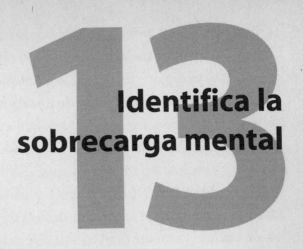

Identifica la
sobrecarga mental

Un día, una de mis hijas invitó a dos amigas a la casa. Cuando llegó la hora de la cena, todos estábamos hambrientos e impacientes. Me apresuré a calentar algo en la estufa.

Prendí el quemador a todo lo que daba y puse un poco de pasta en una cacerola. Agregué los ingredientes y cociné lo más rápido que pude.

El resultado fue un desastre. Algunas partes estaban quemadas, otras estaban crudas y ninguna sabía bien. Para empeorar las cosas, la cocina era un caos; había comida regada por todos lados y tuve que empezar de nuevo. Debido a mi afán de ahorrar tiempo y hacer las cosas rápidamente, tuve que trabajar más y las niñas tuvieron que esperar para comer.

Los carpinteros tienen un dicho: «Para cortar una vez, mide dos veces». De hecho, cuando nos tomamos un poco más de tiempo y somos cuidadosos evitamos pérdidas de tiempo, energía y dinero. En vez de cometer errores innecesarios, hacemos las cosas bien desde la primera vez.

Cuando miro en retrospectiva, me parece claro que si hubiera mantenido la calma y me hubiera tomado cinco minutos extra para preparar la cena de las niñas, a ellas les hubiera encantado y me hubiera ahorrado el tiempo, la energía e incluso el dinero gastado en la comida desperdiciada.

Tomar conciencia de la carga de una mente atareada beneficia nuestra vida. En lo personal, esta estrategia me ha hecho una persona más serena, feliz, menos reactiva y más efectiva. Es fácil aprenderla, y una vez que lo hagas te sorprenderás diciendo: «No puedo creer que haya vivido de esa forma». Te asombrarás de que tu desempeño haya sido tan bueno cuando tu mente estaba llena de pensamientos, ideas y cálculos, todos presentes al mismo tiempo y muchas veces en conflicto.

Tomar conciencia del daño potencial y las consecuencias negativas de la sobrecarga mental es similar a entender que resulta contraproducente cocinar demasiado rápido. En ambos casos hay un sentido de urgencia y prisa, y cada uno interfiere con la calidad, disfrute y efectividad del resultado. Parece que hacemos mucho, pero en realidad los esfuerzos son un estorbo. Actuamos sin orden, duplicamos el trabajo y hacemos las cosas más confusas de lo que deberían ser.

Piensa un momento en tu casa. La mayoría considera que hay una cantidad ideal de objetos que se ven bien: muebles, adornos, chucherías, cuadros, toallas, ropa, trastes. No obstante, cuando se rebasa cierto límite, el resultado es un revoltijo. Es cierto que un poco de desorden no es tan malo y que cada quien tiene su nivel de tolerancia, pero aun así podemos afirmar que en cierto sentido se puede dañar la sensación de orden, belleza y organización de nuestro hogar. La casa empieza a llenarse demasiado y se complica encontrar las cosas; por el desorden perdemos las llaves, la cartera y otros objetos importantes. Cada vez es más complicado encontrar un lugar para guardar cosas y más difícil mantener la casa limpia. Sencillamente está abarrotada.

Ésta es una excelente metáfora del modo en que tratamos a la mente. Muchos tendemos a mantener demasiadas cosas simultáneamente en la cabeza. Simplemente la sobrecargamos. Piensa en todo lo que ocurre en tu mente en un determinado momento.

Están todos los planes futuros. ¿Qué vamos a hacer con nuestras vidas? ¿Qué va a pasar hoy, la próxima semana, el próximo mes, el próximo año? ¿Cómo vamos a terminar el trabajo, llevar a los niños al entrenamiento de futbol y recoger la ropa antes de las cinco? «¡Chispas!, se me olvidó llamarle a Bill», pensamos, y luego: «Tengo mucho trabajo». Mientras tanto, planeamos la fiesta de cumpleaños de nuestro hijo y tratamos de recordar dónde pusimos los comprobantes, pues se termina el plazo para pagar impuestos. Al mismo tiempo, nos preguntamos: «¿De qué voy a vivir cuando me retire y me haga viejo?»

Esto puede complicar demasiado la cabeza. El pensamiento es incesante. Cientos de pensamientos y decisiones se disputan la atención. Tenemos pensamientos conflictivos: «Quiero comprarme el estéreo, pero ¿cómo voy a ahorrar dinero?» Además están los pensamientos sobre lo que los demás piensan de nosotros.

Por si esto fuera poco, también está la memoria, los recuerdos de lo que nos ha ocurrido. Está la memoria inmediata, que recuerda la discusión que tuvimos hace una hora, y la memoria a largo plazo, que recuerda lo que nos pasó cuando éramos niños. También están las agendas divididas en segmentos de una hora y la lista de pendientes. Aunque usemos sofisticadas agendas electrónicas, la mayor parte de esa información también está en la cabeza. Constantemente modificamos esta lista y evaluamos nuestro desempeño. Agregamos actividades, tachamos otras y hacemos algunos cambios. También está la consabida preocupación. ¿Qué podría pasarnos, qué podría salir mal? ¿Cómo podemos prepararnos para lo peor? Agrega unos cuantos resentimientos, metas y fantasías, y pronto reventarás.

Lo más difícil para detectar la sobrecarga mental y librarse de ella (o por lo menos limitarla) es que, en primer lugar, parece completamente «normal». Probablemente tu mente siempre ha estado atareada pero nunca consideraste que eso fuera un problema. Además, casi todos sufrimos de lo mismo. Nuestras mentes son como sofisticadas computadoras sobrecargadas de información. En algún momento hacemos corto circuito, lo que provoca algún tipo de falla. No obstante, estamos tan acostumbrados que ni siquiera pensamos en ello.

En segundo lugar, una mente atareada no sólo es aceptada socialmente, sino admirada. Sentimos respeto por las personas que se sirven con la cuchara grande o que realizan varias actividades a la vez. Incluso nos sentimos orgullosos de tener muchas cosas en la cabeza y de arreglárnoslas con todas. Es difícil deshacerse de algo que admiramos.

Finalmente, la sobrecarga mental parece necesaria. ¿Cómo podríamos desempeñarnos en un mundo atareado y en nuestras vidas atareadas si la mente no funcionara a todo vapor en cada momento?

Una mente febril puede ser engañosa. Cuando algo nos molesta parece que la fuente del problema es aquello en lo que está puesta la atención. Por ejemplo, supón que te peleas con tu esposa. Ella dice algo que te molesta y tú montas en cólera. Reaccionas instantáneamente, quedas atrapado en el dramatismo y te sientes más perturbado. Mentalmente discutes y ensayas tus respuestas. Estás convencido de que ella tiene la culpa: tú tienes razón y ella está equivocada.

La pregunta es: «¿Te habrías enojado si tu mente hubiera estado despejada y tranquila?» Es difícil saberlo a ciencia cierta, pero vale la pena reflexionar al respecto. Probablemente tu mente estaba girando en todas direcciones; estabas tenso y con los nervios de punta antes de que ella hiciera el comentario que te molestó. Te sentías presionado y tu cabeza estaba llena de preocupaciones ajenas a tu relación de pareja. En retrospectiva, es fácil ver que cualquier cosa te podía alterar.

Piensa en la presión que implica vivir con la mente siempre llena y calculando constantemente. Todo está ahí, en la superficie, un pensamiento tras otro, todo el día. Los pensamientos vuelan de un lado a otro como pelotas de ping pong, y lo único que no tienes es concentración.

Mantener menos cosas en la mente tiene numerosos beneficios. El primero es el bienestar. Al reducir el volumen de información, planes, preocupaciones, cálculos y especulaciones, aunque sea mínimamente, sentimos como si saliéramos de una cueva oscura y camináramos hacia la luz. Gozamos una sensación de espacio, ligereza y libertad. Para mí es el equivalente de limpiar y organizar un escritorio lleno de papeles y fólders amontonados. Tenemos una repentina sensación de claridad, como si viéramos la luz al final del túnel, el bosque a través de los árboles.

También hay menos tensión y somos menos reactivos. Como la mente estará más serena, no sentiremos el impulso de estallar ante cualquier cosa que salga mal, ni de analizar excesivamente cada pensamiento relativo a un contratiempo en nuestros planes o expectativas. Podremos elegir a cuáles pensamientos dar importancia, a cuales honrar con la atención y a cuáles dar menos relevancia o simplemente desechar.

Uno de mis símiles preferidos de la sobrecarga mental es la de un elevador que ha llegado a su límite de capacidad. Mientras se obedezca la norma y el número de personas no exceda la capacidad, el elevador funcionara con seguridad y eficiencia. Aunque el elevador esté lleno, no está sobrecargado, los pasajeros están relativamente cómodos y cooperan unos con otros, apartándose cuando es necesario.

Si metiéramos a otras veinte personas en el elevador, sería la locura. Los pasajeros estarían molestos y con los nervios de punta, y el aparato dejaría de ser seguro. Los usuarios se estorbarían unos a otros y la cantidad de personas haría peligroso el funcionamiento del elevador. Habría claustrofobia, ira, confusión y caos.

La mente es como un elevador. Hay un nivel de actividad óptimo en el que permanecemos relativamente relajados y funcionamos con eficacia. La vida no nos molesta fácilmente, ni siquiera cuando las cosas salen mal o cuando enfrentamos situaciones difíciles. Sé que cuando mi mente está despejada puedo conservar la objetividad. Recibo lo que en otras circunstancias serían noticias desagradables y las digiero con calma. Cuando mis expectativas no se cumplen, normalmente puedo sobrellevarlo y cuando se presentan cosas más graves, casi siempre puedo pensar con claridad y sensibilidad en el momento.

Al rebasar el límite de pensamientos, los resultados frecuentemente son desastrosos. Las insignificancias nos molestan, debemos seguirle la pista a demasiadas cosas y nos sentimos frustrados y confusos. Por ejemplo, el otro día me topé con una mujer que parecía tener demasiadas cosas en la cabeza. Se notaba en su mirada y en su manera de hablar. Estaba distraída y tensa, caminaba nerviosamente de un lado a otro y consultaba constantemente su reloj. Sus pensamientos y palabras estaban por todos lados. Ambos veíamos un partido de futbol y en determinado momento el árbitro tomó una decisión cuestionable. No tenía idea de si el fallo había sido justo y correcto, y no me importaba. Sin embargo, para esta mujer fue demasiado. Le gritó al árbitro y empezó a caminar de un lado a otro más rápido que antes, murmurando sobre el estúpido árbitro y las injusticias de la vida.

Aparentemente estas cosas no son tan importantes, pero cuando se acumulan pueden crear una reacción inesperada, especialmente cuando enfrentamos situaciones difíciles. Piensa cuánta claridad y sabiduría hacen falta para tratar asuntos realmente importantes. Por ejemplo, imagina que un amigo tiene problemas y necesita ayuda. Si tienes mil cosas en la mente, ¿cómo podrías ayudarlo?

Supón que tus cuentas se están saliendo de control y te has excedido en los gastos. Necesitas pensar con claridad. Sólo así harás los ajustes necesarios y elaborarás un plan adecuado. ¿Qué pasaría si tu mente estuviera atareada y llena de preocupaciones? Probablemente te dejarías llevar por el pánico y empeorarías el problema con decisiones equivocadas.

Creo que la sobrecarga mental es la primera etapa del nerviosismo, la irritación y el estrés. Es un caldo de cultivo para las reacciones desproporcionadas y las malas decisiones. Desde esta perspectiva parece poco atractivo, pero no motiva a bajar el volumen y la velocidad de los pensamientos; a liberarnos de carga de mental.

La clave para tranquilizar y serenar una mente sobrecargada es confiar en que todo estará bien. Vaciar la mente no significa apagarla; seguirá trabajando. De hecho, será más ágil y eficiente, como el quemador secundario de una estufa (¡recuerda mi pasta!) Entonces tomará el control un proceso mental sensible, inteligente y ordenado, y los pensamientos apropiados surgirán en el momento preciso. Como afirmamos Joe Bailey y yo en *Slowing Down to the Speed of Life,* es reconfortante recordar que cuando se trata del pensamiento, menos es mejor. También es útil saber que la salud mental es un derecho.

Un día que corría por la calle, tropecé con el borde de la banqueta y me raspé la rodilla. Aquello fue un desastre. Había sangre por todos lados, pero afortunadamente no era tan grave como se veía. Cuando llegué a casa me limpié la herida y me puse una venda. Luego me olvidé del asunto y seguí con mis actividades. Esa noche, unas ocho o nueve horas después, me quité la venda para limpiarme de nuevo. Para mi sorpresa, la extensa herida había empezado a sanar y una costra estaba formándose casi frente a mis ojos.

La pregunta que me hice en ese momento, y que ahora comparto contigo, fue: «¿Cómo es que nuestros cuerpos saben hacer esto?» Es algo realmente notable. Nosotros no nos esforzamos en curarnos; es algo que ocurre. De alguna manera, los cuerpos saben qué hacer. El mismo proceso de curación ocurre cuando nos fracturamos un hueso o nos hacemos un esguince en un tobillo. Es un auténtico milagro cotidiano.

He comprobado que la salud mental y la capacidad de recuperación son parecidas. Son el equivalente mental o espiritual de un sistema inmunológico saludable. No tenemos que adquirirlo porque ya está ahí. En muchas ocasiones nos evade, como cuando quedamos absortos en nuestro pensamiento y perdemos la objetividad, pero no se va a ningún lado. Piénsalo. ¿Adónde podría ir? Simplemente se oculta, como el sol detrás de las nubes.

Probablemente alguna vez te haya llegado una idea o una solución como caída del cielo. De pronto comprendes algo y el pensamiento preciso surge en el momento adecuado.

En vez de que estos momentos ocurran al azar, esporádica y sorpresivamente, podemos aprender a hacer de ellos una forma de vida. Todos tenemos la capacidad de enfrentar la vida desde una perspectiva serena e inteligente. Podemos actuar con base en la sabiduría y sentirnos en paz, y no dispersos y apresurados. La confianza en la inteligencia innata promueve este proceso.

La confianza en este proceso brinda invaluables beneficios, pues implica que no tenemos que esforzarnos en todo momento, todos los días. Podemos desechar la necesidad de tener todo presente en la cabeza de manera constante. Podemos confiar en que si nos relajamos, las ideas y los pensamientos adecuados surgirán en el momento justo. Esto no significa dejar de prestar atención a los horarios, llevar una agenda o analizar las cosas. No tiene nada que ver con perder impulso. De hecho, los impulsos se fortalecen. Todo lo que hacemos es soltar y liberar pensamientos que son un lastre, pensamientos innecesarios. Es como relajar un puño tenso o quitarse una pesada mochila.

Para lograrlo se debe atender al nivel y al volumen de actividad que hay en la mente en un momento determinado. Simplemente presta atención. No juzgues lo que veas ni seas severo contigo. Después de un tiempo de observar tu pensamiento sentirás que estás más y más presente. Sentirás la tranquilidad que proporciona dirigir tu atención a donde tú quieras. Por ejemplo, si estás leyendo, estarás concentrado en el tema; si estás jugando tenis, estarás completamente inmerso en el juego; si estás conversando, la persona con la que estás sentirá que estás ahí con ella.

Observa cuánto de lo que hay en tu mente es innecesario. Por ejemplo, cuando estés platicando con un amigo, intenta observar cómo quieren distraerte otros pensamientos. Ayer estaba hablando con alguien cuando mis pensamientos empezaron a bombardearme. No se trataba de ninguna emergencia; eran pensamientos al azar sobre todo lo que tenía que hacer en el día. Todos eran completamente innecesarios en ese momento y sólo interferían con lo que estaba haciendo: conversar con una persona con la que tenía una cita. Sin embargo, mis pensamientos intentaban convencerme de que esta cita no merecía mi atención y que todas las demás sí.

Ésa es la naturaleza del pensamiento. Sacrificará concentración y placer por lo que estemos haciendo en favor de todo lo que vayamos a hacer después, o hayamos hecho, o incluso de las cosas que nos preocupan. Si lo analizamos fríamente, es extraño y totalmente ineficaz. En este caso me ayudó a identificar lo que estaba pasando y en vez de continuar la conversación totalmente distraído pude deshacerme de los pensamientos innecesarios y volver a encauzar mi atención. Prefiero tener una conversación de cinco minutos sin distracciones que una hora de bullicio y distracción mental.

Llamé a esta estrategia «Identifica la sobrecarga mental» porque cuando tomamos conciencia de ella hemos ganado la mitad de la batalla. El resto consiste en desechar los pensamientos innecesarios. Eso es todo: sólo identifícalos y déjalos ir.

Sé consciente de que tus pensamientos seguirán ahí y que volverán a surgir cuando sea necesario. Por ejemplo, en la conversación que acabo de mencionar, estaba seguro de que si desechaba la sobrecarga y me concentraba en aquel encuentro, mi memoria me recordaría lo que tenía que hacer una vez terminada la conversación y eso fue exactamente lo que pasó.

La sobrecarga mental permanente es una pesada carga. Si logras reducirla, aunque sea un poco, las ideas frescas surgirán con más frecuencia y te sorprenderá esta nueva fuente de creatividad. Cuando aumente tu confianza en una mente serena y menos distraída, también te sorprenderá la tranquilidad que sentirás y la objetividad que puedes desarrollar. Cuando enfrentes asuntos de peso, estarás preparado. Sabrás qué ocurre exactamente, con una mejor perspectiva, sin la carga de decenas de asuntos más pequeños que roban tu atención.

Con el tiempo, esta conciencia puede volverse automática, incluso normal. Si despejas tu mente de manera regular abrirás un espacio mental que será fuente de tranquilidad, perspicacia, relajación, sabiduría y felicidad. Al abrir espacio te será más fácil identificar cuándo hay demasiadas cosas en tu cabeza.

Estoy convencido de que una mente sobrecargada es un auténtico lastre que interfiere con la sabiduría innata, el sentido común y la felicidad. Espero que lo compruebes y que experimentes la tranquilidad y la alegría que provoca tener menos cosas en la cabeza.

Haz frente a la verdad con cordialidad y dulzura

Éste ha sido uno de los conceptos más importantes que he integrado a mi vida. Debo confesar que no fue fácil empezar. Al principio despertó dudas y temores que no sabía que tenía. Sin embargo, después de un poco de práctica y con paciencia, he adquirido fortaleza, confianza y valor, así como un método práctico para enfrentar cualquier obstáculo.

Uno de los mecanismos más simples y comprensibles que usamos para sobrellevar las cosas es la negación. Nos convencemos de que algo no es lo que es. Digo que es comprensible porque está relacionado con la reacción innata de «ataque o huida». Cuando percibimos que algo es alarmante o amenazador, normalmente contraatacamos o huimos.

Por ejemplo, imagina que estás peleado con un familiar desde hace muchos años. En vez de enfrentar la verdad te ocupas de otras cosas. Evitas a ese familiar o actúas cuando está cerca. Con el pretexto de mantener las cosas en calma, finges. Tal vez seas cortés, pero por dentro estás furioso. Hay una ruptura entre lo que manifiestas y lo que sientes. Este tipo de relación tal vez sea funcional, pero no es sana.

A veces adoptamos un comportamiento pasivo-agresivo. Esto significa que decimos o hacemos cosas ofensivas que en apariencia no tienen nada que ver con la ira y la frustración. Por ejemplo, ofendemos a una persona con nuestro sarcasmo o llegamos tarde a una cita para provocarle estrés, siempre con una actitud de sinceridad. Incluso decimos: «Lo lamento». Así no parece que haya intenciones o sentimientos negativos de nuestra parte. Actuamos de manera agresiva pero no tenemos que admitirlo. Por eso se llama «pasivo». No es ostensible y a veces ni siquiera intencional. En cualquier caso, independientemente de la verdad interior, podemos actuar como si no pasara nada.

El problema con este tipo de comportamiento es que es falso y, en última instancia, autodestructivo. Además del impacto negativo que podemos ejercer en otra persona, terminamos engañándonos y, lo que es peor, perpetuando el ciclo. La razón es que no importa cuánto deseemos que las cosas sean distintas, la verdad siempre será la verdad. Seguirá ahí y siempre será lo que es.

Trátese del enojo con un familiar, de las dudas sobre nuestra capacidad o del miedo a lo desconocido o a un riesgo conocido, los sentimientos están ahí, esperando a que los enfrentemos. Si no les prestamos atención, no se van a ir.

En los pensamientos puede haber arrepentimiento por el pasado, tristeza por el fracaso de una relación, decepción por alguna pérdida y muchas otras cosas. El hecho es que los pensamientos, recuerdos y sentimientos sobre estas cosas siguen formando parte de nuestra vida, ya sea que estén en primer plano o en el fondo. Están con nosotros, ocultos a corta distancia pero con el poder de provocar confusión y frustración.

Mientras no los identifiquemos, admitamos y enfrentemos de manera directa y saludable, seguirán manifestándose subversivamente.

Por ejemplo, los temores no reconocidos pueden dirigir nuestra vida e impedir que hagamos cosas. No querremos participar en ciertas actividades, tomar riesgos o conocer a nuevas personas. La ira y el resentimiento envenenarán las relaciones y la capacidad de amar y perdonar. Seremos reactivos y rencorosos sin saber por qué. La avaricia y el egoísmo nos exhortarán a actuar de manera poco ética. Nunca entenderemos por qué las personas no confían en nosotros. Todo esto es resultado de que no queremos. Nada de esto se debe a que seamos malas personas o a que haya algo mal en nosotros. Simplemente es consecuencia de la incapacidad de encarar esas partes, esos pensamientos que tememos o que nos parecen inaceptables.

¿Qué podemos hacer con un temor que no nos deja en paz o con ese profundo resentimiento hacia una persona que se aprovechó de nosotros? ¿Cómo podemos superar la tristeza que nos provocó una experiencia dolorosa o incluso traumática?

Como hemos visto, la práctica de la conciencia profunda implica estar al tanto de lo que pasa en cada momento y abstenerse de formular juicios. Por ejemplo, si tomas aire, debes estar consciente de que estás respirando. Cuando exhales, presta atención al hecho de que estás exhalando. Se trata de ser plenamente consciente de lo que está ocurriendo en el momento.

Al practicar la conciencia profunda cotidianamente, surgirán pensamientos y estados de ánimo nuevos. Algunos te gustarán, otros no tanto. No tienes que hacer nada, sólo estar al tanto, consciente de lo que está ocurriendo. No aceptes únicamente los estados de ánimo agradables; ábrete a cada uno de ellos.

Manténte al tanto de la presencia del miedo. Puede ser miedo a envejecer, a enfermarte o incluso a morir; puede ser algún viejo temor o decepción que regresa una vez más; o tal vez es el miedo a quedarte solo o a que te suceda algo malo. Por irónico que parezca, son precisamente estos momentos los que te ofrecen una gran oportunidad para crecer y, sobre todo, para reducir la causa de tu sufrimiento.

El secreto es enfrentar directamente el miedo en vez alejarte, distraerte o negarlo. Inhala y piensa: «Estoy inhalando». Exhala y piensa: «Ahí está ese viejo temor otra vez». Te exhorto a que le hables con amabilidad, que su presencia no te preocupe ni te sorprenda. Comunícate con tu temor con cordialidad y dulzura. No va a lastimarte y no tiene por qué ser tu enemigo. En vez de decirle: «Vete y déjame en paz» o de fingir que no está ahí, sé paciente, como si se tratara de un viejo amigo. Analízalo como si lo vieras desde afuera. Observa cuándo aparece. Permanece distante, pero interesado y atento.

A veces pienso que mis pensamientos negativos y de temor están guardados en una mochila que cargo a todas partes. De vez en cuando uno de ellos sale a visitarme. He comprobado que no hay manera de deshacerse del contenido de esa mochila, o por lo menos no la conozco. Sin embargo, he aprendido a enfrentar lo que está dentro, de manera diferente. Mientras que antes trataba de mantener el temor, la ira, la frustración y el arrepentimiento dentro de la mochila, ahora permito que salgan cuando lo necesiten. De hecho, muchas veces yo mismo la abro e invito a los pensamientos a que me visiten. Lo interesante es que esta disposición a «dejarlos salir» es la que evita que ellos quieran salir.

Algunas personas comparan la experiencia de observar los pensamientos con ver una película. Son simplemente espectadores de temores, celos, avaricia, odio, ansiedad, frustración, estrés y cualquier cosa que esté en la pantalla de la mente. No juzgan lo que ven ni tratan de cambiarlo; sólo observan lo que está ahí. El acto mismo de observar es el que diluye la negatividad y permite que la salud interior salga a la superficie.

La resistencia provoca que las emociones negativas se mantengan vivas y merodeando. La aversión a la incomodidad las hace volver una y otra vez. Es como una liga; si la estiramos con fuerza y luego tratamos de huir, ésta recupera su forma con más rapidez y más fuerza.

Sin embargo, cuando no hay resistencia no hay conflicto; no hay combustible para el fuego. Cuando reconocemos los pensamientos negativos y admitimos la verdad del momento sin pánico ni resistencia, las cosas se suavizan. Las primeras veces será algo extraño; después de todo, éstas son las mismas cosas de las que has huido o que has evitado durante toda tu vida. Es como invitar a un vecino con el que has estado peleando a tomar un café en tu casa. Tu relación con tus pensamientos es similar a la relación con tu vecino. Si no das el primer paso, si no haces la invitación, el conflicto continuará. Conforme adquieras práctica y confianza en esta nueva manera de enfrentar temor, ira y dolor, notarás que disminuyen. No desaparecerán completamente ni se harán agradables, pero seguramente dejarán de ser atroces.

Una vez tuve muchos problemas con una persona con la que trabajaba. Teníamos más conflictos de los que podía manejar. No había comunicación ni conexión. Algo parecía estar mal. Entonces empecé a prestar atención a lo que ocurría en mi interior. Observé que mi mente estaba reproduciendo algunas viejas cintas, por ejemplo, pensamientos relacionados con que se aprovecharan de mí. También estaba formulando una gran cantidad de juicios negativos sobre esta persona.

En vez de intentar hacer algo al respecto, fingir que era de otro modo o esperar que la otra persona actuara diferente, simplemente reconocí lo que estaba pasando. «¡Vaya! Ahí va otro juicio, y otro más. Y ahí va un pensamiento de miedo. ¿Por qué me están visitando hoy?», pregunté. En cuestión de minutos me di cuenta de que mis pensamientos estaban bombardeándome con «antiguallas». En vez de tratar de comprender o de cambiar lo que estaba pasando, simplemente permití que continuara.

La experiencia de curación que se produjo ha demostrado ser bastante común. El simple hecho de reconocer los pensamientos, de permitirles estar ahí sin intentar alejarlos, negarlos, cambiarlos ni hacer nada con ellos disminuyó su impacto. Fue como si perdieran el poder de molestarme, así como influencia en mi perspectiva y juicios. Conforme me volví menos reactivo pude tomar mejores decisiones y hacer los cambios necesarios en la relación. Una vez que dejé de sentirme acelerado emocionalmente, pude cambiar y manejar la situación racionalmente.

Recuerdo la primera vez que confronté sin temor a un buscapleitos. Sólo tenía diez años y esa persona me daba miedo.

Como otros pendencieros, éste se alimentaba de mi temor. Mientras más lograba enojarme, más disfrutaba. Un día, a sugerencia de mi madre, lo miré directamente a los ojos (frente a otras personas) y de manera tranquila y sin sarcasmo le pregunté: «¿En verdad disfrutas molestar a los que son más pequeños que tú? ¿También molestas y golpeas a niños más pequeños o sólo a los de diez años como yo?»

Estaba totalmente indefenso, pero desde ese día no volvió a meterse conmigo. De hecho, evitaba acercarse. Al confrontarlo directamente, cara a cara y con decisión pude desbaratar su necesidad de molestarme. No fue necesaria la fuerza, las amenazas, los músculos ni las represalias. Todo lo que hizo falta fue la disposición de enfrentar directamente mi miedo.

He comprobado que los pensamientos, temores y frustraciones responden de manera similar. Cuando se les enfrenta cara a cara y cordialmente, se disuelven y se hacen manejables.

Para mí, ésta es la mejor manera de hacer frente a los problemas más serios. Todos experimentaremos dolor y pena; seremos separados de nuestros seres queridos; enfrentaremos cambios e incertidumbre; sufriremos pérdidas, decepciones y fracasos. La pregunta es: «¿Qué haremos cuando esto suceda?» La respuesta es dura pero simple. Cuando perdamos algo o alguien a quien amemos, miraremos al dolor directamente a los ojos. Así, en vez de que nos aceche, consuma y bombardee desde todas direcciones y nos invada sigilosamente cuando menos lo esperemos, sabremos dónde estará porque estaremos viéndolo.

No me malinterpretes. No se trata de decir «ahí hay dolor» con tono displicente como si con eso fuera a desaparecer. Se trata de identificar, reconocer y analizar el dolor que tengamos; de enfrentarlo con dulzura y compasión en vez de con temor o aversión.

Conocí a una mujer a quien le costaba trabajo superar el síndrome del nido vacío. Había criado a cuatro hijas y ahora todas se habían ido. Sus bienintencionados amigos la animaban a distraerse para que no se sintiera sola. Ella intentó mantenerse ocupada y motivada, pero mientras más se esforzaba, más desesperada y vacía se sentía. Aunque el tiempo pasaba, sus heridas no se curaban.

En algún momento alguien le sugirió que dejara de huir de su dolor y de intentar desaparecerlo. Aprendió a enfrentar directamente lo que más temía: la soledad, y a hacerlo con compasión, cordialidad y dulzura. Fue como si hubiera dicho a sus pensamientos: «Hola, soledad. Sé que sigues aquí conmigo». En vez de intentar alejar el dolor, lo aceptó.

En cuestión de días, el dolor que había sufrido durante tanto tiempo empezó a disminuir. Había confrontado sus mayores temores no con dureza o fuerza, sino con sincera curiosidad. Una vez que reconoció y prestó atención a su miedo, sus pensamientos empezaron a cambiar y se hicieron positivos. Fue como si se hubiera dado permiso de seguir adelante. Enfrentar la verdad con cordialidad y dulzura es una manera efectiva de hacer frente a lo que más tememos. Cuando tocamos el miedo, la ira o la desesperación con compasión y sin hostilidad, la capacidad interior de curación entra en acción. Espero que tengas el valor para enfrentar directamente aquello que te causa dolor, y que lo trates con el amor necesario.

Acepta que no está en tus manos

Una de las más grandes ironías de la vida es que para sentirnos «seguros» en el mundo debemos rendirnos, pero no en un sentido derrotista. Debemos rendirnos en la lucha provocada por creer que tenemos más control del que realmente sustentamos.

Todos hemos intentado en mayor o menor grado mantenernos a salvo. Consciente o inconscientemente hemos creído que es posible prepararnos para evitar el peligro. Luchamos, levantamos muros, resistimos, ahorramos, acumulamos objetos de valor, vivimos con cinismo y actuamos defensivamente para enfrentar distintos tipos de peligros, reales o imaginarios.

Una vez conocí a un hombre exitoso en todos los ámbitos. Tenía todo lo que una persona pudiera desear: éxito, suerte, prestigio social, una hermosa familia y un físico atractivo. Gozaba de buena salud y era muy rico.

El problema es que estaba paranoico. Creía que si estaba preparado se mantendría a salvo. Cuando alguien le preguntó para qué se preparaba, lo miró sin dar crédito.

Como muchas personas, este hombre vivía con la ilusión de que si hacía lo suficiente podría contrarrestar las leyes de la naturaleza; creía que era posible tener control y era implacable en sus esfuerzos. Había construido un entorno seguro, tenía los mejores abogados que el dinero podía proporcionar, tenía acceso a la mejor atención médica, envió a sus hijos a las escuelas de más prestigio y a los mejores terapeutas; contrató a un entrenador para que él y su esposa pudieran mantenerse en forma y saludables, tenía un acuerdo prenupcial perfectamente diseñado y un complejo plan de herencias. Sus archivos y cajones estaban perfectamente ordenados.

Se dedicaba a vigilar su fortuna y a concebir mejores formas de mantener todo bajo control. Cuando había algún problema, lo atacaba de frente. Siempre estaba alerta y a la caza de complicaciones. En cierto sentido, su riqueza y suerte lo afectaban negativamente. Su dinero y su poder le hacían creer que podía protegerse contra todo.

Por supuesto no era así. Las cosas cambiaron, como todo en la vida. Sus hijos crecieron y se rebelaron. Tenía menos control del que imaginaba. Su esposa lo dejó por un hombre más joven y atractivo. El acuerdo prenupcial fue útil pero no infalible. Su cuerpo envejeció, enfermó y finalmente murió. Después de su muerte, sus herederos pelearon por el dinero.

La razón por la que utilizo como ejemplo a un hombre rico y poderoso es que éste, más que ningún otro, parecería tener todo a su favor. Sin embargo, al igual que la actriz famosa que se aferra a su fama o la mujer atractiva que asocia su valor como persona a su belleza, no tiene los medios para evitar el dolor.

Ésta es la parte fácilmente identificable de la ilusión del control. El problema es más profundo y se manifiesta de maneras más sutiles. Debido a las circunstancias, ¡la mayoría sabe que no puede controlar todo con dinero, poder o atractivo! Sin embargo, hay muchas cosas con las que intentamos controlar. Este intento, y más concretamente la obsesión por el control, es lo que provoca ansiedad y dolor.

A mi manera de ver, lo que deseamos realmente es un determinado futuro y la seguridad de alcanzarlo. No necesariamente significa seguridad financiera; más bien queremos que todo sea previsible. Queremos sentirnos seguros respecto al futuro, saber qué va a pasar y ser capaces de controlarlo. Queremos saber cuándo deberemos ponernos bajo techo.

Esto es perfectamente comprensible, el problema es que vivimos en un mundo en constante cambio, en el que no existe la certeza ni la previsión absoluta. Mientas más resistamos, más dura será la caída. Mientras más invertamos en crear y exigir previsión, más decepcionados nos sentiremos cuando nuestras esperanzas y expectativas no se cumplan.

Los ejemplos abundan: queremos que alguien se comporte de determinada manera, pero no lo hace; ciframos nuestras esperanzas en que ciertas acciones suban, pero no ocurre así; queremos que nuestros hijos sigan cierto camino, pero eligen otro; queremos que haya nieve para esquiar, pero hay sequía; queremos retirarnos a cierta edad pero la empresa para la que trabajamos se va a la quiebra; queremos que el matrimonio de los amigos perdure, pero terminan divorciándose. Puedo llenar páginas y páginas con ejemplos.

Como dije antes, es irónico. La mejor manera de hacer frente al problema de un futuro incierto y un mundo inseguro es rendirnos ante la falta de control. Por curioso que parezca, lo que menos queremos hacer es la única salida, la única defensa. Piénsalo. La carga de la previsión es descomunal e interminable. Si el principal objetivo es certeza y seguridad, el cambio se convierte en un enemigo. Si lo esencial para la tranquilidad es obtener lo que queremos —objetos, respuestas, resultados y todo lo demás—, nunca experimentaremos una tranquilidad auténtica y duradera.

Reaccionar al cambio con agresividad o resistencia es similar a estar atrapados en una corriente de resaca. Mientras más fuerte nademos, más nos alejamos de la orilla y más indefensos quedamos. La manera de escapar de una corriente de resaca no es luchar y resistirse, sino permitirle que nos lleve a donde quiera. Una vez que la corriente hizo lo que quería, se vuelve relativamente inofensiva. Entonces es fácil hacer un cambio, nadar hacia la playa y salir del agua.

Observa que no hubo una renuncia a la vida, más bien nos rendimos para sobrevivir. La ausencia de resistencia se convierte en una gran fortaleza. La vida es como una corriente de resaca: seguirá su curso con nuestro consentimiento o sin él. Habrá giros y vueltas. A veces estará en calma; otras, agitada, pero siempre será impredecible.

No pretendo restarle importancia a los preparativos racionales y prácticos para el futuro. Es fundamental cuidarnos y cuidar a nuestros seres queridos. Soy un entusiasta de la salud preventiva. Recomiendo el yoga por muchas razones, y una de ellas es que te hará sentir menos tieso conforme envejezcas. Soy un defensor de la educación permanente, no sólo porque es divertido aprender, también porque una buena educación es una herramienta esencial para el éxito.

También tengo un seguro de vida para proteger a mi familia por si muero repentinamente. Creo en la seguridad doméstica. Incluso tengo almacenadas provisiones en caso de algún desastre natural o provocado por el hombre, y te exhorto a que hagas lo mismo. Creo que debemos hacer lo posible, dentro de lo razonable, para poner las cosas a nuestro favor.

Esta filosofía no tiene nada que ver con hacerse la víctima. No se trata de dejar que los demás abusen ni de ser pasivos. Se trata de reconocer el poder de la rendición. Es reconfortante saber que el futuro está en tus manos. Esto no tiene nada de malo e incluso es deseable. La solución no consiste en creer que podemos resolver cualquier problema que se presente, que si nos esforzamos podremos controlar todo o que es posible prever y prepararse para cada recodo del camino.

Cuando hacemos el amor, disfrutamos una obra de teatro o un concierto, comemos con un amigo, caminamos por la playa o hacemos cualquier otra cosa que gozamos, casi siempre estamos ahí, en el momento. El hecho de estar ahí, hace que esa experiencia sea especial. Por esa razón los recuerdos son maravillosos, pero no son tan buenos como el hecho en sí.

Lo importante es estar en el momento y dejar de compararlo con otros. Cuando estamos asustados, decepcionados o enojados, generalmente tratamos de evadir esos sentimientos de dos maneras: nos refugiamos en la memoria porque la consideramos confiable y predecible o imaginamos el futuro e intentamos resolver la situación. La mente se retuerce para buscar respuestas. No queremos sentirnos indefensos.

Sin embargo, cuando reconocemos la importancia de la rendición y la adoptamos, sentimos más seguridad para estar en el momento, incluso cuando es doloroso. Cuando reconocemos que no hay dónde esconderse, dejamos de huir. Entonces nos damos cuenta de que la seguridad no reside en tratar de protegernos del momento, sino en permanecer totalmente abiertos a lo que es.

Ayer platiqué con una mujer que se acababa de enterar de que su hija había sido sorprendida en la escuela usando drogas. Por la calma que irradiaba, ¡me dieron ganas de pedirle que escribiera un capítulo para este libro! Estaba tranquila porque sabía que no había dónde esconderse. Con un amor inconmensurable en los ojos, me contó lo duro que había sido llevar a su hija a rehabilitación.

La mujer reflexionó sobre su propia juventud y los problemas que había enfrentado. De ninguna manera le restaba importancia a lo que estaba sucediendo. Era un auténtico ejemplo de «amor con mano dura». Sabía qué hacer e iba a cumplirlo, pero al mismo tiempo mantenía una profunda calma. Aunque sabía que su vida familiar había cambiado, estaba lista para enfrentar el reto. No lo había esperado ni se lo deseaba a nadie, pero tampoco huía de él, ni física ni emocionalmente. En vez de levantar un muro o fingir que las cosas eran distintas, se rindió a la verdad del momento. Su rendición permitió que su sabiduría resplandeciera.

16

¡Prohibido el paso!

¿Has notado lo importante que son los letreros y la seriedad con la que los tomamos? Frecuentemente su significado ofrece lecciones ocultas que van más allá de su intención inicial. Piensa en algunos letreros de tránsito comunes. ¿Qué te parece «Camino con baches»? La metáfora podría indicar que debemos cuidarnos de los momentos difíciles que se aproximan; ¿y «Precaución»?, que es mejor enfrentar la vida con los ojos bien abiertos.

¿Qué me dices de «Disminuir la velocidad»? ¿A quién no beneficiaría este consejo, no sólo al manejar, sino en todas la vida en general?

La doctora Rhonda Hull escribió un excelente libro, *Drive Yourself Happy,* con metáforas como éstas. Su propuesta es que cuando veamos un letrero lo utilicemos como un recordatorio, como si su consejo fuera una palmadita en la espalda que dijera: «No olvides esto».

Para mí, uno de los letreros más significativos es uno de los más concisos: «¡Prohibido el paso!» ¿Cuántas veces al día leemos esta frase? El letrero no necesita explicación. Es una orden o una advertencia que dice «no entres aquí». La señal puede llamar la atención sobre algún peligro o pude resguardar alguna propiedad privada, entre otras razones.

Sin embargo, para mí la frase «prohibido el paso» contiene un poderoso mensaje de superación. Si la usamos en ciertos momentos, puede marcar la diferencia entre el sufrimiento por ira, frustración, celos, depresión, arrepentimiento y preocupación, y la tranquilidad, especialmente durante una época difícil.

Mi propuesta es aplicar la frase «prohibido el paso» a los pensamientos dañinos. En vez de garantizar el acceso irrestricto a cualquier pensamiento, la frase «prohibido el paso» ofrece una protección o barrera mental contra pensamientos potencialmente tóxicos. Recuerda que si permitimos que ciertos pensamientos tomen el control, es casi seguro que traigan consigo dolor y confusión o que empeoren las cosas. Aunque a veces es necesario pensar en determinado asunto, si somos honestos comprobaremos que casi nunca es así.

Una vez que propuse esto frente a un auditorio, un hombre se puso de pie y manifestó su desacuerdo: «Sé adónde quiere llegar con esta analogía, pero me parece ingenuo de su parte». El hombre creía que sus asuntos eran demasiado importantes como para aplicarles una técnica como ésta.

Un mes después recibí uno de los mensajes más humildes y agradecidos que jamás me hayan enviado. Era del mismo hombre. Al parecer había logrado vencer sus propias objeciones, reconocer la importancia de la técnica y aplicar la frase a su vida. Afirmaba que el concepto «prohibido el paso» había evitado que su ira se convirtiera en furia, y su decepción en desesperación.

Frecuentemente, las estrategias eficaces son las más sencillas. No obstante, el hecho de que sean sencillas no significa
que sean fáciles. Piensa en la conveniencia de contar hasta diez
antes de reaccionar. La pausa más simple y más breve puede
marcar la diferencia entre una reacción automática y una respuesta apropiada. ¿Qué me dices de la utilidad de respirar antes de hablar? Tomarse un momento, aunque sea una fracción
de segundo, antes de lanzar una respuesta, permite digerir y
comprender plenamente lo que se está diciendo. Permite que
la otra persona se sienta escuchada y comprendida.

Una vez un hombre me dijo que por cada 5 por ciento que
mejoraba su capacidad de escuchar, su matrimonio mejoraba
en un 50 por ciento. Cientos de veces me han dicho que el
principal motivo de queja de una persona en una relación es
la incapacidad de escuchar y que cualquier mejora, por pequeña que sea, resulta de gran utilidad.

Pongo estos ejemplos para mostrar que aunque algo sea sencillo puede ser poderoso o efectivo. Éste es el caso de la frase
«prohibido el paso», y a continuación explico por qué.

Nuestro pensamiento siempre vuelve como un sentimiento. Por ejemplo, considera por un momento que esta técnica
es simplista. Por definición, actuarías con escepticismo o
desconfianza. Por otra parte, si reconocieras su importancia
sentirías esperanza o curiosidad. Lo mismo ocurre con cualquier cosa que esté en la mente. Imagina que quisieras enfadarte muchísimo en este momento. ¿Cómo lo lograrías? ¿Qué
tendrías que hacer?

Para enfadarte necesitas pensar en algo que te haga eno-
jar. Sin esos pensamientos sencillamente no lo lograrías. Sé
que no querrías, pero ¿qué harías si quisieras sentir celos? La

única forma sería imaginar o pensar que alguien tiene algo que tú quieres o que te lo quita.

Uno de mis ejemplos favoritos de la conexión entre los pensamientos y los sentimientos es el de la persona que está leyendo una revista. Imagina que estás leyendo una historia sobre una niñita y su pony. Aunque la niña sólo tiene diez años, ha ganado competencias internacionales varias veces. Tal vez pienses: «¡Vaya! ¡Qué impresionante!» Si es así, probablemente te sientas animado e incluso inspirado.

Pero tal vez pienses: «¡Escuincla mimada! Seguro sus padres son ricos». Si éste es el caso, sentirás envidia. Lo curioso es que las palabras de la página eran exactamente las mismas. Ellas no provocaron tus emociones; tus pensamientos las provocaron. Tomar conciencia de esto es muy útil y confiere mucho poder. No estoy diciendo que los factores psicológicos ni que la educación, los genes o las circunstancias no influyan. Una vez aclarado esto, hay que decir que una persona puede estar predispuesta a prácticamente cualquier cosa y aun así ser capaz de superarla. Lo cierto es que si no nos tomamos a pecho los pensamientos negativos, sencillamente no hay combustible para el fuego. En última instancia, los pensamientos son los que determinan cómo nos sentimos.

Una vez un hombre me contó una dramática historia sobre cómo esto provocó un acontecimiento histórico en su vida. Él había estado felizmente casado durante casi veinte años. Tenía tres hermosos hijos y, salvo las quejas normales, describía su matrimonio como «muy afectuoso».

¡Y entonces se enteró!

Más o menos al año de casarse, su esposa había tenido una breve aventura amorosa que duró aproximadamente un mes y ocurrió mucho antes de que tuvieran hijos. Ella no había vuelto a ver a aquel hombre desde entonces.

El esposo perdió completamente la cabeza y empezó a actuar, según sus propias palabras, como un animal herido. Quería que ella se largara de la casa y le pidió el divorcio. El hombre me contó que su furia duró semanas, pero afortunadamente estaba dispuesto a asistir a una terapia.

Independientemente del concepto que tengas de la infidelidad, éste es un dramático ejemplo de la naturaleza del pensamiento. Veinte años de vida pacífica borrados por *el pensamiento* de la aventura de una esposa.

Tal vez pienses: «Pero la aventura sí ocurrió», y tienes toda la razón. De ninguna manera la apruebo ni intento restarle importancia. Simplemente estoy demostrando el poder y la influencia del pensamiento en la manera en que nos sentimos. Este suceso ocurrió sin duda, pero no tuvo influencia sobre el esposo hasta que sus pensamientos le dieron vida. Lo más interesante de esta historia es la recuperación de este hombre. El terapeuta le enseñó a relacionarse con sus pensamientos con menos dureza y a analizarlos en vez de dejarse llevar por ellos. Como resultado, el hombre pudo observar a distancia sus pensamientos y determinar, momento a momento, a cuáles permitía entrar y a cuáles aplicaba la política de «prohibido el paso».

Al cabo de un tiempo se sintió libre de la inseguridad, el sufrimiento y los celos relacionados con la aventura. A veces tenía algún pensamiento al respecto, pero había aprendido a suavizar su respuesta. Me dijo que «veía» al pensamiento y le decía con una sonrisa: «Preferiría que te fueras». En otras palabras, «prohibido el paso». Había aprendido a manejar sus pensamientos.

El hombre empezó a relacionarse de manera profunda con su pensamiento. Se dio cuenta de que era eso, pensamiento, y que, como tal, cambia. Cuando lo analizamos bajo esta luz, es fácil ser menos reactivos. Es la diferencia entre estar «en» una película y «mirarla». Sería terrorífico estar en un banco durante un robo a mano armada, pero si estuviéramos viendo una película sobre un robo a un banco, sería emocionante y estaríamos a salvo. De hecho, a menos que sea una película realmente mala, ¡hasta podría ser divertido! Esto es exactamente lo que ocurre con el estado de ánimo cuando vemos el pensamiento a cierta distancia. Muchos pensamientos serán iguales pero no estaremos sujetos a las mismas reacciones.

Esto no significa que debamos fingir que algo no ocurrió o aprobar algo censurable. Más bien tiene que ver con la capacidad de decidir cuánta importancia le otorgamos a cada pensamiento, y si es conveniente para nosotros pensarlo.

El siguiente es un ejemplo de mi vida. En cierta ocasión tuve problemas con una persona, y me había habituado a pensar mucho al respecto. Cada vez que pensaba en el problema o en la persona con la que tenía el conflicto, me tensaba y enojaba.

Finalmente me di cuenta de que cada vez que mi pensamiento viraba en esa dirección, tenía la facultad de elegir. Podía decidir pensar en la situación en ese momento o levantar el letrero de «prohibido el paso» y dar marcha atrás. Cuando elegía pensar en ella, la volvía a la vida. Me sentía molesto y resentido, lo que exacerbaba el problema.

Por otra parte, mientras lo evitaba, perdía relevancia. Descubrí que mis pensamientos sobre el problema no contribuían a solucionarlo. Esto ocurriría o no, en su momento y por sí solo.

Para ser sincero, los mismos pensamientos surgen todavía; la diferencia es que ya no me agobian. Reconozco su existencia y, casi siempre, los desecho. En vez de ser una fuente de irritación, ahora son inofensivos.

Si reflexionamos en el poder del pensamiento, es imposible no darnos cuenta de que el odio y el resentimiento emanan de él. Una vez que puse en duda este hecho, me preguntaron: «Si el pensamiento no es lo que da sustento al odio, ¿qué es?» Nunca pude dar una respuesta sensata.

Cuando enfrentamos un asunto en el que hay mucho en juego, estamos en riesgo de pensar en exceso o de perder la objetividad respecto al pensamiento. Los pensamientos tienden a acaparar la atención y cada uno grita: «Piénsame». Hay tantos, y muchos son tan dolorosos, que es fundamental desarrollar la capacidad de verificar y evaluar. En otras palabras, necesitamos un método para reducir el volumen e intensidad de los pensamientos que pueden desanimarnos. Así estaremos mejor equipados para enfrentar pacíficamente cualquier situación.

Es más fácil observar a los pensamientos si reconocemos que no pueden lastimarnos sin nuestro consentimiento. Entonces podemos verlos directamente a los ojos y decir cuando es necesario: «Prohibido el paso».

17

Practica la conciencia profunda

Una de las experiencias más sobrecogedoras que he tenido con la belleza sucedió hace unos años en Connecticut. Mi avión aterrizó bien entrada la noche. El trayecto de una hora hacia mi alojamiento en el campo transcurrió sin incidentes. Después de todo, no podía ver. La oscuridad limitaba mi visión.

A la mañana siguiente la experiencia fue distinta. Cuando desperté, me sorprendió el paisaje creado con las hojas de otoño. Desde el momento en que salí, el paisaje me pareció casi surrealista. Había hojas increíblemente hermosas en todas direcciones, sobre mi cabeza y bajo mis pies, en los árboles y el suelo. Como nunca antes, los brillantes colores elevaron mis sentidos a un nuevo grado de apreciación y conciencia; todo alrededor parecía tener vida, y me sentí con más conciencia del entorno.

La práctica de la conciencia profunda influye de manera similar en el mundo emocional cotidiano. Saca a la superficie aspectos normalmente ocultos, que asustan o avergüenzan, o que simplemente somos incapaces de admitir o manejar. Sin embargo, no lo hace de manera atemorizante, difícil o dolorosa. Antes bien, la verdad del momento se muestra de manera inofensiva, y podemos «ver» y aceptar las cosas como son.

La conciencia profunda también permite percibir la realidad con mayor claridad. Puede compararse con despertar de repente de un sueño profundo ¡o con la sensación de que alguien prende las luces después de años de estar en completa oscuridad! Nada alrededor ha cambiado; sólo lo estamos viendo por primera vez. Incluso las cosas conocidas las vemos con más claridad y precisión. Imagina mirar a tu alrededor y ver cosas de las que no tenías conciencia, y percibir tu entorno como nunca antes. Ésa es la experiencia de cobrar vida, de estar plenamente conscientes del momento tal como es.

Las consecuencias de estar «despierto» son formidables. Las cosas ordinarias nos interesan, la naturaleza nos parece bella y misteriosa, y podemos ver a los demás con mayor claridad. Podemos ver la pureza y belleza de las personas. Juzgamos menos porque aceptamos más la manera de ser de la gente. Esto propicia que las relaciones sean mejores y más afectuosas, pues como sabemos, las personas aprecian cuando las aceptamos como son, cuando somos capaces de amar incondicionalmente.

Aunque me considero un principiante, uno de los cambios más notables que he observado es que percibo una nueva dimensión de tranquilidad. Antes me sentía preocupado o francamente asustado por algunos pensamientos o estados de ánimo que salían de la nada y aparecían en mi mente.

En general, creía que algunos eran aceptables y otros no. El problema era que, independientemente de lo que pensara de ellos, pensamientos y sentimientos volvían a mí una y otra vez.

Ésta es una terrible manera de vivir, pues el bienestar está sujeto a los pensamientos de cada momento. Como normalmente reaccionamos *a posteriori* y no tenemos conciencia de ellos mientras se generan, creamos una relación destructiva con ellos. Estamos a su merced. Si las cosas van bien y los pensamientos son optimistas, estamos bien. Pero apenas cambian las circunstancias o se complican, sentimos los efectos negativos; nos asustamos o reaccionamos. A veces evadimos lo que sentimos, o enterramos nuestros pensamientos con trabajo, alcohol o drogas porque nos asustan los que tenemos en la mente. Olvidamos que somos el origen de esos pensamientos.

La conciencia profunda es una manera efectiva de hacer las paces con cada parte de nosotros. Para no sentirnos agobiados o estresados por las preocupaciones, podemos aprender a reconocer los pensamientos y sentimientos de preocupación para no darles demasiada importancia. Dejamos de reaccionar y empezamos a observar.

La esencia de la conciencia profunda implica estar siempre al tanto de lo que ocurre alrededor, pero sobre todo en el interior. Podemos empezar con la respiración: cuando inhalamos, debemos estar concientes de que estamos inhalando; cuando exhalamos, debemos estar concientes de que estamos exhalando. ¿Fácil? No tanto. Inténtalo durante un minuto y pronto descubrirás que es más difícil de lo que parece.

Los pensamientos van de los proyectos y las soluciones a las preocupaciones, la comprensión a la fantasía, una y otra vez. Es como si gritaran: «¡Piénsame!» «¡No, piénsame a mí!» «Mira, este pensamiento es importante». Y mientras tanto, no somos conscientes de esta actividad mental. Reaccionamos a ella, pero no nos damos cuenta de que la estamos generando. Nuestra atención no está acostumbrada a concentrarse durante mucho tiempo, ni siquiera en algo tan simple como la propia respiración.

Cuando habituamos a nuestra atención, aunque sea un poco, a tomar conciencia de cada respiración, empezamos a percibir una sensación de calma y tranquilidad. Permanecemos centrados en el momento presente en vez de correr de un lado a otro, de pensamiento a pensamiento, de preocupación a preocupación, de proyecto a proyecto. Los pensamientos necesarios llegarán de manera ordenada. La mente se tranquiliza y serena; resulta fácil concentrarnos en los pensamientos que son útiles y necesarios en vez de estar a merced de una mente agitada.

No tienes que hacer nada diferente en la vida cotidiana. Simplemente presta atención a tu respiración las veinticuatro horas del día. Simplemente sé consciente de tu respiración mientras haces tus cosas.

Conforme adquireras práctica puedes prestar atención a los pensamientos y a las reacciones que te provoca tu entorno. Por ejemplo, imagina que vas manejando y otro auto se te cierra. Al instante los pensamientos abandonan su tema y se convierten en ira. Tal vez pienses: «¡Qué tipo más idiota! Ya nadie sabe manejar en esta ciudad!»

Todo lo que tienes que hacer es percatarte del pensamiento y reconocerlo. No tienes que evitarlo. No tienes que alejarlo o fingir que no lo tuviste. Tampoco tienes que preocuparte por él. Simplemente permítele estar ahí. Sé consciente de lo que estas pensando. Incluso puedes decirle: «Hola, pensamiento de ira». Suena un poco ridículo, lo sé, pero te sorprenderán los resultados. Al reconocer tu pensamiento empezarás a relacionarte de otra manera con él; dejará de ser importante. Notarás que todos los pensamientos simplemente vienen y van. En un momento están aquí, tal vez se quedan un rato y luego se desvanecen. Eso es todo. No tiene caso asustarse, enojarse ni sentirse frustrado. De hecho, lo mejor es ser amables con los pensamientos que reconozcamos, incluso con los que produzcan temor o dolor. Diles: «Me alegra verte de nuevo».

La conciencia de los pensamientos combinada con la falta de resistencia hará que sean menos hirientes. En vez de pensar, «¿cómo se atreve a manejar así?, deberían quitarle la licencia», identificaremos el pensamiento de ira cuando toma forma. Podemos desecharlo o no desecharlo, pero en cualquier caso podremos elegir.

La magia de la conciencia profunda es muy útil en situaciones difíciles. Por ejemplo, es reconfortante notar y reconocer plenamente la tristeza y la pena. En vez de correr y alejarnos de ellas o negarlas, podemos enfrentarlas cara a cara. Míralas directamente a los ojos, no con agresividad ni miedo, sino con compasión y dulzura. Enfrenta suave y amorosamente tu dolor con una conciencia profunda.

Cuando identificamos y enfrentamos el dolor con una conciencia profunda podemos generar una sensación de espacio en nuestro corazón. Creamos un lugar para descansar, un lugar interior al cual recurrir. Es irónico, pero en el momento en que dejamos de huir del dolor podemos enfrentarlo con libertad. Por su parte, el dolor aminora y podemos concluir que pasará.

18

Conoce los secretos del pensamiento

A veces, los grandes «secretos» están justo frente a nosotros. Esto ocurre con los secretos del pensamiento. Los llamo secretos porque casi siempre pasan desapercibidos, aunque están con nosotros en cada momento, todos los días.

En cada uno de mis libros he destacado el poder del pensamiento. He tratado de señalar cómo los pensamientos nos hacen «ahogarnos en un vaso de agua». También son el factor que determina el grado de felicidad, la calidad de las relaciones y el concepto de nosotros mismos. Lo que ayuda a superar cualquier circunstancia es dejar que los pensamientos se vayan; la concentración en ellos es lo que los mantiene vivos. La comprensión del poder del pensamiento no había sido tan importante como ahora que estamos tratando los sucesos más trascendentes de la vida.

Todos utilizamos el pensamiento, sin excepción. Es lo que determina en última instancia si nuestra experiencia de vida es positiva o negativa. Todos hemos escuchado hablar de personas cuya vida parece extremadamente difícil; que han atravesado épocas malas, han tenido experiencias dolorosas y vivido con grandes penurias. No obstante, a pesar de eso piensan que su vida ha sido buena. Experimentan una paz interior y un sentido de optimismo tales que no están sujetos a lo que los rodea, a sus circunstancias externas.

Hay muchos otros que han sido bendecidos con vidas maravillosas. Gozan de ciertos privilegios, tienen buena salud, buenos padres, una familia amorosa y quizá hasta hijos. Tal vez sean atractivos, fuertes, acaudalados e inteligentes. Viven en un bello entorno. Son exitosos, tienen algunos pasatiempos y tal vez han viajado y se han dado otros lujos. Sin embargo, a pesar de lo maravillosas que puedan parecer o sean las cosas, ellos se sienten abatidos, insatisfechos y frustrados.

¿Cuál es la causa? ¿Se han propuesto ser infelices? ¿Les gusta sentirse estresados y frustrados? Por supuesto que no, pero estas personas creen que no pueden elegir. Creen que serían felices si tan sólo las cosas cambiaran.

Por desgracia, es imposible tener una vida suficientemente buena si el pensamiento nos dice lo contrario. Tal vez tengamos un cuerpo hermoso, pero si creemos que estamos gordos, estaremos a disgusto con nosotros mismos. Lo mismo ocurre cuando nos concentramos en cualquier otro supuesto defecto. El mundo está lleno de hermosas jovencitas que se avergüenzan de su apariencia. Tú podrías ser millonario, pero los pensamientos de inseguridad pueden borrar toda sensación de estabilidad. Hay muchas personas que tienen grandes cantidades de dinero pero se sienten pobres. Tal vez seamos populares y apreciados por nuestros amigos, pero ni toda la retroalimentación positiva del mundo puede vencer los pensamientos de escepticismo. Podemos viajar a cientos de lugares exóticos de todo el mundo, pero si nos comparamos con otros seguiremos sintiéndonos poco conocedores. Una de las personas más sabias que conozco es una mujer llamada Mavis Karn. Ella fue una de las primeras que me sugirió, hace años, que me refiriera al pensamiento como si se tratara de un secreto. Mavis enseña a muchas personas, entre ellas a adolescentes, a vivir vidas más felices. Uno de los secretos que les enseña es que es imposible sentirnos mal respecto a nosotros *sin* pensar mal de nosotros. Ella escribió una hermosa carta que tituló «El secreto»:

Queridos jóvenes (y antiguos jóvenes):

Tengo un secreto que contarles. No es que alguien haya querido ocultárselos, sino que es una de esas cosas tan obvias que pasan desapercibidas, como cuando buscamos por todos lados una llave que tenemos en la mano.

El secreto es que tú ya eres una persona completa y perfecta. No estás averiado, incompleto, inacabado ni defectuoso. No necesitas remodelación, compostura, encerado ni renovación a fondo. Tú ya tienes dentro de ti todo lo que necesitas para una vida maravillosa: sentido común, sabiduría, genio, creatividad, humor, autoestima. Eres potencial puro. No te falta nada.

Sólo hay una cosa que puede impedir que disfrutes todo lo que ya eres: el pensamiento. Un pensamiento. Tu pensamiento. No el pensamiento de otro, sino el tuyo. Cualquier pensamiento que parezca más importante que sentirte agradecido, vivo, contento, alegre, optimista, afectuoso y tranquilo. Eso es lo único que se interpone entre tú y tu felicidad.

Y adivina quién está a cargo de tu pensamiento. Adivina quién decide adónde se dirige tu atención. Adivina quién escribe, produce, dirige y protagoniza cada momento que vives.

Tú. Sólo tú. Ni tu pasado (pensamiento archivado), ni el futuro (¿has notado que nunca sabemos qué va a pasar?), ni tus padres (ellos tienen sus propios pensamientos), ni tus amigos (*ibidem*), ni la escuela, la televisión, las circunstancias ni ninguna otra cosa. Sólo tú.

El pensamiento es una capacidad muy poderosa. Como cualquier otra, puede usarse como herramienta o arma contra nosotros o contra los demás. Al igual que con cualquier otra herramienta, podemos distinguir cuándo la estamos usando a favor y cuándo en contra por la manera en que nos sentimos. Cuando pensamos contra nosotros o los demás, nos metemos en problemas. Cuando no lo hacemos, normalmente no los tenemos.

LOS SENTIMIENTOS EXISTEN PARA PREVENIR QUE USEMOS EL PENSAMIENTO PARA CAUSARNOS PROBLEMAS, Y PARA ORIENTARNOS HACIA LA FACULTAD NATURAL DE VIVIR LA VIDA AL MÁXIMO.

No olvides que tus pensamientos no siempre te dicen la verdad. Cuando estamos de mal humor o nos sentimos deprimidos no debemos confiar en ellos. Nuestro CI decae. Cuando esos pensamientos pasan, nuestro raciocinio vuelve a ser creativo y positivo, y nuestro CI aumenta. La única manera de sentirte mal contigo y con tu vida es pensando mal de ti. De ti depende cada minuto de tu vida. ¡Siempre depende de ti! Éste es el secreto más importante y más liberador que he conocido, y quería que tú también lo conocieras.

Con amor,
Mavis.

Reflexiona en el contenido de la carta; es absolutamente cierto. Imagina que un alumno sólo tiene dieces en su boleta. Es el mejor de la clase y saca las mejores calificaciones en cada examen. Está avanzado en todas las materias, recibe mucha aprobación y atención, aspira a una de las mejores universidades e incluso a una beca. Sin embargo, se siente deprimido. ¿Qué podría hacerlo sentir mejor? ¿Mejores calificaciones?

Llega un momento en que es imposible sostener este argumento. Cuando se han obtenido calificaciones perfectas resulta obvio que la insatisfacción o la inseguridad proviene de otro lado.

Por otra parte, hay alumnos a los que por una u otra razón se les dificulta la escuela. Tal vez su capacidad académica sea menor que la de sus compañeros de excelencia, o quizá su CI no es tan alto. Tal vez han tenido menos oportunidades o aliento. Posiblemente no se esfuerzan tanto. Quizá sus familias son pobres o no tienen el privilegio de un desayuno saludable. Sin embargo, a pesar de las circunstancias, algunos mantienen la esperanza, la gratitud, la felicidad y el buen humor. ¿Como es posible esto? Si el desempeño fuera determinante para la felicidad, estos alumnos deberían sentirse deprimidos.

El secreto, por supuesto, es el pensamiento de cada uno. Ningún otro factor es tan importante. La realidad de la situación —la opinión o la aprobación de los demás, la manera en que nos comparamos con otros, el desempeño anterior y la perspectiva del futuro— es irrelevante a la hora de determinar cómo nos sentimos con nosotros.

Nuestro pensamiento tiene el poder de dar vida a aquello que estamos pensando; puede ver las cosas grandes con objetividad o puede exacerbar las pequeñas; puede aumentar un defecto o pasar por alto una imperfección; puede desechar algo por considerarlo insignificante o puede mantener una contienda o una discusión literalmente por siempre.

Hay dos aspectos del pensamiento que debemos tener presentes. El primero es, por supuesto, su contenido. Esta es la parte de la ecuación relativa al «en qué pensamos». Volviendo al ejemplo de la apariencia, imagina que en determinado momento estás concentrado en esos cinco kilos que quieres perder. No importa que te sientas perfectamente saludable ni que tu médico haya dicho que tu peso es perfecto. No importa que gran parte del mundo esté sufriendo hambre ni que los demás te digan que «te ves bien». En ese momento nada es más importante para ti que esos cinco kilos. Mientras piensas en ellos, literalmente te sientes gordo. La lógica no importa, ni las palabras de los demás.

El contenido del pensamiento es siempre evidente. A veces pensamos en los problemas o en algo que nos gustaría cambiar. Otras, en los proyectos y las metas, en las cosas que quisiéramos hacer. En ocasiones los pensamientos son tristes; en otras, se relacionan con las preocupaciones. No obstante, el único elemento común es que aquello que pensamos es lo que experimentamos en ese momento. Un ejemplo: una vez visité a una amiga que tenía algunos problemas con su vecino. Durante los primeros diez minutos de mi visita, mi amiga estuvo de buen humor. Sin embargo, en cierto momento su atención se desplazó y empezó a hablar del conflicto. Entonces la noté preocupada. Podía verlo en sus ojos y escucharlo en su voz. Mientras me comentaba los detalles se puso visiblemente molesta.

El conflicto había estado ahí todo el tiempo. Nada había cambiado, ni siquiera un poco. Un minuto antes, todo estaba bien, incluso su sentido de bienestar. Sin embargo, cuando empezó a pensar, el suceso volvió a cobrar vida, así como su resentimiento y preocupación. Todos traemos a la vida conflictos y preocupaciones a lo largo del día. Conforme los pensamientos van de una cosa a la siguiente, la experiencia de la vida también cambia. En un momento reímos y al siguiente estamos enojados. Podemos hablar con los amigos sobre nuestro enojo, pero mientras los pensamientos permanezcan en el suceso, seguiremos preocupados. Luego, en algún momento nos distraemos. Tal vez suena el teléfono, cambia el tema o nos aburrimos y queremos pasar a otra cosa.

Una vez más, el acontecimiento —conflicto, problema, situación o lo que sea— puede ser real o requerir nuestra atención. Ha ocurrido, ocurrirá o tal vez ocurra, pero es nuestro pensamiento el que le da vida y le concede importancia. Éste es uno de los conceptos más poderosos que puede haber, pues nos permite dar un paso atrás y ajustar el volumen y el tono de lo que está ocurriendo en nuestra cabeza. Si no te gusta lo que estás experimentando y estás consciente del poder de tu pensamiento, tienes la capacidad de pensar de otra forma o de hacerlo con menos intensidad.

Si no eres consciente de esto, eres víctima de tus pensamientos. Cualquier cosa que esté en tu cabeza te afectará profundamente y perderás objetividad porque darás importancia a tus pensamientos simplemente porque los estás pensando. Vivir así es doloroso y confuso.

El otro aspecto del pensamiento está muy relacionado con éste, pero es ligeramente distinto. Es la conciencia del hecho de estar pensando. ¿Estás consciente, en este momento, de tu rodilla izquierda? A menos que te duela, lo más seguro es que no. Sin embargo, está ahí y es muy importante. Lo mismo ocurre con el pensamiento. El hecho de que no seamos conscientes de que estamos pensando no significa que no lo estemos haciendo. No estar al tanto de lo que pensamos puede resultar desastroso; normalmente es así.

Imagina que sales a comprar algo y de repente, sin razón aparente, te acuerdas de un antiguo amigo que fue injusto contigo. En cuestión de segundos empiezas a pensar en los detalles. La situación vuelve a la vida, casi como si estuviera ocurriendo otra vez y, aunque nadie más lo nota, estás sintiendo odio contra esa persona.

El suceso pudo haber ocurrido ayer o tres años antes, pero en este momento es real para ti. Está ocurriendo ahora.

La pregunta es: «¿Estás consciente de que estás pensando?» No *en qué* estás pensando, sino en el hecho mismo de estar pensando. Si alguien te preguntara en un momento como ése: «¿Estás consciente de que estás pensando?», seguramente responderías que sí. Sin embargo, lo más probable es que, en un nivel profundo, no lo estés. Lo más probable es que, como lo he hecho miles de veces, estés perdido temporalmente en tus pensamientos. Literalmente olvidaste que estás pensando.

Tomar conciencia de que estamos pensando no es un ejercicio contemplativo. Es una de las herramientas mentales que puedes usar, quizá la más práctica. Piensa en cuántas veces nos perdemos en el pensamiento en una hora. Imagina el poder que tendrías y la objetividad que adquirirías si pudieras dar un paso atrás en esos momentos y comprendieras lo que está ocurriendo.

Por ejemplo, si estuvieras consciente de que estás albergando pensamientos de resentimiento por la traición de tu amigo, podrías decir algo como «aquí están otra vez» o alguna otra frase que manifieste reconocimiento del hecho de que estás siendo acosado, una vez más, por los mismos pensamientos.

La traición ocurrió; no se trata de negar los hechos, de fingir que te sientes de otra forma o de que apruebes la traición. La diferencia es que ahora puedes elegir. En vez de ahondar automáticamente en el contenido de esos pensamientos y por tanto sentirte mal, tomas conciencia de la dinámica mental que sucede.

La importancia que tiene este conocimiento a la hora de enfrentar asuntos de peso en la vida no debe ser subestimada. Por ejemplo, un divorcio puede ser un nuevo comienzo o el inicio de una pesadilla interminable. Cuando no somos conscientes del poder de los pensamientos podemos pensar en un suceso doloroso y hacerlo más grave. Imaginamos lo peor, pensamos que no vamos a salir y nos sentimos derrotados. Sin embargo, cuando recordamos los secretos somos capaces de reconocer cuándo nos estamos provocando más dolor. Creamos opciones internas que de otro modo no existirían.

Una vez vi una entrevista que le hicieron a un deportista que había cometido un grave y embarazoso error en el juego previo a su retiro. Ese error le había costado al equipo el campeonato. Entre las preguntas que le hicieron estaba: «¿Podrá superarlo?» La pregunta se refería a cómo iba a procesar mentalmente el suceso. ¿Iba a recordar con satisfacción su carrera de más de quince años o iba a deprimirse por el resto de su vida?

Éste es un excelente ejemplo de la vida real. Su respuesta todavía está por verse. El error fue lo que fue. Ya pasó, y tal vez en este momento es historia. Esto no significa que no haya sido un suceso desafortunado, que él no hubiera preferido un juego final distinto o que no se sintió mal. Sin embargo, al final lo único importante será su pensamiento. Algunos se lo tomarían con calma e incluso lo considerarían gracioso. Otros se sentirían completos fracasados y llegarían a deprimirse. La manera en que respondemos a acontecimientos como éste y a cualquier otro está enteramente determinada por los pensamientos. Nada más importa.

En cierta ocasión hablé con dos personas que habían perdido algunos miembros de su familia en el Holocausto. Una de ellas había conservado el resentimiento y la ira. Creía que era imposible sentirse de otro modo.

La otra persona, que había padecido un dolor similar, era amable y tranquila. Me dijo algo tan hermoso que quisiera terminar este capítulo con sus palabras: «Mi meta es ser un instrumento de paz y estar llena de amor. Admito que muchas veces mi cabeza se llena de pensamientos de desesperación e ira, pero he aprendido que esos pensamientos son simplemente eso: pensamientos. Me considero afortunada por saber que tengo la capacidad de vivir una vida de amor».

Si pudiera confiarte valiosos secretos serían los secretos del pensamiento. Espero que reflexiones sobre el poder de tu pensamiento. Si lo haces, tu vida nunca volverá a ser la misma.

19

Relájate

Una vez un amigo cambió de domicilio su oficina. Mientras le ayudaba a bajar un mueble por las escaleras, giré mal y me lastimé la espalda.

Mi primera reacción fue típica y comprensible: grité de dolor y tensé los músculos que rodean la espalda; apreté los puños y el cuerpo y me retorcí en el piso. El dolor duró algunos minutos.

Mi preocupado amigo se acercó para darme su apoyo, pero en vez de las frases típicas como «ya pasó» o «¿te encuentras bien?» las cuales habrían sido bien recibidas, dijo algo que cambió dramáticamente mi manera de hacer frente al dolor desde ese momento y hasta ahora. En tono tranquilizador me dijo: «Richard, relaja el lugar donde te duele y todo estará bien».

Es curioso, pero las mismas palabras pronunciadas con un sentimiento distinto hubieran sonado vacías y hasta arrogantes. Sin embargo, no fue así. Fueron una esperanza, una especie de «psicología inversa», para la tensión producida por cualquier tipo de dolor, físico o emocional. Pude hacer algo diferente que combatir el sufrimiento. Pude soltarlo. No hay nada que elimine instantáneamente el dolor físico o emocional intenso, y la relajación no es la excepción. Asimismo, la intención de relajarse no es deshacerse del dolor, sino hacerle frente de manera distinta.

La relajación ofrece una alternativa al hábito generalizado de tensarnos, luchar y huir de lo que nos desagrada o tememos. Estamos acostumbrados y programados para aferrarnos, maldecir, agotar y tensar todo lo relacionado con el dolor y la pena. No sé si fue porque mi dolor era muy intenso o porque mi amigo hablaba con mucha seguridad, pero estaba dispuesto a probar algo nuevo. Pude hacerle caso y empecé a soltar, a relajarme. Igual que cuando relajamos un puño apretado relajé mi espalda. En vez de enviar pensamientos de odio e ira contra el dolor, dirigí mis pensamientos hacia la piedad y el amor. En vez de «ser» el dolor, fui su observador.

Ésa fue la primera experiencia consciente en la que hice frente al dolor con amor en vez de con temor u odio. Aún recuerdo cómo la intensidad del dolor se transformó de insoportable a tolerable. Recuerdo en qué momento empezaron a cambiar las cosas porque recuerdo los pensamientos que tenía. Mis pensamientos fueron desde «Dios mío» hasta «ya pasó, ya pasó». Sin embargo, estos pensamientos más benignos no fueron intencionales; fueron consecuencia de la relajación.

En los años siguientes no faltaron las oportunidades para practicar la relajación. Podía tratarse de la pérdida de un amigo, de un familiar o de un colega; podía ser la decepción por haber perdido una oportunidad o el sentimiento de violación por haber sido asaltado. Podía ser un revés profesional o financiero, o un horrible dolor de estómago. Podía ser prácticamente cualquier cosa.

Trátese de dolor físico o emocional, he descubierto que el antídoto más efectivo contra cualquiera que haya experimentado es la relajación consciente.

Se me presentó una oportunidad dramática un día que alguien hizo unos comentarios falsos y crueles sobre una de mis hijas. Inmediatamente me sumergí mentalmente en una dinámica de defensa y ataque. Mi mente se tensó y me sentí enojado. Tenía ganas de decir algo malévolo como represalia. Mientras tanto, un pájaro que planeaba de un lado a otro por el cielo llamó mi atención. Me recordó el poder del movimiento sin esfuerzo. De un momento a otro pasé de relacionarme *desde* mi dolor y mi ira a relacionarme *con* ellos. La experiencia cambió drásticamente. Fue como si hubiera dado un paso atrás y hubiera podido ver mi propia capacidad de reacción. Salí de un doloroso pozo de dolor y empecé a notar lo que era mantener esa ira. Me convertí en observador de la despiadada actividad de mi mente. Más que un cambio de palabras fue un cambio de conciencia.

Empecé a relajarme ante la experiencia de la ira. Al hacerlo pude sentir compasión por mí mismo. Me di cuenta de lo difícil que puede ser mantenernos tranquilos cuando nos sentimos atacados, pero también lo importante que es conservar la cordura. Pude experimentar lo doloroso que es estar enojado.

Éste fue un momento crucial en mi vida. Antes hubiera hecho frente a los pensamientos de ira con otros similares y hubiera caído en un círculo vicioso. Sin embargo, esta vez fue distinto. En vez de complicar la ira con una actividad mental mayor la traté con amor. Me dije: «Esta ira lastima. No se la deseo a nadie».

La diferencia parece mínima, pero no lo es. Piensa en la diferencia entre *ser* un niño enojado o triste y *ver* a un niño enojado o triste. En el segundo caso hay una distancia. Es fácil sentir compasión por un niño que está sufriendo. Del mismo modo, es fácil sentir compasión por nosotros cuando aprendemos a relajarnos, cuando nos convertimos en observadores.

Una vez, al terminar una plática con un numeroso auditorio, se me acercó un hombre que había perdido a su esposa a causa del cáncer. Lo recuerdo muy bien porque era un hombre lleno de vida. Dijo que lo más importante que había aprendido era la importancia de relajarse ante su dolor, y describió la experiencia como lo opuesto a luchar con la vida y con los sucesos dolorosos que ésta implica. Esto, dijo, le había permitido mantenerse abierto a la gracia de Dios y a «lo que es», incluso cuando no era algo agradable.

El hombre dijo que la relajación ante el dolor es lo que permite que la gratitud llene el corazón. Todo esto fue significativo para mí porque recordé las pérdidas que había experimentado en los años anteriores. Cada vez que me relajo, mi corazón se abre y recuerdo el amor que sentí, y siento, por las personas que compartieron una parte de su vida conmigo.

Así como nos relajamos de manera espontánea cuando vemos a un recién nacido, podemos aprender a relajarnos ante los sucesos dolorosos de la vida. Entonces seremos recompensados no con una vida sin dolor, sino con una perspectiva que puede ayudarnos a seguir adelante.

20 La vida después de la muerte

Mi amigo Robert murió en un accidente automovilístico, y como ocurre con estas tragedias inesperadas, nadie estaba preparado. El momento tampoco pudo haber sido peor, pues el accidente ocurrió dos noches antes de mi boda. Yo estaba tenso, y Robert me hubiera ayudado a reír y a ver las cosas con desenfado. Era un amigo afectuoso que siempre ofrecía su apoyo; desde que nos conocimos supimos que seríamos amigos por muchos años. Pero no fue así.

Por un momento, mi vida se derrumbó. Fue la primera vez que no pude «arreglar» una situación ni fingir que podía arreglarse. Esta vez no podía huir. No había dónde ir ni dónde esconderse. La gente me consideraba fuerte, incluso sabio, tomando en cuenta mi edad, pero demostré que estaban equivocadas. El dolor era tan intenso que ni siquiera me interesaba simular lo contrario.

La primera vez que me di un respiro fue cuando pasé un día con Stephen Levine en San Francisco. Tal vez conozcas a Stephen por su libro *Who Dies?* Lo considero un ser humano profundamente afectuoso y la persona más informada sobre el tema de la muerte. Si no me hubiera reunido con él ese día, no sé qué sería de mí. Lo que me dijo cambió mi percepción para siempre.

Cuando el mundo se derrumba, especialmente por la muerte de un ser querido, se convulsiona la esencia de nuestro ser. Nos damos cuenta, quizás por vez primera, de que no hay salidas rápidas ni fáciles. Debemos atravesar un proceso que puede ser diferente para cada uno de nosotros, pero que se caracteriza invariablemente por el dolor.

Sin embargo, en medio de esta batalla interior empieza a ocurrir algo. Están los momentos que resistimos y está el dolor extremo, pero también hay impulsos voluntarios e involuntarios que nos hacen dejarlo ir. Tal vez el dolor es tan intenso que la mente toma un descanso, cierra sus puertas o despierta, no estoy seguro. Sin embargo, en esos momentos somos liberados del dolor y reconocemos que, aunque no entendamos lo que pasa y aunque nos duela horriblemente, el universo sabe lo que está haciendo.

Seng-Ts'an es autor de una de mis frases favoritas: «Nuestro camino no sería difícil si no fuéramos tan quisquillosos». Se podrían escribir libros o cursos enteros en torno a estas palabras. El concepto es simple, pero muy poderoso y profundo, especialmente cuando se trata de enfrentar una pérdida. Aunque es más fácil decirlo que hacerlo, cuando damos un paso atrás y respiramos profundo, podemos ver la pérdida desde lo que creo que es la perspectiva más profunda. Podemos ver cómo las estaciones vienen y van. Podemos saber que aunque Dios no planea ni provoca la muerte de nuestros seres queridos, ni el dolor que sentimos, sí está ahí para consolarnos.

Dios puede hablar directamente con nosotros por los medios que propone la fe de cada uno, sólo debemos guardar silencio y escuchar. También puede aparecer hábilmente disfrazado de amigo, vecino, familiar, ministro, rabino, maestro espiritual, trabajador de servicios de emergencias o de cualquier otra persona. Pero aparte de cómo se presente, sentiremos su presencia como esperanza, compasión, fortaleza y afecto.

Una noche salí a cenar solo después de dar una plática en Chicago. En el reservado que estaba junto al mío había un hombre que me relató una historia extraordinaria. Él había experimentado el dolor inimaginable de la muerte de su único hijo. Como él criaba a su hijo y no tenía pareja, tenía pocos lugares adónde recurrir en busca de consuelo.

Un día, en medio del dolor más profundo, conoció a un ángel disfrazado de mesera. Su conexión con ella fue espiritual, no física. La mesera había sufrido una experiencia similar y pudo darle un empujón hacia la recuperación. El hombre se puso en contacto con una nueva iglesia y con un grupo de amigos completamente nuevos. Dijo que su proceso de recuperación inició gracias a aquella mesera que no había vuelto a ver. El hombre no tenía la menor duda de que Dios lo había visitado aquel día.

Cuando enfrentamos situaciones menos graves es más fácil reconocer que si no quisiéramos que las cosas fueran distintas, seríamos libres. Si no quisiéramos controlar nuestro mundo, los acontecimientos y a las personas, viviríamos en paz. ¿Cuánto dolor surge del deseo de que las cosas sean diferentes?

La vida no debería ser difícil, pero lo es. El hecho es que somos demasiado quisquillosos. «Quiero esto, pero no aquello». Y como las cosas no son sino lo que son, sufrimos. Esto nunca es más evidente y doloroso que cuando tratamos de encontrar la vida después de la muerte. Queremos desesperadamente que las cosas sean como eran antes, pero no lo son y este deseo se convierte en una nueva fuente de sufrimiento.

Después de casi dos décadas de meditación y de un compromiso de toda la vida con la verdad, tengo buenas y malas noticias que darte. La mala es que los pensamientos dolorosos por la muerte de un ser querido son inevitables. La buena es que podemos hacer frente al dolor de una manera compasiva.

Cuando surgen pensamientos y sentimientos dolorosos solemos seguir una de dos direcciones. Unas veces nos dejamos llevar por los recuerdos o nos anticipamos al dolor futuro. Nos sumergimos y quedamos absortos en él y los pensamientos nos asustan. Otras veces, en lugar de pensar en la pérdida o hablar de ella, la reprimimos o negamos su existencia. Cuando surgen estos pensamientos, inmediatamente los alejamos y actuamos como si no existieran. Nos mantenemos ocupados y nos distraemos. Enfrentarlos es doloroso, por eso no lo hacemos.

Hay una tercera posibilidad que no implica ser conformistas ni indulgentes, ni tiene que ver con ninguna forma de negación. Se trata de un reconocimiento compasivo de la verdad. No intentamos alejar los pensamientos, odiarlos ni huir de ellos. Simplemente los vemos como son: «Aquí hay dolor, aquí hay pérdida. Ahora estoy extrañando a mi hijo, a mi pareja, a mi amante, a mi amigo». No juzgamos ni alteramos los pensamientos, ni restamos importancia al dolor.

Mientras tanto, enfrentamos con compasión cualquier pensamiento que surja. Nos enviamos amor y afecto. Entonces empieza a emerger una sensación de apertura y amplitud. Cuando no hay energía mental que corra hacia el futuro o hacia el pasado, el dolor empieza a disminuir y a disolverse. Entonces comienza la recuperación y nos hacemos fuertes.

Todo lo que debemos hacer es darle espacio al dolor, una y otra vez, durante todo el tiempo que se mantenga. Días, meses, años o toda una vida. No importa. Debemos permitirle que esté ahí. Así como abrazamos a los niños para hacerlos sentir seguros y consolarlos, debemos hacer lo mismo con nosotros. No pongas resistencia. No lo alejes. Sé dulce y compasivo con tu dolor tal como lo serías con ese niño o con tu mejor amigo.

En 1989 mi admirado Stephen Levine escribió un texto para un libro que edité junto con mi buen amigo Benjamin Shield, *Healers on Healing*. Stephen escribió sobre una mujer con la que había trabajado y que padecía un cáncer en los huesos terriblemente doloroso. Hasta entonces ella había vivido en la ira y la autocompasión. Ni siquiera conocía a sus nietos y en el hospital recibía a todos con furia. Odiaba al mundo y éste la odiaba a ella.

Una noche, después de estar semanas en el hospital, el dolor se volvió insoportable. Una vida entera de retención y resistencia fue demasiado y no pudo más. Por primera vez en su vida se abrió y se rindió a su dolor. En vez de enviarle odio y de endurecer su corazón, finalmente se relajó. Por primera vez en su vida trató su dolor con algo distinto a la ira y el miedo; lo trató con cordialidad y dulzura. En ese momento sintió por las demás personas una compasión acumulada durante toda su vida. Dijo que veía, por primera vez, el dolor de los demás. Incluso hablaba de su dolor en términos de «el dolor» y no «mi dolor».

En las seis semanas previas a su muerte experimentó un cambio radical y se recuperó emocionalmente. La ira se disolvió por completo y se convirtió en amor. Ella continuó relajándose ante su dolor. Rogó a sus hijos que la perdonaran y ellos lo hicieron. Al cabo de unos días, los nietos, a los que nunca había conocido, estaban a su lado, consolándola mientras le acariciaban las manos. Increíblemente, se convirtió en una de las personas más apreciadas del hospital. Las enfermeras y los médicos se desviaban para saludarla.

Ésta es la recuperación más notable de la que he tenido noticia. Me enseñó muchas cosas importantes. Primero, que la recuperación va mucho más allá del plano físico. Esta mujer murió con una salud envidiable. En segundo lugar, demostró el increíble poder de relajarse ante el dolor. Ya sea un dolor físico o emocional —como cuando perdemos a un ser querido— la clave para recuperarnos es relajarnos.

Hace poco leí un libro extraordinario llamado *How to Survive the Loss of a Love,* del Dr. Harlold Bloomfield, la Dra. Melba Colgrove y Peter McWilliams. Si estás experimentando algún tipo de pérdida, te recomiendo este libro antes que ningún otro. Si hay algo que me quedó claro conforme leía y releía este libro es que *se sobrevive* y que no hay ninguna duda al respecto. La recuperación después de una pérdida es un proceso natural de la vida, tal como lo es el restablecimiento de un hueso fracturado. Es muy reconfortante saber esto cuando estamos sufriendo una pena.

Si es posible, no permanezcas solo. Busca el consuelo y la ayuda que necesitas y mereces. No es el momento de hacerse el valiente ni el fuerte; es momento de tender la mano a los demás y de abrirse para recibir su cariño. Es tu turno. Encontrar la vida después de la muerte es uno de los retos más difíciles que enfrentamos, pero es posible superarlo y tú lo harás. Recibe mi afecto.

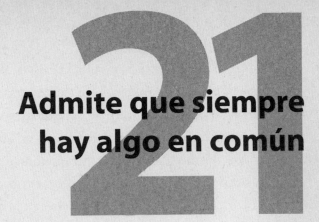

Admite que siempre hay algo en común

¿Qué tan frecuentes son los conflictos con otras personas? Esto ocurre especialmente con las que amamos o con las que amábamos. ¿Cuántas veces has escuchado a alguien que está atravesando por un rompimiento o un divorcio decir: «No tenemos nada en común»? Decimos lo mismo de nuestros hijos adolescentes cuando tenemos problemas con ellos y de cualquier persona con la que tenemos un conflicto serio.

Una vez escuché una frase que cambió mi manera de ver y de manejar estos desencuentros. Decía: «Si quieres hacer reír a Dios, dile que las parejas que pelean no tienen nada en común». No sé si esto haga reír a Dios, pero me hizo reír y pensar.

Cuando estamos enojados, frustrados y queremos demostrar que tenemos la razón, sufrimos mucho. El drama y los sentimientos de tensión son intensos. Hay obstinación, confusión en la mente e intranquilidad en el corazón. No hay paz y hay una sensación de emergencia.

¿Ha habido alguna excepción? No en mi caso. Nunca he conocido a nadie que diga: «Cuando estaba molesto y resentido experimenté una gran tranquilidad», ni «recuerdo qué agradable era odiar a esa persona».

Por irónico que parezca, si en una discusión siento resentimiento hacia la otra persona y ésta lo siente hacia mí, entonces los dos tenemos *todo* en común. Aunque ninguno de los dos lo creería, ambos estaríamos compartiendo la misma cerrazón y confusión, el mismo temor y una intranquilidad similar.

Esta idea ha cambiado drásticamente mi vida. Todavía tengo conflictos, más de los que me gustaría admitir, y todavía discuto con las demás personas, también con más frecuencia de la que me gustaría. Pero ahora es diferente. El hecho de reconocer la experiencia interna que comparto me ha permitido dejar abierto mi corazón; permanecer abierto incluso en medio del dolor o del conflicto, sentir compasión por mí, por mi intranquilidad y por la experiencia que están teniendo conmigo. ¿Cómo podemos seguir siendo agresivos cuando sabemos que la fuente del conflicto es el dolor interior?

Nadie quiere ser infeliz. Al contrario; todos queremos ser felices y vivir en paz. El hecho de que pocos sepan cómo logralo no cambia nada. Creemos equivocadamente que seríamos más felices si los demás se comportaran de otra manera o si el mundo nos exigiera menos. Una vez presencié un conflicto acalorado pero divertido (para mí) entre dos conductores. Habían estado a punto de chocar, no sé quién había sido el culpable. Uno montó en cólera y le lanzó al otro una mirada arrogante. El destinatario espetó un comentario defensivo y gracioso a la vez: «Ya sé, ya sé. Si no fuera por personas como yo, la vida sería mucho más agradable». Se podía cortar la tensión con un cuchillo. Ambos conductores eran a todas luces víctimas del dolor.

Unas semanas después casi me veo envuelto en un accidente. Analizándolo objetivamente, creo que fue mi culpa. Sin embargo, cuando el otro conductor levantó ambos puños como diciendo «quisiera matarte», respondí de manera distinta a como lo hubiera hecho antes. En vez de reaccionar con ira, percibí nuestros puntos en común. Recordé lo que era sentir una ira tan intensa. Es doloroso estar enojado con otra persona, independientemente de lo justificado que parezca. Cargar con esa hostilidad significa carecer de paz interior. Hice una seña cortés con la mano para decir «lo siento». Lo hice sinceramente y dejé el asunto por la paz.

Derek odiaba a su ex esposa. Según sus palabras, lo había «traicionado». A pesar de que tenían un hijo que necesitaban educar conjuntamente en casas separadas, sólo se comunicaban por medio de sus abogados. Él no podía hablar con ella sin sentirse tenso y molesto. Quería vengarse y el perdón le parecía inconcebible.

Cuando el dolor de su corazón se hizo insoportable, Derek empezó a buscar la forma de tranquilizarse y reducir el estrés. Unos amigos habían estudiado meditación y le sugirieron que probara. Fue una de las actividades más difíciles que había intentado. Tomó plena conciencia de su ira y de su atareada mente. Dijo que al principio las cosas parecían peores y que estuvo a punto de renunciar, pero de alguna manera pudo continuar el proceso de aprendizaje. Aprendió a observar y a permitir que sus pensamientos fueran y vinieran, que surgieran y luego desaparecieran. Fue capaz de dar un paso atrás y analizar sus pensamientos de ira y resentimiento. Aprendió a observarlos en lugar de reaccionar a ellos; a apartarse en vez de dejarse llevar. Con el tiempo se volvió una persona más tranquila.

Derek me contó su descubrimiento más importante cuando su mente se tranquilizó: fue capaz de reconocer los puntos en común. Fue como si hubiera empezado a sentir *su* dolor como *el* dolor. No se trataba de una noción filosófica oriental; Derek simplemente había descubierto que el requisito indispensable para pelear con otra persona es el dolor. Por supuesto, se dio cuenta de que esto también se aplicaba a su ex esposa y a todas las personas que había odiado a lo largo de los años.

Dudo que Derek haya entablado amistad con su ex esposa, pero me sorprendería que no fuera amigable y comprensivo con ella. Cuando lo vi, resultaba claro que ya había atravesado la peor parte de su ira y que su actitud hacia ella era de aceptación, no de manera arrogante sino gracias a una sabiduría genuina.

La habilidad de distinguir, comprender y experimentar los puntos en común no tiene nada que ver con fingir que aceptamos a una persona o una situación. No se trata de negar algo que haya ocurrido ni de fingir que no sentimos dolor o que nos agrada alguien. No hace falta fingir. Muchos convivimos con personas que preferiríamos no volver a ver o con las que nos gustaría no tener que trabajar, y está bien. Tal vez tengamos vecinos a los que no invitaríamos a la casa, y está bien. Sin embargo, saber que no tenemos que estar enojados con estas personas proporciona una enorme paz. Es tiempo de dejar eso atrás y seguir adelante.

La idea de los puntos en común, la experiencia compartida, permite liberarnos de la hostilidad y de la intensa concentración en el desagrado que sentimos por otras personas. Independientemente de lo que haya pasado o de lo que hayan hecho, todos tenemos la capacidad de identificar los puntos en común y dejar el asunto atrás, cualquiera que éste sea. Espero que mientras reflexionas en tu vida e intentas poner esto en práctica, compartas la experiencia común de lo que tú y yo compartimos.

22

Deja atrás el pasado

Imagina esta escena: es la parte baja de la novena entrada y hay dos *outs* en el juego final de la Serie Mundial. Tu jugador favorito está al bat con las bases llenas. Tu equipo está atrás por una carrera. Si logra colocar un hit, tu equipo gana; si no, pierde. El marcador es de tres bolas y dos *strikes*. El siguiente lanzamiento decide el resultado del juego. Los 50,000 aficionados están de pie y millones de personas siguen el juego por televisión. De repente, hay un inesperado tiempo fuera.

Un hombre corre hacia el diamante y jala al bateador a un lado. Parece que está haciendo una reseña de la vida personal del jugador.

El hombre le hace recordar que ya había estado en situaciones cardiacas como ésa otras cuatro veces. En la primera, era apenas un chiquillo en la liga infantil. En esa ocasión lo pusieron en *out* e hizo perder al equipo. En la segunda, estaba en la Pequeña Liga. Había mucha presión y, una vez más, quedó en *out*. Sus padres expresaron su decepción, y la chica con la que salía se fue con otro. El siguiente incidente ocurrió en la secundaria. En esa ocasión no estaba bateando sino que debía atrapar un globo común y corriente. El sol lo deslumbró y la pelota cayó al suelo. Su equipo perdió y él se convirtió en el hazmerreír de toda la escuela. Unos años después, en la universidad volvió a ser el centro de atención. Trató de robar una base pero el *catcher* lo puso en *out*. Su equipo perdió el juego, así como el primer lugar de la división. Como resultado de la derrota del equipo, su mejor amigo perdió su beca. El hombre que está haciendo la reseña le recuerda que algunas personas habían especulado que todo había sido su culpa.

Por último, el analista exhorta al jugador a concentrarse en el pasado, e insiste en que es de gran importancia que lo haga. La pregunta es: ¿logra finalmente pegarle a la pelota y ganar el juego?

Lo dejo a tu criterio. Sin embargo, diría que las posibilidades son mínimas. Con tanta atención puesta en la historia personal (especialmente en los aspectos negativos), y tan poca puesta en el momento, es improbable que el resultado sea positivo.

Dios sabe, al igual que todos, que la vida puede ser difícil. No es fácil hacer frente a los asuntos de peso, pero si a eso le sumamos la carga de una acuciante historia personal, la tarea se vuelve totalmente imposible. Piensa en el pobre beisbolista del ejemplo anterior. Además de que está lidiando con un lanzador de primera clase, con cincuenta mil frenéticos aficionados, con una audiencia televisiva de todo el país y con un excelente oponente; tiene su cabeza llena de recuerdos negativos que le provocan más ansiedad y una presión imaginaria.

Nuestras vidas son muy parecidas. Todos hemos tenido épocas difíciles y nos han ocurrido cosas malas. Obviamente, algunas son peores que otras. Es indudable que las historias personales son complejas y multifacéticas. En muchos casos son dolorosas.

Aunque el pasado nos ayudó a ser lo que somos ahora, una de las claves para vivir con efectividad es dejarlo atrás para que las experiencias presentes y futuras no se vean contaminadas. Podemos honrar y valorar el pasado, y sin duda aprender de él. Como dice el dicho, más vale no olvidarlo. No obstante, si nos etiquetamos con base en nuestros éxitos, fracasos y desengaños pasados, y si estamos demasiado atados a la propia historia, podemos limitar gravemente nuestra capacidad de disfrutar, así como la de resolver problemas y abrirnos paso por la vida.

Dejar atrás el pasado no es sencillo, y tal vez debemos aspirar a un saludable equilibrio. Una mujer me contó la siguiente historia: de niña había sido víctima de abuso físico y emocional, y sus dos padres eran alcohólicos. De adulta tuvo el buen tino de acudir a terapia e integrarse a algunos vigorizantes grupos de apoyo.

Aunque afirmaba que las terapias individuales y de grupo habían sido necesarias y beneficiosas, ella seguía sintiéndose desgraciada e insegura. Sus terapeutas le aconsejaron que no olvidará lo sucedido, pero ella había llevado esa indicación demasiado lejos. Había aprendido a etiquetarse como sobreviviente. Se consideraba una víctima, y esa actitud se manifestaba en todo lo que hacía.

Sus grupos de apoyo la alentaron a reexaminar su historia personal una y otra vez. Le indicaron que debía «reenmarcar» el pasado, cosa que ella interpretó como verlo de otra manera. Aunque este ejercicio sin duda fue útil para su recuperación, en este caso su capacidad para ayudarla a seguir adelante fue limitada.

Transformó su vida cuando un íntimo amigo le dijo que estaba absorta en su pasado y que se identificaba con él de manera poco saludable. Ella empezó a prestar atención al número de veces que se refería a su pasado durante el día, y a la frecuencia con que pensaba en él. Se dio cuenta de que el pasado nunca iba a cambiar. Por tanto, si no desarrollaba una relación más saludable con él, nunca sería capaz de vivir eficaz, alegre y exitosamente. Con el tiempo aprendió a dejar atrás el pasado para seguir adelante, lo cual, desde el punto de vista espiritual, está un paso más adelante de reexaminar el pasado. Me pareció que desarrollaba una actitud saludable respecto a su vida presente. No es que negara ningún aspecto del pasado; más bien se estaba liberando de su yugo. Su transformación fue posible gracias a su disposición para dejar atrás el pasado y acceder plenamente al presente.

En *No te ahogues en un vaso de agua por el trabajo* escribí un capítulo llamado «Concéntrate en el ahora». En él hablé de la tendencia a imaginar lo mejor o lo peor que sería nuestra vida en el futuro si se cumplieran ciertas condiciones. Con frecuencia nos anticipamos a lo terrible o estresante que va a ser algo antes de que ocurra. Por ejemplo, he conocido a contadores que se sienten exhaustos a principios de marzo no porque tengan trabajo en exceso, sino porque se anticipan a las prisas de la temporada de pago de impuestos.

Dejar atrás el pasado se relaciona con la otra cara del mismo problema. En vez de sentirnos estresados por las circunstancias futuras, nos abrumamos con los sucesos del pasado. Por ejemplo, imagina a una persona que tuvo una mala experiencia durante una entrevista de trabajo. Tal vez justifique racionalmente su falta de dinamismo pensando: «No tengo lo necesario para este empleo». Probablemente no hay relación entre una cosa y otra, pero los recuerdos del pasado impiden una visión nítida y sensible.

Observa que titulé esta estrategia «Deja atrás el pasado» y no «Deshazte del pasado». La idea es ésta: tu pasado influyó en ti y ayudó a dar forma tanto a tus virtudes como a tus defectos. Tu biografía, tu árbol genealógico, los sucesos dolorosos o felices y el recuento de tus logros sin duda son importantes. Sin embargo, dar a la historia personal menos importancia permite acceder plenamente al presente. Conforme nos sentimos menos atados y dependemos menos de lo que fuimos o de las circunstancias que enfrentamos, adquirimos habilidad para hacer hoy los cambios necesarios y convenientes.

La persona que recuerda nerviosamente la embarazosa entrevista haría bien en reconocer el pensamiento, y luego recordar que su recuerdo es sólo eso, un pensamiento. No es real sino imaginario. Mi manera favorita de ilustrar esto es hacerte recordar cuando eras niño. Tal vez hubo una época en la que imaginabas que había un monstruo o alguna otra cosa terrorífica en el armario o debajo de la cama. Tal vez estabas asustado, a pesar de que mamá y papá te aseguraban que no había nada que temer. Entonces, un día llegaste a la conclusión necesaria: «Oh, no hay nada. Es sólo mi imaginación». Desde ese momento, no volviste a temer la aparición de un monstruo. Aún cuando vuelve a surgir un pensamiento de miedo podemos enfrentarlo para que no nos asuste.

Un enfoque similar es útil cuando enfrentamos nuestras remembranzas. Recuerdo una vez que iba a hablar ante un auditorio de cinco mil personas y estaba sumamente nervioso. Diez minutos antes de empezar, recordé la vez que me desmayé mientras hablaba en público. Por fortuna, puede respirar hondo y decirme: «Es sólo un pensamiento, no está ocurriendo ahora», y lo deseché. Como suele ocurrir, el temor disminuyó. Esta estrategia me dio una perspectiva que puede significar la diferencia entre perderse en un recuerdo y seguir adelante.

Sólo puedo imaginar lo que hubiera pasado si en vez de recordar que mis pensamientos eran remembranzas y no la realidad, hubiera seguido pensando en el desmayo. Nunca lo sabré a ciencia cierta, pero creo que hubiera caído en un círculo vicioso y ese pensamiento me hubiera paralizado. Después de todo, era un recuerdo real, con base en un hecho verdadero. Cuando reconocemos que un pensamiento es sólo eso y lo desechamos rápidamente, muchas veces evitamos el problema del copo de nieve. Es decir, evitamos que un pensamiento inofensivo cobre impulso y crezca en proporción directa al grado de atención que le damos.

Hay algunos refuerzos sociales que pueden apoyar la tendencia a aferrarnos a nuestra historia. Por ejemplo, cuando alguien dice: «Pero siempre lo has hecho así», «siempre has sido un empresario» o «nunca has tomado esa actitud». Si tomamos estas declaraciones a pecho, pueden hacernos sentir culpables o temerosos de cambiar o de dar un paso hacia lo desconocido. Considero que la clave reside en distinguir consciente y continuamente quiénes fuimos y quiénes queremos ser ahora; en diferenciar los recuerdos que son pensamientos, del momento presente, que es real. Sé consciente de que las referencias a tu pasado por parte de los demás pueden ser una especie de trampa, y sé consciente de tus pensamientos al respecto. Cuando pienses cosas como «sólo hay una manera de hacerlo» o «nunca pude hacerlo», identifica los pensamientos y déjalos ir. Al igual que una sombra, la historia nos sigue a dondequiera que vayamos y es inofensiva siempre y cuando la mantengamos en la perspectiva adecuada.

23
Supera esos reveses financieros

Todo lo que sube tiene que bajar, pero lo que baja no siempre sube. Desde el punto de vista económico, hay momentos buenos y malos; momentos de estabilidad y de inestabilidad. Las personas más sabias suelen tomarse todo con calma, incluso los momentos desfavorables.

Durante los años ochenta, las inversiones en bienes raíces gozaron de gran prestigio en Estados Unidos. Sin embargo, algunos de los que estaban amasando una fortuna no se tomaron este auge tan en serio. En ese momento no me daba cuenta de lo mucho que sabían estas personas, ni de cuánto utilizaría sus ideas en mi vida. Estos hombres no presumían de tener el «toque mágico» ni daban por hecho que los buenos tiempos durarían siempre. Por el contrario, sabían que aunque eran buenos en algunos aspectos del negocio, había muchos factores que no dependían de ellos y que los beneficiaban, sobre todo el tiempo. Aunque disfrutaban su éxito y no le restaban importancia, no les cabía la menor duda de que las cosas cambiarían, y así fue.

Cuando el valor de las inversiones en bienes raíces se vino abajo, en algunos casos drásticamente, aquellos que lo habían anticipado estaban protegidos. Estas personas, incluso las que perdieron la mayor parte sus ganancias (o todas), enfrentaron la situación con templanza. Como estaba más impresionado por la manera en que esas personas perdían dinero que por la manera en que lo habían ganado, sentí y siento un respeto reverencial por su poder y objetividad.

En la segunda mitad de la década de los noventa hubo una manía similar, pero más dramática, en el mercado bursátil de Estados Unidos. En apariencia, todos podían ganar. ¡Hasta los inversionistas más modestos parecían ser genios! Había jóvenes universitarios (y a veces de bachillerato) que hacían fortunas con sus ideas, y los rendimientos de las inversiones iban a la alza.

Entonces todo se derrumbó. Carteras de acciones con valor de millones de dólares se vinieron abajo, los patrimonios se redujeron a la mitad o menos. En muchos casos, hasta los inversionistas más avezados se vieron obligados a poner los pies sobre la tierra. Al momento de escribir esto, mi propio fondo de retiro ha disminuido entre 30 y 40 por ciento. A otros les fue peor.

La perspectiva financiera, como yo la entiendo, es la capacidad de dar un gran paso atrás, ver y aceptar el panorama probable a largo plazo, y hacerlo sin miedo ni arrogancia. Con una posición estratégica correcta y una mente clara como el cristal, el temor o el entusiasmo irracional son sustituidos por una sabiduría serena. Esta sabiduría permite hacer todo lo que está al alcance para poner las cosas a su favor, y no paralizarse si los resultados no son los esperados.

Uno de mis libros anteriores, *Don't Sweat the Small Stuff About Money*, trataba, entre otras cosas, sobre cómo abordar con creatividad empresas financieras, y sostenía que el éxito normalmente lo logramos a pesar de las preocupaciones y no a causa de ellas. Existe una sabiduría interior que puede tomar el control de nuestras vidas, que fluye y se adapta en lugar de simplemente reaccionar a ella. Cuando estamos sintonizados con este ritmo natural potenciamos al máximo las capacidades y las efectividades, así como las oportunidades de éxito. Asimismo, aprendemos a tomar con calma y a aceptar el desarrollo de nuestras finanzas.

Podemos acceder a esta sabiduría interior cuando la mente está despejada y tranquila, y cuando aprendemos a confiar en el proceso. Se trata de una inteligencia que guía y ayuda a tomar decisiones adecuadas; que da la confianza para seguir aprendiendo y para tomar riesgos calculados y prudentes en el momento apropiado. Es una inteligencia indulgente con nuestras debilidades y que hace cambios cuando es necesario. Nos dice cuándo tenemos que pedir, cómo identificar y superar los temores, qué tan duro tenemos que trabajar, y cuáles acciones son necesarias e indicadas para nuestro éxito.

Este conocimiento interior también es práctico. Ayuda a no cometer el mismo error dos veces y alerta del peligro, como cuando gastamos demasiado dinero o necesitamos realizar algún cambio.

Durante una mala racha, periodo de desempleo o dificultades financieras, es fundamental establecer contacto con esta fuente interior. Desde mi punto de vista, ésta es la mejor y a veces la única manera de recuperar el rumbo. Es lo opuesto al pánico y la reactividad.

Supón (o mejor aun, sé consciente) de que hay un pacífico estado de bienestar que es tu estado de ánimo natural y efectivo. Mientras tienes este estado de ánimo eres sensato y sensible al momento. Es como si tus pensamientos pensaran por ti. En otras palabras, en vez de buscar ideas y soluciones, éstas fluyen hacia ti.

Puedes estar seguro de que aquí es donde estarás y que así es como te sentirás, a menos que te alejes de ahí. Es tu base de operaciones. Todos hemos tenido momentos en los que surge una idea o una solución perfecta. «Eso es lo que necesito hacer», pensamos. La solución parece obvia aunque tal vez nos haya evadido durante años.

Todo lo que hay que hacer para que esta sabiduría esté disponible es creer que existe. Cuando desarrollamos esta confianza notamos que la sabiduría siempre está ahí. Lo único que necesitamos hacer es guardar silencio y escuchar.

El problema es que nos vemos envueltos en procesos mentales que interfieren y nos alejan. Así de simple. Por ejemplo, podemos seguir distintas líneas de pensamiento que nos alejan de esta fuente; pueden ser de inseguridad, temor o cinismo, o puede tratarse de proyectos o recuerdos. Evocamos un fracaso anterior y decimos: «No puedo hacerlo» o «No estoy calificado». Mientras más atención prestamos a estos pensamientos, más logran controlarnos.

Puedes saber que esto está ocurriendo por la manera en que te sientes. Regresa un momento a la idea de tener una base de operaciones, un sentimiento de calma. Las ideas y las soluciones se filtran y fluyen, tu pensamiento está en calma; estás centrado y tienes una sensación de bienestar. Te sientes confiado a pesar de todo lo que ocurre tu alrededor.

Por supuesto, mientras más tiempo permanezcas en este estado de ánimo, más oportunidades tendrá tu sabiduría para profundizar y manifestarse creativamente. Esto no significa que no vayas a tener dudas. La diferencia es que en vez de mantenerlas durante largos periodos, las tratarás como pensamientos pasajeros. En tus respuestas tomarás en cuenta tus virtudes, defectos, talentos y temores, pero no te dejarás llevar por ninguno de ellos.

Piensa en esta sabiduría natural como si se tratara de una cuenta bancaria. Cuando estás calmado y presente en el proceso, la cuenta se llena de ideas, soluciones, creatividad y confianza. Por el contrario, cuando tu mente se agita, se revuelve y se preocupa, tu cuenta se agota. Será fácil saber cuándo estás en contacto con tu sabiduría, pues tus respuestas serán relativamente naturales y relajadas, y decidirás y actuarás con soltura y gracia.

Al igual que una luz intermitente en el tablero de un automóvil, tus sentimientos te indican que te has alejado de la fuente. Todo esto significa que te has desplazado de tu centro. En vez de sentirte confiado te sientes inquieto, enojado, nervioso, asustado o resentido. Por sencillo que parezca, todo lo que tienes que hacer es identificar lo que ocurre. Cuando notes que te estás desviando, simplemente deja que los pensamientos que te alejan se vayan. Permítete regresar. Es un sistema de auto-ajuste. No es grave.

Con el tiempo te darás cuenta de que cuando te permites regresar, se te ocurren ideas y soluciones geniales. Verás que cuando tu mente está agitada, las buenas ideas son escasas, pero cuando estás centrado y confías en tu sabiduría interior, las ideas brotan por todas partes y tu creatividad fluye. Tal vez descubras cómo hablar a las personas de otra manera, cómo pedir un aumento o cómo crear una atmósfera menos defensiva; quizá se te ocurra una manera de superar un obstáculo o un temor acuciante; o tal vez pienses en alguien que puede ayudarte a resolver un problema. ¿Quién sabe? Tal vez hasta se te ocurra una idea de un millón de dólares. Ha pasado antes y puede pasarte a ti. Los detalles de lo que ocurra dependerán de tus necesidades. Tu sabiduría está confeccionada a tu medida.

Te exhorto que pruebes esto en los próximos días y que no lo descartes si te parece demasiado simple. Haz tus actividades como siempre, sólo con una pequeña diferencia: mantén tu mente lo más vacía y tranquila que puedas, libre de preocupaciones y molestias. En lugar de luchar por obtener respuestas, intenta relajarte cuando se presenten las situaciones. En vez de ser reactivo, sé paciente y no olvides que la solución, la respuesta o la idea surgirá cuando sea necesario y cuando tú se lo permitas.

Imagina que los miles de pensamientos que flotan en tu cabeza son como el cieno que se asienta en un estanque. En lugar de tratar de entender mientras dura la confusión, permite que el cieno se asiente. Permite que tus pensamientos se queden quietos. No creas que no estás pensando; sólo lo estás haciendo de una manera relajada. Tu mente está funcionando como el quemador secundario de una estufa, en vez de que esté encendida a toda su capacidad. ¡Recuerda que algunos de los mejores y más complejos platillos se cocinan a fuego lento!

No hace mucho conocí a un hombre que había sido despedido recientemente de su trabajo. A pesar de que su esposa estaba aterrorizada, que tenía niños que alimentar y una hipoteca que pagar, él conservó la confianza en esta fuente de sabiduría. Me dijo: «No sabía qué iba a hacer, pero sabía que lo sabría». Es un gracioso juego de palabras, y yo no podría expresarlo mejor.

Las personas con las que hablaba lo compadecían. Ninguna le ayudaba a tranquilizarse, aunque él sabía que lo necesitaba. Creía que necesitaba tener la cabeza despejada, libre de distracciones y preocupaciones.

Un día escuchó en la radio del auto el anuncio de un seminario técnico que iniciaría unos días más tarde. Nunca había tenido interés (ni habilidad) en la rama técnica. Me dijo que antes su mente hubiera rechazado cualquier cosa relacionada con la tecnología, pero que esta vez estaba totalmente abierta. Se dijo: «Suena interesante. Me pregunto si me servirá de algo».

Su mente estaba despejada y su sabiduría abierta. El seminario le encantó, y pronto encontró un empleo que ofrecía más posibilidades de desarrollo que el anterior.

Lo importante es que la magia no estaba en el seminario, sino en que su mente estaba abierta a las respuestas. Si la solución no hubiera sido ésta, hubiera habido otra a la vuelta de la esquina. Si hubiera seguido revolcándose o concentrándose en su mala suerte y su miedo, y escuchando a sus amigos y antiguos compañeros de trabajo en lugar de a su sabiduría, posiblemente aún estaría sin trabajo.

Su templanza me recordó a unos amigos que habían prosperado en el mercado de bienes raíces años atrás. Igual que ellos, este hombre sabía que hay factores más allá de su control. En su caso, aquella situación económica le había hecho perder su trabajo. Ser consciente de esto le ayudó a no culparse ni ser demasiado rudo consigo mismo; le ayudó a relajarse, a pesar de la gravedad de la situación. Una vez más me admiró el poder de la objetividad que él expresaba de manera tan maravillosa. Era un gran maestro de la felicidad. Sabía que el secreto de la felicidad no es obtener lo que queremos, sino obtenerlo o no obtenerlo, y sentirnos tranquilos de todos modos. Lo irónico es que cuando estamos en paz, casi siempre prosperamos.

Una de las cosas que ocurren cuando desarrollamos la confianza en nosotros es que nos concentramos más en lo que queremos que ocurra y menos en lo que no queremos que ocurra. En el caso de este hombre, su atención estaba puesta en la solución y no en el problema. No tenía la menor duda de que la respuesta estaba «ahí afuera» (o sea, «ahí dentro»), y consideraba que su tarea era permitir que se revelara.

Todos tenemos esta capacidad: una poderosa sabiduría interior que puede guiarnos hacia la solución financiera ideal para nosotros, sin importar cuáles sean nuestras circunstancias. Independientemente de lo que haya ocurrido en el pasado o de lo difíciles que sean las circunstancias que enfrentemos ahora, hay una solución. Cree en ti mismo y en este proceso, y sabrás qué hacer.

24

Atrapa y suelta

Mentiría si dijera que soy pescador. Sin embargo, en esas raras ocasiones en las que salgo a pescar, practico lo que se conoce como «atrapa y suelta», es decir, atrapo un pez e inmediatamente lo dejo libre. Lo importante es la actividad y que el pez —salvo raras ocasiones en que el anzuelo penetra demasiado— se aleje nadando ileso.

Me encanta el concepto de atrapa y suelta porque se aplica a nuestra vida mental. Creo que he enseñado esta técnica más que ninguna otra a lo largo de mi carrera. Es sencilla, fácil de aprender e increíblemente efectiva para desarticular la angustia y el estrés.

Es impresionante pensar en todos los aspectos de la vida que asociamos con el estrés: la situación económica, las relaciones, los impuestos y la salud. ¿Qué me dice de los demócratas y los republicanos? Hay vecinos latosos, enemigos políticos y asuntos sociales y de justicia. También están las circunstancias relacionadas con la familia y el trabajo, por nombrar sólo algunos.

Sin embargo, ¿cuántas veces culpamos del estrés y dolor que sentimos a nuestra actitud y pensamiento? ¿Cuántas veces consideramos que son al menos un factor que contribuye a provocarlos? Si eres como la mayoría de las personas, prácticamente nunca. Casi cualquier cosa es considerada una fuente de estrés de un modo u otro, excepto nosotros.

Piensa un momento. Nuestros pensamientos, actitudes y percepciones son, por mucho, los ingredientes que determinan el nivel de satisfacción y tranquilidad. Para mí esto está totalmente fuera de duda. Pero más allá de eso, en términos generales es el único aspecto de la vida sobre el cual tenemos *algún* control. Como queda expresado en este libro, no considerar a la actitud una prioridad no sólo es un grave error, es un suicidio emocional.

En mi opinión, casi todos subestimamos el daño que nos infligimos con el pensamiento. Nuestra manera de pensar se vuelve tan imperceptible y tan «normal» que ni siquiera somos conscientes de que está ahí. No obstante, cientos de veces al día vamos de la negatividad ocasional hasta las líneas de pensamiento concluyentes que con el tiempo nos dejan apaleados.

El equivalente físico sería tomar pequeñas píldoras de veneno que minan poco a poco nuestro cuerpo. Imagina que no estás tan enfermo como para no realizar tus actividades, pero sí lo suficiente como para sentirte terriblemente mal la mayor parte del tiempo.

En cierto sentido, así vivimos en el aspecto emocional. Sin duda cumplimos con las tareas, pero nos sentimos estresados y deprimidos. La mayoría es infeliz y no se siente satisfecha ni realizada. A pesar de esto, nos concentramos exclusivamente en los factores externos. Esto carece de sentido y es completamente ineficaz.

El concepto de atrapar y soltar es increíblemente simple. Todos sabemos qué son las armas de destrucción masiva y les tememos. La premisa de atrapar y soltar es que los pensamientos negativos son como armas de destrucción personal. Todo el tiempo las estamos disparando. Sin embargo, a diferencia de las armas de verdad, no importa cuál sea su blanco, cuántas veces sean lanzados o con cuánta precisión hayan sido disparados, los pensamientos negativos, igual que un *boomerang,* siempre regresan a su fuente original. Es decir, a la persona que está disparando. No hay excepciones. Es imposible que estos pensamientos dañen a los demás o que desaparezcan al llegar a su objetivo. No importa qué tan malévolo sea el blanco o qué tan justificado haya estado el intento. No hay rutas de escape ocultas ni —para seguir con mi analogía de guerra— «fuerzas secretas» que puedan ayudar. La tecnología resulta inútil.

El primer paso para dominar el proceso de atrapar y soltar es estar absolutamente convencido de que albergar pensamientos negativos es autodestructivo. Los albergamos porque estamos acostumbrados a ello y porque nadie nos ha enseñado a actuar diferente.

El siguiente paso es prestar más atención a los pensamientos que tenemos. Sería maravilloso que bastara con leer este párrafo, pero aunque parece un proceso muy sencillo, no es tan fácil. La intención es que le sigas la pista y prestes más atención a tus pensamientos, pero te sorprenderá lo pronto que lo olvidarás. Te daré un ejemplo. Cuando empecé a practicar está técnica, solía decirme al despertar: «Hoy voy a prestar atención a mis pensamientos». Invariablemente al cabo de un minuto o dos me distraía, sonaba el teléfono o cualquier otra cosa. Lo creas o no, ¡a veces pasaban uno o dos días antes de que recordara lo que estaba tratando de hacer!

La mejor manera de evitar el olvido involuntario es definir el periodo en el que vas a trabajar. Por ejemplo, inténtalo durante media hora. Es una buena idea escribir tu propósito en un pedazo de papel y ponerlo donde puedas verlo mientras estás practicando.

Una vez que tengas un propósito, un periodo definido y una tarjeta para recordártelo, simplemente sigue con lo que estés haciendo. Puede que estés en el auto lo sentado frente a un escritorio, hablando por teléfono o viendo un partido de futbol. No importa lo que estés haciendo, siempre y cuando prestes atención a lo que está ocurriendo en tu cabeza.

Observa cómo la negatividad se introduce sigilosamente entre los pensamientos, proyectos y recuerdos normales y necesarios. Por ejemplo, puede que surja de la nada el recuerdo de un suceso doloroso o que se inmiscuya una preocupación relacionada con una fecha límite o con algún otro asunto. Esto puede ocurrir cuando vas sentado en el autobús o estás en la oficina.

Justo ayer estaba hablando por teléfono con una persona que había empezado a poner en práctica este proceso. Me dijo: «Es absolutamente fascinante. En un lapso de veinte minutos pueden pasar por mi mente veinte pensamientos de reclamo, timidez o crítica. A veces los mismos pensamientos vuelven una y otra vez». Antes de probar este ejercicio, esta persona era incapaz de identificar o de determinar la magnitud de su propia negatividad, y no es el único. Muchas personas me han dicho que es como si la negatividad tuviera vida propia. A veces es despiadada. Una de las razones por las que nos sentimos tan estresados, divididos, ansiosos, molestos y confusos es que toda esta actividad mental ocurre sin que tengamos conciencia de ella. Estamos tan acostumbrados a ella que ni siquiera nos damos cuenta de que influye en nosotros.

Al igual que en la pesca, el último paso del proceso es la liberación, la parte que proporciona alivio. Para el pez, por supuesto, es más que alivio; es la diferencia entre la vida y la muerte. Para nosotros puede ser la diferencia entre sentir resentimiento o tranquilidad, ansiedad o seguridad. Es una de las mejores maneras que conozco para llenarse de paz.

La liberación es sencilla. Después de atrapar un pensamiento o una serie de pensamientos de enojo, crítica o tensión, simplemente hay que soltar. A algunas personas les gusta experimentar con imágenes mentales como la de tomar suavemente el pensamiento en la palma de la mano y soplarle para que se desvanezca en el aire. Puedes usar el método que mejor te acomode. Simplemente hay que acostumbrarse a la idea de liberar los pensamientos en vez de dejar que se magnifiquen.

No se trata de negar los pensamientos ni de fingir que no están ahí. Tampoco de alejarlos a la fuerza. Todo lo que tienes que hacer es tomar conciencia y una vez que los atrapas, simplemente debes liberarlos. Déjalos ir.

Por lo general, las personas se sienten más tranquilas al instante. Tu sensación de urgencia disminuye, así como el número de cosas que te molestan. Una mujer me contó que durante años había perdido los estribos al ver su escritorio atestado de papeles y notas. Entonces empezó a tomar conciencia de pensamientos como «maldición, ¡odio el desorden!», «nadie me ayuda», «no puedo con todo», etcétera. Cada vez que no veía su escritorio perfectamente organizado, su cabeza se inundaba de ira y frustración.

La mujer empezó a darse cuenta de sus pensamientos. Los atrapaba en acción y luego los liberaba. Se decía, ahí viene otro, y lo soltaba. Uy, ahí viene otro más, y lo dejaba ir.

El resultado es que está mucho más tranquila. Aunque todavía prefiere un escritorio organizado a uno desordenado, ya no tiene la misma sensación de urgencia. Llega a su oficina y ve el escritorio. Si su cabeza empieza a girar alrededor de los mismos pensamientos, los atrapa y los deja ir. Luego dedica unos minutos a ordenar el escritorio para sentirse mejor.

Atrapar y soltar es una estrategia sorprendente para los sucesos trascendentales. Conocí a un hombre demandado por un amigo. El hombre estaba furioso. Me dijo que si no hubiera conocido este método o algún otro similar, seguramente habría sufrido un ataque cardiaco por estrés.

El hombre se dio cuenta de que pensaba demasiadas veces al día en el asunto de su antiguo amigo. Mentalmente justificaba su ira y su hostilidad, recordaba todas las maneras en que el otro se había aprovechado de él y tramaba su venganza. Deseaba que el otro tuviera mala salud y mala suerte. Estaba obsesionado.

La conclusión a la que llegó es la misma a la que yo llegué. Sin duda tenemos derecho a pensar lo que queramos y siempre podemos justificar por qué seguir pensándolo, pero no ganamos nada con ello. Así como un niño cuando hace trampa en la escuela sólo se engaña, así nos lastimamos cuando albergamos pensamientos de resentimiento.

Este hombre afirmó sentir una libertad que no conoció antes. Dijo que esos mismos pensamientos intentan colarse disimuladamente de vez en cuando, pero que casi siempre los atrapa y los suelta. En vez de convertirse en obsesiones, ahora son pensamientos pasajeros. En vez de pasar su vida enojado por un suceso del pasado, ha aprendido a ser feliz a pesar de lo sucedido.

Aunque es difícil establecer un parámetro, he comprobado que este método es útil en cualquier situación, independientemente de lo dolorosa que sea. Hasta donde sé, ira, decepción, congoja, celos, ansiedad, envidia y casi todos los demás sentimientos dolorosos son inevitables, pero hasta los más intensos pueden ser exacerbados por la manera en que pensamos. Cuando aprendemos a atrapar y soltar los pensamientos dolorosos, nuestro corazón se llena de una innegable sensación de bienestar y tranquilidad. Espero que esta técnica te sea tan útil como lo ha sido para mí.

25

Prepara tus respuestas y evita las sorpresas

Recuerdo innumerables ocasiones en las que no estaba preparado para hablar. Aunque eran momentos importantes, me sorprendieron con la guardia baja. En el fondo sabía que lo que quería decir era importante, pero como no lo había reflexionado, lo que salió de mi boca fue poco afortunado.

Hubo ocasiones en las que una relación estaba terminando y no sabía qué decir, así que no dije nada. Hubo veces en las que amigos o socios murieron súbitamente, y no estaba preparado en absoluto para hablar con sus padres, su familia y sus amigos. No sabía por dónde comenzar.

Hace unos años hablé con una empleada de una residencia para enfermos desahuciados. Ella me dijo que para saber qué decir en un momento difícil, al igual que para muchas otras cosas, lo mejor es estar preparado. Como resultado de esa conversación, me propuse «prepararme». Durante los meses siguientes, todos los días dediqué unos momentos a pensar en respuestas apropiadas para distintas situaciones. Me hice algunas preguntas importantes como:

¿Qué le diría a un amigo felizmente casado si de pronto anunciara que se va a divorciar?

¿Qué le diría a un padre que perdió a su hijo, o a un niño que perdió a sus padres?

¿Qué haría si un amigo, un compañero de trabajo o incluso un vecino me dijera que padece una enfermedad terminal?

¿Cuál sería una respuesta apropiada ante una contrariedad grave como el fracaso de un proyecto de vida?

Tenía por lo menos treinta preguntas de este tipo que iban de lo grave a lo inimaginable.

Descubrí que las respuestas a esta clase de preguntas no son tan importantes como preguntárselas y reflexionar sobre ellas. En otras palabras, no es posible ni conveniente ensayar lo que vamos a decir. En la mayoría de los casos, lo que se necesita es una respuesta sentida, sincera, afectuosa y espontánea.

Como ocurre con muchos otros aspectos de la vida, esta preparación no debe realizarse como si se tratara de un examen de ortografía. No se trata de memorizar información ni de formular una sinopsis. Se trata simplemente de plantar semillas de sabiduría y compasión que germinarán espontáneamente en el momento adecuado.

Una de las mejores analogías que se me ocurren está relacionada con mi vida. Cuando voy a dar una plática, siempre me preparo. Sin embargo, rara vez me apego a mi plan original y pocas veces utilizo las notas que preparé. Sin embargo, sin la preparación es más difícil que la sabiduría espontánea emerja. Aunque no lo pueda explicar, es innegable que la reflexión y la preparación hacen que el tema sea más interesante y los chistes más graciosos.

Para mí, la preparación ideal consiste en reflexionar sobre el tema y luego olvidarme por completo de los preparativos. Los coloco en el quemador secundario y confío en que estarán ahí en caso de necesitarlos. Repito: no se trata de memorizar información. No debemos presionarnos por saber exactamente qué decir en una situación; más bien debemos reflexionar profundamente en las respuestas a nuestras preguntas. Imaginamos ciertas circunstancias y dedicamos un tiempo razonable a pensar distintas respuestas.

Si algo nos confunde o nos asusta, tomamos nota de ello para comentarlo con un amigo o un experto, o consultamos un libro sobre el tema. Luego, con información en la mano, regresamos al tema y reflexionamos otra vez. La preparación no concluye con un esfuerzo; puede prolongarse por varias semanas o incluso meses. La intención es desarrollar respuestas pensadas que sustituyan reacciones desafortunadas.

Gracias a la preparación prolongada, lo mejor de nuestras respuestas compasivas se aloja en la mente mientras que el resto es eliminado. Cuando reflexionamos, la sabiduría se queda esperando en la línea de salida. Entonces, cuando es necesario, y frecuentemente en el momento crítico, una parte de esa sabiduría surge intuitivamente; sabemos cómo responder, qué decir y qué no decir.

Por ejemplo, me hice la pregunta: «¿Qué diría si un padre me hablara de la muerte de su único hijo?» Como no puedo imaginar nada más doloroso que la experiencia de ese padre, me fue difícil imaginar una respuesta.

Durante uno o dos meses reflexioné sobre lo que había aprendido de los trabajadores de hospitales y residencias para enfermos desahuciados, y de padres que habían perdido a sus hijos. También medité sobre algunos de los libros más provechosos que he leído e intenté ponerme en esa espantosa posición. Una y otra vez volvía a la pregunta.

Había dos cosas que siempre tenía presentes. La primera era la importancia de saber qué no decir. Reflexioné sobre la sensatez de no hacer las veces de maestro durante un encuentro doloroso y de evitar dar consejos. Recordé haber comprobado y leído sobre la importancia de no intentar distraer a alguien de su pena y de no tratar de racionalizar ni de explicarle la situación. La otra era la importancia de ser una fuente de amor, de estar «vacío», atento y muy presente, de estar ahí. Sin la superficialidad y la distracción de tener que seguir un protocolo o de tratar de ser útil, es posible adoptar un estado de ánimo adecuado que permita a una persona que sufre ser lo que necesita ser.

Entonces sucedió. Me presentaron a una mujer que había perdido a su único hijo en un insólito accidente. Sé que no fui de gran ayuda, pero también sé que no encendí ni exacerbé su dolor al reaccionar como si nunca hubiera pensado en el asunto. A veces lo mejor que podemos hacer es asegurarnos de no empeorar la situación. En este caso, ése fue el mérito de reflexionar con anticipación. ¿Tú qué dirías en una situación similar?

Unas semanas después, esta mujer me dejó un correo de voz que me conmovió profundamente. Todo lo que decía era: «Fue agradable conocerlo. Gracias por escucharme». Era un mensaje sencillo, pero sincero. Mientras colgaba el teléfono pensé en todas las veces que no había escuchado, por estar distraído tratando de aconsejar o de animar a alguien. También me di cuenta de lo provechoso que es dedicar por lo menos un poco de tiempo a reflexionar sobre sucesos trascendentales y dolorosos y sobre las posibles respuestas. Después de todo, si reaccionamos inapropiadamente ante cosas tan simples como que alguien que se meta en la cola o la lentitud de un cajero en una tienda, ¿cómo podríamos consolar a alguien en sus momentos de dolor? Si no hemos dedicado un tiempo a pensar en ello, no creo que podamos hacerlo.

Una de las consecuencias de este ejercicio es que cuando nos preparamos y pensamos en las respuestas, nos preparamos para muchas otras cosas, pequeñas, medianas y grandes. Por ejemplo, al reflexionar sobre lo que diríamos a un amigo que ha sido despedido de su trabajo, también estamos preparándonos para apoyar a un compañero de trabajo que está atravesando por un amargo divorcio. Aunque las situaciones y los detalles son radicalmente distintos, las respuestas posibles pueden ser las mismas; por ejemplo, la disposición para escuchar, prestar atención, brindar compasión y empatía.

También comprobé, sobre todo después de conocer a la mujer que había perdido a su hijo, que hay situaciones para las cuales es imposible prepararse completamente. Aunque el argumento de la preparación suena bien en teoría, el hecho es que muchas situaciones de la vida son demasiado complejas, confusas o dolorosas como para sistematizarlas. Las emociones están exaltadas, y las circunstancias son impredecibles y cambian rápidamente. Hay factores que no podemos prever, como nuestros sentimientos y los de los demás.

Todo esto volvió a quedar demostrado cuando una amiga me habló de su decisión de terminar una relación. Durante la época en que me había estado cuestionando pensé mucho en este tema. Imaginé una situación similar y una respuesta posible que pudiera ser de ayuda para la persona. Sin embargo, cuando ocurrió no dejó de ser incómodo y difícil. A pesar de ello, cada segundo que dediqué a pensar en el asunto valió la pena. Lo que me sirvió de la preparación fue, una vez más, saber qué no decir. Como había pasado algún tiempo meditando sobre el tema, no me lancé a darle consejos como probablemente hubiera hecho antes. No dije apresuradamente «todo va a estar bien» ni critiqué a su ex novio. De no haberme preparado para un encuentro como éste, mi respuesta hubiera sido mucho más reactiva y hubiera tenido consecuencias no deseadas.

El ejercicio de reflexionar sobre qué decir, me ayudó en otros aspectos. En concreto, acrecentó mi conciencia sobre dos importantes aspectos de la vida: la compasión y la gratitud.

Estas preguntas me hacen pensar en lo difícil que es a veces la vida. Todos nos vemos afectados en algún momento por enfermedad, divorcio, muerte, separación y otros sucesos de esta índole. ¿Cómo no sentir compasión hacia los demás sabiendo que cada ser humano tiene una historia y que cada historia tiene por lo menos algo de contrariedad, dolor y pesar? Cuando vemos a los ojos a otra persona, o incluso cuando pensamos en ella en este contexto, es fácil ser amables y considerados. Es fácil perdonar y sentir compasión. Tómate un momento, incluso ahora, mientras lees este libro, y piensa en alguien que te caiga mal o con quien estés enojado. Piensa que en la vida de esta persona hay dolor. Recuerda que aunque te haya molestado, lastimado o haya actuado con torpeza, en el fondo lo que está buscando es la felicidad. El hecho de que esté desorientada y no siga la ruta adecuada, no cambia esta verdad. Ten por seguro que su vida está o estará llena de problemas y dolor.

Si piensas en alguien bajo esta luz, ¿no es y fácil abandonar cualquier resentimiento que hayas estado albergando? No estoy sugiriendo que invites a esa persona a cenar ni que tengas que aceptarla en tu vida. Sólo estoy diciendo que sentir compasión es más fácil de lo que crees, aun cuando consideres que no la merezcan. Cuando tu corazón se llena de compasión, eres el primer beneficiado. Ira, frustración, hostilidad y estrés son remplazados por paz. No es una bonita teoría, es el resultado real de la compasión en la vida cotidiana.

Cuando medito sobre estas preguntas también me siento lleno de una sincera gratitud. Cada una de ellas nos recuerda algo o a alguien importante. Por ejemplo, cuando me pregunto: «¿Qué le dirías a un padre que acaba de perder a su hijo?», inmediatamente recuerdo que tengo la bendición de tener dos hermosas hijas. Cuando me pregunto: «¿Qué le dirías a alguien que acaba de perder su empleo?», recuerdo lo afortunado que soy al tener un trabajo que disfruto.

Prepararse es un ejercicio que brinda invaluables beneficios. Nos ofrece la oportunidad de profundizar nuestro reconocimiento del dolor ajeno y propio. Si dedicamos un tiempo a prepararnos para lo que en última instancia es inevitable, estaremos más disponibles para los demás cuando nos necesiten. También recordaremos la alegría que está presente en la vida cotidiana. Espero que este ejercicio resulte tan valioso para ti como lo ha sido para mí y que aprendas mucho de ti en el proceso.

26

Pon tu paciencia a punto

El otro día me preguntaron: «¿Qué es un milisegundo?» ¿Te rindes? Es el tiempo que transcurre entre el cambio de luces del semáforo y el sonido del claxon del auto que está detrás de ti.

No sé si te pareció gracioso, pero estarás de acuerdo en que vivimos en una sociedad increíblemente impaciente. El otro día llevé a una de mis hijas y a una amiga suya a un restaurante de comida rápida. La persona que estaba delante en la fila había ordenado comida para ocho o nueve personas. ¡Estaba molestísima porque se habían tardado casi cinco minutos en prepararle y entregarle su pedido! Caminaba de un lado a otro, consultaba su reloj y maldecía entre dientes. En medio de su frustración, intentaba convencerme de que los empleados eran unos incompetentes y que deberían despedirlos.

Podemos verlo en cualquier lado: calles, aeropuertos, oficinas, hogares, tiendas o cualquier otro sitio. Somos impacientes; nos sentimos molestos cuando algo toma más tiempo del que esperábamos. Pero en lugar de pensar en nuestra impaciencia o expectativas, nos concentramos en lo que creemos que es el problema: el mesero, el vendedor, la computadora, los hijos o la persona con la que trabajamos; en lo que sea o en quien sea. Pensamos: «Si tan sólo fueran más eficientes, yo sería más feliz.»

¡Yo no estaría tan seguro! Si la eficiencia tuviera que ver con la felicidad, todos viviríamos en un estado permanente de euforia. Es impresionante lo cómoda que se ha vuelto la vida. Parece que damos todo por descontado: computadoras, banca electrónica, comida rápida, lavanderías automáticas, autos, trenes, aviones.

A propósito de aviones, como pasajero no dejo de sorprenderme. En un vuelo de San Francisco a Nueva York, dos hombres de negocios se quejaban de lo complicado que era viajar por aire. Les molestaba particularmente que el avión hubiera despegado treinta minutos tarde y lo prolongado del recorrido. El viaje entero, incluido el retraso, duró alrededor de cinco horas y media. Eso significa que recorrimos unas 2,500 millas en menos de seis horas. ¡Imagina qué calamidad!

Desde que tengo uso de razón he escuchado que es importante cultivar la paciencia, pero hasta hace unos pocos años descubrí la conexión entre la paciencia y la capacidad de sobrellevar los problemas.

La impaciencia que mostramos al tratar con pequeñeces se hace evidente cuando tenemos que enfrentar asuntos graves. Uno de los ejemplos más dramáticos que he visto fue cuando un hombre se sentía impaciente por el tiempo que estaba tardando su padre en morir. El hombre no estaba enojado con su padre, lo que hacía que su comportamiento pareciera más extraño. Por lo menos ésta hubiera sido una explicación. Por otra parte, no estaba particularmente preocupado por los gastos que implicaba la enfermedad de su padre.

La única explicación era que el hombre estaba tan habituado a estar impaciente, era una respuesta tan automática en él, que sentía una incontrolable necesidad de seguir con su vida. Era víctima de su impaciencia. No había dedicado tiempo ni esfuerzo a cultivar la paciencia. Más bien, esperaba que el mundo cambiara y que fuera más complaciente.

Por fortuna, pocos llegan a este nivel de inconciencia. Sin embargo, muchos no estamos conscientes de nuestra impaciencia. A pesar de los elevados niveles que alcanza, rara vez escucho a alguien decir: «Necesito cultivar mi paciencia». Pareciera que no hay relación alguna entre paciencia y calidad de vida. Pero la relación está ahí, es real y es fundamental.

Para evitar pagar caro un error, se debe sembrar algo bueno y recoger los frutos después. Esto ocurre si fortalecemos la paciencia cotidianamente. Así disfrutaremos de sus beneficios inmediatos y de las recompensas a largo plazo. Al fomentar la energía y el poder de la paciencia nos volvemos sensatos y fuertes con el paso del tiempo. Cuando las situaciones son graves, estamos más preparados para enfrentarlas.

La paciencia es una cualidad que requiere determinación. Es imposible adquirir paciencia si no la consideramos una virtud y si no se convierte en una prioridad. Para experimentar paciencia primero debemos reconocer que brinda beneficios. He descubierto que es útil preguntarse con regularidad «¿me beneficiaría ser más paciente?» Estoy seguro de que contestarás que sí.

Imagina no sentirte molesto porque alguien está un poco retrasado. ¿No sería agradable relajarse mientras estamos haciendo cola en vez de caminar de un lado a otro o enojarnos? ¿Qué pasaría si en lugar de anticipar pudiéramos disfrutar lo que es? ¿Qué pasaría si las cosas no tuvieran que ser perfectas o resultar como estaban planeadas para disfrutarlas y ser felices?

La paciencia incrementa la calidad de vida. Nos permite estar plenamente en donde estamos, en vez de desear constantemente estar en otro lado. Nos permite experimentar cada momento sin la distracción mental de un apresuramiento persistente. La paciencia nos permite experimentar la vida con tranquilidad y sin prisas. Nos hace sensibles a los acontecimientos y transforma nuestras reacciones.

La paciencia recompensa de muchas maneras. Puede ayudar a un empresario a determinar el curso de acción ideal. Muchos agentes de bienes raíces y otros negociantes me han dicho que gracias a la paciencia han ahorrado y ganado cientos de miles de dólares en una sola transacción.

Es emocionante ver la paciencia que demuestran las estrellas del deporte. Aun cuando el público les grita «¡apúrate, se acaba el tiempo!», ellos esperan pacientemente la oportunidad perfecta, y con un instante extra de paciencia que puede durar menos de un segundo, ganan el juego, hacen un hoyo, encestan, lanzan el pase o lo que sea.

En la vida diaria hay cientos de oportunidades para practicar la paciencia. Un buen momento para comenzar es cuando esperamos a nuestro hijo o cónyuge para salir de la casa, o mientras aguardamos la respuesta a una llamada telefónica o correo electrónico. Una vez escuché una anécdota sobre un maestro de meditación al que recogieron en el aeropuerto para llevarlo al lugar donde debía dar su clase.

En el trayecto, él y su chofer quedaron atrapados en un terrible embotellamiento. El conductor no dejaba de quejarse y de disculparse por el tráfico, pero el instructor le dijo tranquilamente que aquélla era una maravillosa oportunidad para practicar la paciencia.

Hay que reconocer que no es sencillo conservar la calma en medio del caos y los retrasos. Sin embargo, es importante reconocer que las opciones habituales son menos atractivas. Si no le damos importancia a la paciencia es previsible que pasaremos gran parte de nuestras vidas sintiéndonos molestos y frustrados. El hecho es que la vida rara vez se desarrolla de acuerdo con nuestros planes. Recuerdo el chiste que dice: «Si quieres hacer reír a Dios, cuéntale tus planes».

Una mujer me contó la terrible experiencia que vivió cuando un amigo suyo sufrió un ataque al corazón en su departamento. La mujer llamó a la ambulancia y le indicaron qué hacer. Ella había estudiado yoga y meditación durante varios años, y le habían enseñado la importancia de la paciencia y de permanecer centrado en el momento en vez de avalanzarse hacia el futuro. Me dijo que si no hubiera desarrollado su paciencia, seguramente habría caído en el pánico y su amigo podría haber muerto.

¿Quién puede saber qué hubiera pasado? Sin embargo, su historia me recordó la importancia de tener paciencia en momentos críticos. Trátese de conservar la calma durante una emergencia, lo que nos permite escuchar instrucciones y ayudar a quien lo necesite, o de tener la sabiduría para ver cómo se desarrolla un plan financiero a lo largo de muchos años, la paciencia es un elemento clave para tener éxito y a veces para sobrevivir.

El secreto consiste en empezar poco a poco, pero hoy mismo. Recuerda que algún día tu práctica rendirá frutos. Puede ser que evites una confrontación innecesaria en el trabajo o con tu hijo adolescente, o que ayudes a alguien en una emergencia. En cualquier caso, utiliza tus experiencias cotidianas —esperar en la cola o en el tráfico, tratar con otras personas y con retrasos— como oportunidades para practicar.

Cuando sientas el impulso de reaccionar con impaciencia, intenta tomar conciencia de ello antes de que se salga de control. Siente cómo estás a punto de reaccionar, pero antes de que tu mente refuerce tu impaciencia con el recuerdo de otras experiencias o con pensamientos derrotistas sobre el futuro, vuelve al momento presente. Respira profundamente y recuerda tu paciencia.

Para muchos, lo más difícil es controlar ese primer impulso de reaccionar o de actuar con impaciencia. Sin embargo, la práctica y los refuerzos positivos hacen que cada vez sea más fácil. Si estás decidido a ser más paciente y continuas practicando, serás recompensado con una experiencia de vida más rica y con la seguridad que proporciona una mente tranquila. Inténtalo y, hagas lo que hagas, sé paciente contigo.

27

Sé todo lo que puedas ser

Siempre me ha gustado esta frase, pero suelo darle un sentido ligeramente distinto: «Sé todo lo eficaz que puedas ser», es decir, toma el control de tu vida y ponte en el asiento del conductor. Evita andar a las carreras todo el día apagando incendios y posponiendo las cosas que en verdad quieres hacer.

Pensé que sería irresponsable no incluir una estrategia sobre la eficacia en un libro sobre sucesos trascendentales, y lo pensé por varias razones. En primer lugar, situaciones graves pueden ocurrirle a cualquiera sin importar lo preparado o eficaz que sea. Podemos atribuirlo a la suerte, la sincronización, el karma o lo que sea, pero nadie está exento. Sin embargo, cuando tenemos una vida eficaz, vivimos la vida que hemos elegido. Navegamos en nuestro barco, tomamos decisiones y rara vez nos sentimos víctimas de las circunstancias. Por lo tanto, pocas veces nos arrepentimos. Si nuestra vida terminara mañana, estaríamos tranquilos sabiendo que vivimos como quisimos vivir.

Quienes vivimos vidas efectivas tenemos el valor de defender nuestras convicciones y de concentrarnos en las propias prioridades. También tenemos la disciplina del trabajo duro, posponemos algunas gratificaciones con el fin de terminar las cosas y nos concentramos en las cosas realmente importantes.

Una vida eficaz nos permite establecer prioridades adecuadamente, lo que a veces significa dejar de lado ciertas cosas. Las personas eficaces conocen la diferencia entre lo importante y lo que puede esperar. Mientras más efectivo seas para vivir, más fácil será ver el panorama completo, lo cual incluye, por supuesto, las soluciones a los problemas que todos enfrentamos. Trátese de un conflicto en el trabajo, un problema de salud, un accidente, una crisis financiera, una decisión importante, un disgusto en tu relación, una emergencia personal o la necesidad de hacerse cargo de una situación, la efectividad es la clave para llevar a buen término todo esto. Sin ella, es casi imposible.

Para enfrentar un problema es fundamental conservar la calma y elaborar un plan de acción. Ambas habilidades son consecuencia natural de ser eficaz. En otras palabras, ser todo lo eficaz que puedas ser, día a día y momento a momento, incrementa drásticamente las posibilidades de actuar adecuadamente cuando se presenten asuntos de peso. Estaremos familiarizados con cómo darle prioridad a una solución y poner en práctica un plan. También podremos hacer ajustes rápidos a los planes, algo casi siempre necesario durante una crisis o evento significativo. Ser eficaces no garantiza los resultados, pero pone las cosas a nuestro favor. Por otra parte, cuando no vivimos con eficacia, es difícil superar acontecimientos o situaciones complejas. Cuando nos preocupamos y nos enojamos por pequeñeces y reaccionamos en vez de responder, hacemos que las cosas pequeñas parezcan grandes y las grandes, imposibles.

Es importante saber que sin eficacia vamos dando tumbos. Estamos tan ocupados apagando incendios y reaccionando a cada suceso que nos convertimos en víctimas de las circunstancias. La ineficacia implica falta de habilidades de organización, previsión, disciplina y seguimiento. Así es fácil sentir que no tenemos el control de nuestra vida.

Un ejemplo simple: una persona tiene que hacer dos llamadas importantes. Sin embargo, cuando llega a la oficina encuentra que hay doce llamadas que necesita devolver y que parecen necesarias, así como una pila de papeles por revisar. Ya sabrás cómo termina la historia: cuando hace las llamadas, ya es demasiado tarde. Perdió la oportunidad. Su jefe estaba furioso porque no hizo lo importante, y él se sintió resentido y tratado injustamente por la vida. No fue capaz de entender que él había sido el único responsable de su experiencia.

Sé que es un ejemplo simplista y que normalmente intervienen más factores, pero permíteme hacer una comparación, pues en diversas circunstancias es así de simple. Un empleado eficaz hubiera llegado a la oficina y evaluado rápidamente qué era lo importante. Sin considerar lo inconvenientes o incómodas que fueran, hubiera hecho esas dos llamadas primero. Habría comprendido que eran el motor de todo lo demás. Esa persona hubiera salido de su oficina sintiendo que había hecho lo correcto, sin importar que otras cosas hubieran quedado sin hacer. Este ejemplo ilustra la conexión entre la eficacia y la autoestima.

El proceso de convertirse en una persona eficaz es más fácil de lo que piensas. Las personas que han hecho el intento me han comentado que su curva de aprendizaje es pronunciada y que las mejoras más pequeñas tienen enormes consecuencias. Algunos han aprendido a no perder el tiempo y a dejar de posponer; otros afirman que se esfuerzan menos y ganan más dinero; otros más han encontrado el tiempo para poner primero lo primero y para pasar más tiempo con sus familias. En todos los casos han descubierto que la vida puede ser mucho más tranquila de lo que solía ser. Esto se relaciona con el refrán: «Más vale maña que fuerza».

He dedicado mucho tiempo a intercambiar ideas con personas eficaces. Hay distintas escuelas de pensamiento a propósito de la eficacia, pero en mis conversaciones hay temas que surgen de manera constante.

Desde mi punto de vista, las tres claves para convertirse en una persona eficaz son: 1) Tener la mente despejada todos los días; 2) utilizar esa mente despejada para establecer prioridades y evitar distraernos; 3) dedicarnos a lo importante. Las tres están muy relacionadas. He comprobado que si me concentro en hacer estas tres cosas, mi vida fluye fácilmente y sin esfuerzo. Aun así, cumplo con todas mis responsabilidades, ¡y todavía me queda tiempo! Hay días en que me olvido de dar estos tres pasos o en que algo disfrazado hábilmente de emergencia me distrae. Cuando muerdo el cebo, mi vida se vuelve caótica.

Es esencial tener la mente despejada y concentrada. Es indispensable limpiar la mente varias veces al día y ver las cosas desde una perspectiva renovada. Algunas personas lo logran cerrando los ojos, respirando profundamente y vaciando sus pensamientos. Eso permite que se asiente el polvo, que su mente se relaje durante unos minutos y que se reorganice sin esfuerzo. Al final de este proceso, digamos unos cinco minutos después, su lista de pendientes estará elaborada con la jerarquización adecuada. Recuerda las ocasiones en que has tenido cosas importantes que hacer y te sentías nervioso por las exigencias que te llegaban de todos lados. Cuando estás abrumado y desequilibrado, difícilmente puedes hacer otra cosa que reaccionar a lo que ocurre a tu alrededor. Terminas moviéndote rápido, ¡pero no necesariamente haciendo mucho!

Hace años compartí esta idea con una madre de seis niños. Aunque ella se esforzaba y era una madre cariñosa, era ineficaz. De hecho, parecía que estuviera a punto de sufrir una crisis nerviosa. Iba apresuradamente de un lado a otro, siempre a las carreras y retrasada. Continuamente importunaba a los demás debido a su impuntualidad y a sus reacciones defensivas. Además, se sentía víctima de las circunstancias e invariablemente se justificaba diciendo: «¿No te das cuenta de que tengo seis hijos?»

Su cambio fue uno de los más sencillos y hermosos que he visto. Reconoció de inmediato las ventajas de los «reposicionamientos mentales», como ella los llamó, que le daban la oportunidad de reorganizarse, hacer ajustes y establecer prioridades. Descubrió que el mejor momento para hacerlo era en la mañana, antes de que empezara el barullo, y luego verificar unas cuantas veces al día para ver si había que hacer cambios. Así de simple. Cerraba los ojos y vaciaba su mente de ideas preconcebidas; no pensaba en el caos del día anterior ni se anticipaba al de ese día. Simplemente despejaba su mente y dejaba que todo se disipara.

Luego, mientras se sentía tranquila, se preguntaba: «¿Cuáles son las cosas más importantes que tengo que hacer hoy?», y también si había algunos cambios para que su vida fuera más fácil y tranquila. ¿Había algo que pudiera hacer de otra manera?

Para su sorpresa, las respuestas eran sencillas. Cuando estaba en un estado de caos, lo único que podía hacer era correr de una actividad a la siguiente. Sin embargo, con un estado de ánimo tranquilo era capaz de identificar qué tareas podía delegar, si podía organizarse con otras personas para transportar por turnos a los niños a la escuela, o si había actividades que podía desechar por completo. Al dar los pasos para convertirse en una persona más efectiva, esta mujer transformó su vida casi de la noche a la mañana, de un estado de frustración frenética a uno de relativa tranquilidad.

Yo no conviví con ella lo suficiente para ver cómo enfrentaba una crisis. Sin embargo, puedo especular que al ser más organizada y menos reactiva, estaba mucho más preparada para enfrentar cualquier cosa que pudiera presentarse, por ejemplo, una emergencia con alguno de sus hijos.

Al igual que esta madre de seis niños, todos tenemos la capacidad de ser más eficaces, casi de inmediato, sin importar cuál sea nuestro punto de partida.

Todos tenemos distintas vidas, responsabilidades, prioridades y metas. Por eso el proceso es diferente para cada uno. Por ejemplo, mi prioridad actual es trabajar en este libro. Cada mañana me levanto temprano y, después de una taza de café, tengo mi primera sesión para despejar mi mente. Lo que ocurre generalmente es que recuerdo que este libro es mi prioridad mientras no esté acabado. Lo mejor que puedo hacer es empezar a trabajar en él antes de hacer cualquier otra cosa. También recuerdo que habrá decenas de distracciones potenciales durante la mañana: llamadas telefónicas, correos electrónicos, cuentas, proyectos que necesitan organización, otras cosas relacionadas con el trabajo, pilas de papeles en mi escritorio, solicitudes de ayuda, etcétera. Todas estas cosas son importantes para mí, y es tentador y muchas veces más fácil concentrarse en ellas en vez de en mi prioridad.

No obstante, despejar mi mente sirve para fortalecer mi resolución y para recordarme que lo que necesito es realizar lo importante y no convencerme de que lo haré más tarde. El argumento de «haré lo importante luego» es la antítesis de la eficacia. No es más que el intento de engañarnos.

Como dije antes, cuando me concentro en mis prioridades, la eficacia me acompaña durante todo el día. Cuando concluye el tiempo que dedico a escribir me siento bien porque he cumplido con lo que me había propuesto. Entonces tengo otra sesión de reorganización. Una vez tranquilo, me pregunto de nuevo: «¿Qué es lo importante ahora?»

La respuesta será diferente para cada uno, pero clara. Para alguno puede ser momento de cambiar de actividad. Para otro puede ser tiempo de tomar un descanso de cinco minutos y regresar a lo que estaba haciendo. La clave es identificar lo importante y tener valor y convicción para dedicarse a ello. ¡No olvides poner primero lo primero!

La eficacia no es una ciencia, es un arte. Sin embargo, es divertido y satisfactorio convertirse en una persona eficaz. Es como un baile: es importante dejarse llevar y hacer cambios. Cuando estableces tus prioridades y practicas la efectividad es difícil que caigas en una rutina porque constantemente estarás buscando qué es lo importante y esto cambiará todo el tiempo.

Todos podemos mejorar mucho. Espero que tú también te propongas ser todo lo eficaz que puedas ser; ello te proporcionará recompensas en todas las áreas de tu vida. ¡Buena suerte!

28

Trata a los demás como si fueran a morir esta noche

Siempre he sido admirador de Og Mandino. Una de sus muchas ideas sabias es ésta: «Trata a los demás como si fueran a estar muertos a la medianoche. Procúrales toda la atención, el cariño y la comprensión que puedas, sin esperar nada a cambio. Tu vida no volverá a ser la misma».

Si alguna vez has perdido a un ser querido, especialmente de manera súbita, comprenderás lo importante que es esto. Cuando te das cuenta de lo frágil y efímera que puede ser la vida, es más fácil actuar con cordialidad y dulzura con los demás.

En mi opinión, una de la principales razones por las que nos mantenemos enojados o resentidos y por la que es difícil conservar la objetividad y perdonar, es porque olvidamos que la persona con la que estamos enojados podría, literalmente, morir esta noche.

Hace poco me enojé mucho con alguien y no podía olvidarlo. Un amigo me sugirió que aplicara esta filosofía a mis sentimientos por esta persona. Al poco tiempo pude librarme completamente de mi hostilidad. Si uno lo piensa, es lógico. Cuando estamos enojados con alguien, sufrimos, cargamos con la ira y tenemos que vivir con ella, sentirla y aguantarla o expresarla.

Cuando vemos a una persona (o incluso cuando pensamos en ella) y nos damos cuenta de que en verdad podría estar muerta al anochecer, las cosas toman un cariz distinto. Resulta más difícil mantenerse enojado o llenar la mente con razones para seguir resentidos. Recuerdo un seminario en el que estuve con miles de personas en un enorme auditorio. Una de las primeras cosas que dijo el orador fue: «Miren a su alrededor. Dentro de un año, algunos estarán muertos». El propósito, por supuesto, no era deprimir a los asistentes, sino poner las cosas en perspectiva, despertarnos; y eso sucedió.

Es fácil quedarnos con las quejas e insatisfacciones, y creer que si ciertas cosas o personas cambiaran, entonces podríamos ser felices. Seguimos posponiendo la vida porque siempre hay algo de lo que debemos hacernos cargo, siempre hay una persona que tiene que cambiar. «Si tan sólo se comportaran de otra manera, yo sería feliz», creemos, y aunque nunca ha funcionado, seguimos esperando que lo haga.

Uno de mis libros preferidos es *A Path with Heart* [Un sendero con corazón] de Jack Kornfield. Una maravillosa manera de vivir la vida es dando prioridad al corazón. Ello pone las dificultades en un nuevo lugar y hace más fácil perdonar y seguir adelante. Cuando el corazón no es prioridad, es tentador vivir creyendo que la meta es arreglar las cosas y manipular el mundo y las circunstancias para ser felices. Creemos, consciente o inconscientemente, que es posible tener una vida sin frustraciones y en la que nadie nos moleste o decepcione.

Para mí, vivir un sendero con corazón significa que mi objetivo es hacer frente a mi vida, incluso a los problemas y las frustraciones, con elegancia y ecuanimidad; aunque no siempre puedo hacerlo. Quiero mantener mi corazón abierto, incluso cuando los que me rodean no están dispuestos a hacer lo mismo. Quiero saber con certeza que, cuando hay ira en mi corazón, tengo la llave para dejarla ir. Es mi ira, no la del otro. Cuando siento frustración o resentimiento, soy yo quien debe perdonar. Si reconozco esto, me convierto en capitán de mi barco. Mi vida me pertenece. Me doy cuenta de que, en última instancia, lo que tiene que cambiar no son mis circunstancias sino mis reacciones. Ya no tengo que esperar a que los demás cambien para poder ser feliz. Tampoco tú.

Una de las claves para una vida plena es ver las dificultades como oportunidades para crecer y para superarlas, no como una serie de maldiciones. La idea de tratar a alguien como si fuera a morir esta noche es una manera práctica de realizar esta transición. Esta estrategia no implica tener miedo a la muerte sino mantenerse abierto a la vida. Implica estar dispuestos a confrontar las frustraciones, no con obstinación, odio o rigidez, sino con apertura y humildad. Esta apertura da libertad. En vez de sentirnos deprimidos y abrumados por enfados y frustraciones, empezamos a aceptar y a sentirnos felices y tranquilos. Nos volvemos menos propensos a abalanzarnos hacia las situaciones, huir, negarlas o a actuar de manera defensiva.

Una vez conocí a una mujer que había caído en una dinámica negativa y destructiva con su hijo adolescente. Ante la rebeldía de éste, sentía miedo, decepción e ira. El adolescente percibía la decepción de la madre y respondía con más resentimiento. Constantemente peleaban y su relación se había convertido en una guerra. Ninguno se sentía escuchado o comprendido. La mujer había leído muchos libros sobre educación de adolescentes y había hablado con varios expertos. Estos trataron de aconsejarla pero nada funcionó. Finalmente, tanto la madre como el hijo se dieron por vencidos. Sus respectivos amigos les decían que esta situación era normal. Al parecer, la mayoría de la gente simplemente se da por vencida.

Soy el primero en admitir que educar hijos es una tarea dura. Hay veces en que nos sentimos tan frustrados que difícilmente podemos pensar con claridad, ¡y al parecer nuestros hijos sienten la misma frustración! Lo que es más, ellos pueden justificar y racionalizar su decepción con tanta habilidad como nosotros. Sin embargo, cuando alguien le comentó a esta mujer la idea de «muerto a la medianoche», las cosas empezaron a cambiar. No fue como una píldora mágica, pero sí le dio una importante dosis de objetividad.

Cuando estamos atrapados en la frustración es fácil creer que la situación en la que estamos durará por siempre, y si algo va a durar por siempre es fácil justificar los sentimientos de enojo y resentimiento. Cuando vivimos con un adolescente, tenemos discusiones incesantes y enfrentamos todo lo relacionado con su crecimiento, el proceso puede parecer largo. Sin embargo, las cosas son distintas cuando reconocemos la realidad de la vida y la muerte.

El verano pasado atravesamos en auto parte del país. En cierto tramo del trayecto encontramos una serie de cruces «En memoria de» al lado del camino. Las fechas sugerían que la mayoría de las víctimas fatales eran adolescentes. ¡Qué bendición es recordar estas cosas! Inmediatamente fui más compasivo y comprensivo con las dos jovencitas que iban en el asiento trasero.

Vuelve a leer la cita de Og Mandino que está al inicio de este capítulo y presta especial atención a las últimas dos oraciones. Éstas también influyen profundamente en nuestra calidad de vida: «Procúrales toda la atención, el cariño y la comprensión que puedas, sin esperar nada a cambio». En el libro *Don't Sweat the Small Stuff... and It's All Small Stuff* escribí un capítulo llamado «Haz algo bueno por otra persona y no se lo digas a nadie». El meollo era que aunque muchos hacemos cosas buenas por los demás, casi siempre esperamos, consciente o inconscientemente, algo a cambio: elogios, un favor, mérito, una nota de agradecimiento o algún otro tipo de reconocimiento. Puede ser algo sutil, pero está ahí.

Sin embargo, hay algo verdaderamente mágico y poderoso en hacer algo amable —un favor, una atención, un regalo anónimo o lo que sea— y no comentarlo nunca, ni esperar nada a cambio. Un dicho dice: «Dar es tu propia recompensa». Es cierto. Si puedes prodigar cordialidad y dulzura a los demás aun cuando éstos no la merezcan, serás recompensado con los sentimientos que acompañan la bondad y la compasión incondicionales.

Puedo decir incluso que cuando esperamos o exigimos algo, demos a cambio nuestra generosidad. Estamos más concentrados en la respuesta que en la amabilidad. Cuando mantenemos la actitud afectuosa y la generosidad incondicional estamos haciendo lo que más necesita el mundo: propagar amor.

Por supuesto, es posible aplicar esta idea a cualquier persona con la que tengamos un problema. Ya sea que se trate del cónyuge, socio, hijo, compañero de trabajo, vecino, amigo o incluso algún desconocido, esta estrategia ayuda a ver las cosas con objetividad.

Una vez que mencioné, frente a un grupo de personas, la idea de tratar a los demás como si fueran a morir esta noche, una mujer hizo un acertado comentario: «El problema es que no podemos vivir siempre suponiendo que cada persona con la que nos peleamos va a morir. No es práctico. Es como evadir la situación». En cierto modo estuve de acuerdo con ella, lo que provocó que el diálogo continuara. Al final, el grupo llegó a la conclusión de que no se trata de suponer que todos van a morir esta noche, sino de estar conscientes de que es una posibilidad. Así podemos volver a las antiguas ideas sobre el amor. Por ejemplo, nunca vayas a dormir estando enojado con otra persona, tómate unos momentos extra para decir «te amo» y «adiós» cuando un ser querido cruza una puerta. Finalmente, cuando estás enojado con alguien y ninguno está dispuesto a ceder un ápice, da un paso atrás y recuerda lo rápido que pasa todo. Esto puede darte un poco más de objetividad, la cual te permitirá perdonar y seguir adelante.

29

Una nueva visión del estrés

Estoy seguro de que hasta los profesionales en el manejo del estrés pueden decir que tienen trabajos estresantes. La mayoría afirma lo mismo. Todos parecen creer que están bajo una enorme presión en lo personal y en lo profesional. Se culpa al estrés de muchas cosas, entre ellas de comer en exceso, fumar, beber, de la infelicidad y de los matrimonios mal avenidos.

He dado pláticas a grupos para los que parece que el estrés es una insignia de honor. Las personas se compadecen y comparan sus niveles de estrés como si se tratara de una competencia. Si una dice: «No he tenido vacaciones en cinco años», la otra afirma: «Sí, pero yo paso dieciocho horas diarias en la oficina». Muchas afirmaciones pueden parecer exageradas, sin embargo, las personas se sienten orgullosas de vivir con una enorme presión. A veces se ofenden si alguien no está estresado y lo tratan como si estuviera mal, desconectado de la realidad o como si fuera flojo.

El estrés es un tema interesante. Por un lado, como acabo de decir, las personas se sienten atraídas y hasta orgullosas;

por otro, la mayoría afirma que le gustaría tener menos estrés. He pensado al respecto y creo que si vemos al estrés desde una perspectiva distinta, podemos empezar a liberarnos de su yugo.

Por difícil que sea creerlo, el estrés no viene del exterior; lo generamos en el interior con el pensamiento. Los pensamientos nos dicen qué es estresante y qué no. Los ejemplos abundan. A un amigo mío le encanta el *snowboarding*.[1] Para él, ¡ésa es la mejor manera de relajarse! A mí me parece un pasatiempo absolutamente estresante. El médico me dijo que las posibilidades de que me lastime la rodilla con este deporte son altas, especialmente después de la lesión que me hice jugando basquetbol. Además, siempre hay otros *boarders* que vienen por detrás y pasan zumbado a los otros, ¡especialmente a los principiantes! A mí me parece difícil y peligroso. Entonces, ¿quién tiene razón, mi amigo o yo? ¿El *snowboarding* es estresante o no?

El otro día hablé con una persona sobre la necesidad del silencio. Le dije que una de las cosas que más disfruto es pasar varios días solo en silencio absoluto. Esos momentos me producen felicidad y tranquilidad. Él me dijo que eso le provocaría una crisis nerviosa. Según sus palabras, se volvería loco con esa falta de estímulos. Esta persona me pareció bastante normal. La pregunta es: ¿por qué la misma situación puede ser estresante para una persona y relajante para otra?

Otro ejemplo es el tamaño de las familias. He conocido a personas que disfrutan tener una familia numerosa, de cin-

---

[1] Deporte que consiste en deslizarse por pendientes nevadas sobre una tabla parecida a la de las patinetas. A quienes lo practican se les conoce como *boarders* (N. del T.)

co, seis o hasta siete hijos. Se sienten realizados y se divierten; se adecuan a ellos y se tienen paciencia y amor entre sí. Otras personas afirman que los niños les provocan estrés. Para ellos, la sola presencia de un niño en la habitación los hace sentir nerviosos. En este caso, la pregunta sería: ¿provocan estrés los niños? ¡Muchos afirman que sí! Si es así, ¿por qué algunas personas se sienten más estresadas que otras?

Podemos formular una pregunta similar respecto a los ingresos. He conocido a personas totalmente satisfechas que afirman que sus pequeños ingresos no les producen estrés en absoluto. Otros que ganan cien veces más, me han dicho que lo que más les provoca estrés es su falta de dinero.

He conocido a personas con mucho dinero, pero pocas parecen sentirse seguras. De nuevo tendríamos que preguntarnos: ¿de dónde viene el estrés? Si fuera necesario un determinado ingreso para sentirnos bien, ¿no tendrían que sufrir estrés todos los que no alcanzaran ese nivel? En el mismo tenor, ¿no tendrían que estar libres de estrés todos los individuos que lo rebasaran?

¿Qué me dices del tiempo que pasamos en el trabajo? Algunas personas parecen florecer en esas jornadas de doce horas y se subscriben al club GDL (Gracias a Dios que es lunes). Otros se sienten totalmente abrumados por cuatro horas de trabajo al día, y se mantienen fieles al club GDV (Gracias a Dios que es viernes). Hace poco, una mujer me dijo: «No sé cómo lo hago». A pesar de que su trabajo era de medio tiempo y no tenía hijos, se sentía completamente abrumada por sus responsabilidades. ¿De dónde provenía esta sensación de abatimiento?

Los ejemplos son innumerables. Para una persona, mudarse de casa puede ser motivo de celebración; para otra, de preocupación o incluso de una crisis nerviosa. Muchos estudios sugieren que el hecho de mudarse es inherentemente estresante. ¿Cómo es posible esto?

A mí me encanta la lluvia. Me produce una profunda tranquilidad y siempre ansío que llueva. Disfruto el sonido, el olor y la sensación general que produce. Me gustaría que lloviera durante treinta días seguidos. Por otra parte, muchas personas me han dicho que la lluvia los deprime. Incluso conozco a una que cuando se mudó de California a Oregon se sintió tan deprimida que decidió regresar por causa de la lluvia.

Mientras más pensamos en ello, más evidente se hace: en última instancia, son los pensamientos y no las circunstancias las que generan el estrés.

Es fundamental entender esta distinción porque, sin ella, las situaciones graves pueden volverse insoportables. Después de todo, hasta las pequeñeces se salen de proporción cuando creemos que nuestra salud mental depende de los acontecimientos externos. Un contratiempo pequeño como un embotellamiento o un mesero lento se convierte en una emergencia en la mente de alguien que cree que los factores externos determinan su tranquilidad interna.

Precisamente esta mañana presencié un magnífico ejemplo de esto. Después de dejar a mis hijas en la escuela, fui a la oficina postal y llegué justo a la hora en que abren. En la puerta se estaba formando una fila. Por alguna razón, los empleados se retrasaron y no abrieron las puertas a tiempo. La mayoría de las personas que estaban formadas no dieron mucha importancia al retraso de cinco o seis minutos, pero un hombre creyó que era una emergencia y montó en cólera. Caminaba de un lado a otro dando zancadas y pidiendo a todos que firmáramos una petición. Se quejaba de la incompetencia de los empleados e incluso quería hablar al periódico local para que hicieran un reportaje. De hecho, ¡parecía que le iba a dar un ataque! Luego se marchó furioso, aproximadamente un minuto antes de que una persona muy amable abriera la puerta, se disculpara y explicara de manera profesional que tenían un problema con las computadoras.

Podemos racionalizar este incidente y pensar que él era la única persona que tenía una auténtica urgencia y que por eso perdió el control, pero con esa lógica no llegaremos lejos. Varias personas que estaban en la misma fila tuvieron retrasos para sus demás compromisos y era obvio que tenían prisa. Sin embargo, su respuesta fue diferente. Después de consultar sus relojes y notar el retraso, se alejaban tranquilamente. Tal vez no les causaba gracia, como no me la causaba a mí, pero era simplemente una de esos contratiempos cotidianos, no una verdadera emergencia.

Es divertido contar historias sobre pequeñeces como ésta, pero cuando enfrentamos situaciones difíciles es especialmente importante tomar conciencia de cuándo usamos el pensamiento en nuestra contra. Ello exacerba los sentimientos de estrés y en última instancia nos vuelve menos eficaces.

El problema es que tan pronto como pensamos que el estrés viene de otro lugar que no es el pensamiento, automáticamente nos provocamos más estrés. Después de todo, hemos confirmado su existencia y ahora estamos pensando en cómo sobrellevarlo. Si pensamos que el estrés proviene de una fuente externa, tenemos que encontrar formas externas de manejarlo. Por ejemplo, supón que una persona siente que está experimentando estrés debido a la manera en que le habla su patrón, tal vez debido al tono agresivo de su voz.

Hay varias respuestas típicas a esta supuesta fuente de estrés. Por ejemplo, la persona puede quejarse y compadecerse con amigos o compañeros de trabajo. También puede gastar tiempo y energía pensando en privado, buscar orientación o leer libros sobre el tema, o considerar confrontar a su jefe y hacerle notar su molestia. Es probable que el problema la consuma, y mientras siga creyendo que el estrés proviene de su jefe, la situación parecerá desesperada.

¿Qué pasaría si el problema, el tono de voz del patrón, no cambiara? Mientras insistamos en que ésta es la auténtica fuente del estrés, estaremos atascados. Si no obtenemos el resultado que queremos, ¿cómo alcanzaremos la paz interior?

No estoy restándole importancia al problema de tener un jefe difícil ni a ningún otro problema que pudiéramos tener. Tampoco estoy sugiriendo que sea mala idea hacer algunos intentos razonables para obtener lo que queremos, lo cual implicaría, en este caso, confrontar al patrón. De hecho, sería conveniente hacerlo. Lo que estoy diciendo es que la manera en que definimos el estrés y pensamos en él tiene una gran influencia en la forma en que lo manejamos, independientemente de cuál sea su supuesto origen.

Para seguir con el ejemplo, supón que el empleado sabe que su estrés se fragua en su pensamiento. En este caso, tendría la ventaja de saber que si no es cuidadoso, puede exacerbar el problema en su cabeza, lo que le provocaría más estrés. Con ello se sentiría más frustrado, y sus respuestas y juicios se verían gravemente limitados. Esto reduciría sus opciones y se sentiría desvalido.

Si supiera que su pensamiento tiene el poder de empeorar las cosas, también sabría que con estar presente y mantener la calma podría reducir al mínimo todos los pensamientos que estallan en su mente. Sería sensible a la calidad y al contenido de sus pensamientos y no les permitiría salirse de control. Sabría a cuáles prestar atención y respondería en consecuencia. Asimismo, sabría cuáles merecen menos atención e incluso cuáles desechar. Experimentaría una sabiduría sosegada, y ésta le diría exactamente qué hacer, desde reportar o confrontar al patrón hasta dejarlo.

Si has leído otros de mis libros tal vez sepas que utilizo frecuentemente la expresión «ataque de pensamiento» para describir la manera en que el pensamiento se nutre a sí mismo. Un pensamiento lleva a otro y éste a otro. Cuando nuestra atención se fija en algo, el objeto de esa atención crece y parece adquirir más importancia. Como resultado, los sentimientos de estrés tienden a justificarse. Repito: es fundamental establecer la diferencia entre tener derecho a enojarse (el cual indudablemente posees), y complicar los sentimientos de enojo con la forma en que usamos el pensamiento (¡como cuando sufrimos un ataque de pensamiento!)

Los ataques de pensamiento son como obras de teatro que se representan en la cabeza. Empiezan discretamente y luego crecen. Mientras más detalles y atención obtengan, y más vueltas le demos al asunto, más reales parecerán. Te daré un ejemplo.

Una vez escuché una historia sobre una mujer cuya hermana la había «traicionado» al contarle a otro uno de sus secretos más íntimos. El incidente, la traición, había ocurrido casi un año atrás. El problema era que la mujer sentía como si estuviera pasando en el momento que lo traía al presente. Recordaba todas las veces que le había dicho a su hermana que no lo contara a nadie; recordaba cómo ésta le había asegurado que nunca lo diría, y cómo había confiado en ella. Cada detalle de la conversación secreta era repasado una y otra vez. Cuando pensaba en su hermana sentía rencor y ganas de vengarse.

Este ejemplo ilustra lo poderosos que son los pensamientos para mantener vivo el estrés. Sin ellos no podría existir. La única manera que conozco para desarmar este tipo de estrés es, en primer lugar, reconocer de dónde proviene: de los pensamientos. Después de todo, es imposible regresar en el tiempo y cambiar lo ocurrido y no vale la pena vivir sufriendo por decepciones.

Lo que ocurrió fue indudablemente una decepción, como lo son muchas otras cosas. Las decepciones pueden enseñarnos y ayudarnos a hacer cambios necesarios. Sería absurdo negar el dolor que hay en la vida, pero en este momento, en términos de manejarlo aquí y ahora, es útil reconocer que, en gran medida, emana de los propios pensamientos.

Es provechoso considerar el estrés como un alarma que indica que estamos haciéndolo otra vez: ¡pensando! No es que sea malo o que sea nuestra culpa. Somos seres pensantes. No es necesario dejar de pensar; sólo darnos cuenta de que estamos pensando, y el estrés es el sentimiento que nos ayuda a percibirlo.

Desde mi punto de vista, lo que esta mujer tendría que hacer para seguir adelante sería identificar los momentos en que siente resentimiento, ira o decepción. Esos sentimientos le recordarían que una vez más tiene esos pensamientos, y tal como se enseña en meditación, sólo faltaría una exclusión suave de esos pensamientos para estar de vuelta en el momento presente. Mientras más pronto pueda notar lo que está ocurriendo, más fácil le será hacer esa exclusión.

Cuando pensamos el estrés de esta forma, como una alarma, deja de ser un enemigo. Se convierte en un aliado. Así como un esguince en el tobillo indica que es momento de dejar de correr, los sentimientos de estrés pueden brindarnos importante información espiritual y emocional.

Hace años aprendí una importante lección: sé indulgente contigo. Al igual que muchas personas, a veces soy víctima de mis propios pensamientos. Tal vez recuerdo un acontecimiento pasado, como la mujer del ejemplo anterior, o empiezo a anticiparme a uno futuro. Sin embargo, he aprendido que esto no necesariamente es malo. Cuando me doy cuenta oportunamente, normalmente soy capaz de identificar qué está ocurriendo en mi interior. Entonces regreso mi atención suavemente al momento presente, al único momento en que es posible experimentar una paz auténtica.

30 Confía en el optimismo

Siempre me ha interesado el poder curativo del optimismo. De acuerdo con la situación, es una mejor opción que el pesimismo o cinismo. Para mí, el optimismo es sinónimo de esperanza y eficacia. Cuando somos optimistas podemos identificar las posibilidades y los pasos a seguir, y sentimos que las cosas mejorarán o al menos que pueden mejorar.

Cuando un ser querido está enfermo o lesionado, el optimismo da fuerza para hacer frente a la situación. Incluso cuando alguien muere, la esperanza de la eternidad da paz. Asimismo, si perdemos el empleo o tenemos dificultades económicas, el optimismo nos inspira para seguir adelante, y continuar buscando oportunidades. Durante o después de un divorcio, el optimismo es lo que convence de que vamos a estar bien y de que volveremos a amar. Cuando estamos enfermos o lastimados, el optimismo influye en nuestra capacidad para curarnos y fortalecernos. Incluso hay evidencias que sugieren que las personas optimistas viven más que las pesimistas o las cínicas.

Históricamente se ha demostrado que es preferible ser optimista la mayor parte del tiempo. Siempre ha habido personas que creen que el fin del mundo está cerca, pero siempre se han equivocado. A pesar de los aprietos y dificultades, aquí estamos. Los seres humanos somos fuertes y hábiles cuando pensamos que algo es factible; cuando somos acertadamente optimistas, ese algo normalmente se lleva a cabo.

Para volvernos optimistas es útil pensar en las enormes ventajas que ofrece serlo. Una vez que estamos convencidos de que es una manera inteligente de vivir, el camino se despeja. Después de todo, siempre ha habido personas que le niegan la posibilidad a infinidad de proyectos. Trátese de avances tecnológicos, viajes espaciales, hazañas deportivas, superación de grandes obstáculos, curación de enfermedades y otros adelantos médicos, o de la consecución de muchos otros logros, las personas negativas normalmente han estado equivocadas.

Familiarizarse con el optimismo, reflexionar sobre él y hacer de su práctica una prioridad son poderosas herramientas para la vida. Ver el optimismo como posibilidad y no como ingenuidad brinda más opciones; permite darnos cuenta de que muchas veces podemos elegir cómo responder o pensar ante cada situación. El optimismo es una actitud, y como tal influye en nuestras percepciones. Elegir conscientemente el optimismo sobre el pesimismo puede marcar la diferencia entre el éxito y el fracaso, ganar y perder, tener buen ánimo y deprimirse, seguir adelante y renunciar.

Pero eso no es todo. El optimismo no sólo se relaciona con enfrentar el futuro con una actitud de «puedo hacerlo»; también tiene que ver con respuestas en el momento presente a las situaciones comunes y cotidianas que forman nuestra vida.

Analiza la siguiente conversación de dos mujeres que estaban justo delante de mí en la tienda de abarrotes. Las llamaré Betty y April. Betty había terminado su compra y estaba esperando a que April pagara las suyas.

Betty: ¿Qué cuentas? ¿Cómo están Dan y los niños?

April: Bien, supongo. No nos hemos visto mucho estos días, siempre estamos a las carreras.

Betty: Supe que salieron de vacaciones. ¿Cómo les fue?

April: Fue un poco decepcionante. Primero habíamos pensado salir dos semanas pero teníamos mucho qué hacer. Terminamos pasando unos días en la casa rodante. Es un fastidio.

Betty: Me encanta el vino que compraste. ¿Vas a tener fiesta?

April: Si puede llamársele fiesta que vayan a la casa los compañeros de trabajo de Dan, sí. Me molesta que vengan. Se quedan hasta tarde y siempre estamos cansados al día siguiente.

Más o menos en ese punto dejé de escucharlas. April era una pesimista clásica. Cada una de sus respuestas era negativa. No supe si sólo estaba de mal humor, pero parecía que simplemente no podía sentirse satisfecha. Pensaba cualquier aspecto de la vida de manera negativa, pesimista. Nada sería suficientemente bueno porque tenía gran habilidad para encontrar las fallas. Su familia siempre andaba apresurada y por ello no podía disfrutarla; el vehículo de esparcimiento le parecía una carga; incluso veía de manera negativa el hecho de ofrecer una fiesta. Era como si su cabeza estuviera decidida a ver todo bajo una luz negativa. Es fácil imaginar lo que esa mujer pensaba de su apariencia física, del tamaño de su cuenta bancaria y de todo lo demás.

La pregunta es: ¿cómo puede ser feliz una persona como April? A juzgar por las apariencias, sería difícil mejorar la vida que llevaba. Pero incluso aunque pudiéramos hacerlo no serviría de nada. Mientras mantengamos el hábito de pensar la vida con pesimismo, será imposible que nos sintamos satisfechos.

Algo todavía más importante: cuando tenga que enfrentar situaciones de peso, ¿de qué le servirá esta actitud? Si no podemos ser optimistas ni en los aspectos positivos y divertidos de la vida, ¿cómo seremos capaces de manejar el dolor que pudiéramos sufrir en el futuro? ¿Cómo podríamos estar ahí para acompañar a los demás en su dolor?

Sin fingir felicidad, April podría gozar de una experiencia de vida más agradable si pensara con optimismo. Así como puede fijarse en el único aspecto negativo o imperfecto de una situación, podría concentrarse en los puntos positivos. En vez de describir de manera negativa sus vacaciones, y de anticipar una velada horrible y extenuante, podría concentrarse en las partes de sus vacaciones que fueron agradables. También podría aprender a anticipar una agradable fiesta con las personas de la compañía. Como de todos modos va a organizar la fiesta, podría tratar de sacarle el mejor partido. ¿Quién sabe?, ¡tal vez hasta podría divertirse! Como ya conoce los aspectos que no le gustan de la fiesta, podría hacer algunos cambios y organizarla de manera que propiciara una experiencia más rica para ella y tal vez para los invitados también.

No estoy diciendo que siempre sea apropiado, realista, prudente o deseable ser optimistas. De ningún modo. Hay innu-

merables y claros ejemplos de momentos en que sería francamente estúpido o insensato ser optimista. Cierta vez, en una
fiesta, un amigo mío bebió demasiado. Cuando tomé las llaves
de su auto para evitar que manejara, me gritó: «No te preocupes. Estaré bien». Hubiera sido tonto e irresponsable de mi parte ser optimista respecto a su capacidad para conducir.

Sería ridículo pensar que podemos realizar una larga expe-
dición al desierto sin tomar agua. Imagina lo que sería tener el
suficiente optimismo para retirarnos sin haber ahorrado nada.
Piensa si sería prudente ser ciegamente optimista con respecto
a tu matrimonio si tu cónyuge tiene varias aventuras amorosas.

Pensemos ahora en asuntos de negocios. ¿Te gustaría que
tu contador o tu asesor financiero fuera optimista respecto a
tomar un absurdo riesgo financiero o a realizar deducciones
poco éticas o ilegales? ¿Qué me dices de los tesoreros, banque-
ros, directores financieros y otras personas típicamente con-
servadoras del mundo de los negocios? ¿Deberían cambiar y
ser demasiado optimistas? No lo creo. Podría continuar y con-
tarte historias horroríficas sobre personas que cayeron en desgracia debido a un optimismo torpe y gratuito.

Tal vez lo más desacertado o cruel que podemos hacer
por una persona que ha sufrido una tragedia o una pérdida
personal es exhortarla a ser feliz o a pensar que todo va a
estar bien. Aunque éste es el mensaje que en última instancia
queremos comunicar, hacerlo en el momento equivocado
puede ser peor que no hacer nada.

Nada de esto tiene que ver con lo que estoy proponiendo.
Defiendo el optimismo cuando hay una elección evidente y
racional entre dos maneras de considerar una situación. Por
ejemplo, nadie en su sano juicio te sugeriría que fueras cie-

gamente optimista respecto a que tienes suficiente dinero para tu retiro, con la vieja actitud de «no te preocupes». Por otra parte, si tienes cincuenta años de edad y apenas piensas en ahorrar, puedes elegir entre pensar «no vale la pena. Nunca pude ahorrar antes. ¿Qué caso tiene?», o puedes pensar «éste es el mejor momento para ahorrar. Sé que puedo hacerlo».

Podemos aplicar el mismo principio a cualquier situación que estemos enfrentando. Si tu hijo adolescente está tomando drogas, puedes convencerte de que «es caso perdido», o decirte y creer que tú y tu hijo pueden hacer y harán todo lo que sea necesario para resolver este problema.

Uno de los aspectos más interesantes y esperanzadores del optimismo es que mientras más pensemos y aprendamos de él, más evidente resulta que podemos aprender a ser optimistas. Estoy convencido de que podemos convertirnos en saludables optimistas aun cuando no esté en nuestra naturaleza serlo. He conocido a personas que se describían como extremadamente pesimistas y que se han vuelto optimistas. Curiosamente, esta transformación de pesimista a optimista se originó en su interior de manera autónoma. En otras palabras, no hubo una razón específica para que se volvieran súbitamente optimistas. Ninguno ganó la lotería, heredó una fortuna de un pariente lejano ni se vio favorecida por ningún otro golpe de suerte. Más bien, algo cambió en su interior. Comprendieron que estaban «empezando la casa por el tejado». Se dieron cuenta de que la manera en que elaboraban en su cabeza ciertas situaciones, la manera en que las pensaban y las percibían, influía en el resultado.

Helen perdió todo en un terrible incendio. Cuando digo todo, es todo. Como el incendio ocurrió en la oficina que tenía en su casa, también destruyó su negocio y todos los archivos de éste. Todas sus fotografías se perdieron y sus mascotas murieron.

Ella estaba deshecha, pero no acabada.

Como nos ocurre cuando enfrentamos un suceso doloroso, su mente estaba ante una encrucijada. Sus pensamientos fácilmente podrían haberse concentrado en el aprieto casi insoluble en el que se encontraba, y sin duda podría parecer justificado.

Pero ella eligió otra ruta. Decidió que no se dejaría derrotar. Se comprometió a no sentirse abatida, pero tampoco a sepultar sus sentimientos ni a actuar como si nada hubiera pasado. Se dio cuenta de la suerte que había tenido al no estar en casa cuando ocurrió el accidente. Todos los días recordaba lo afortunada que era de estar viva y que iba a hacer de ese día el mejor día posible. Su estrategia consistía en ver con optimismo cada día. Creo que ése es un método brillante que podemos aplicar en otras circunstancias.

Hace poco escuché una frase extraordinaria: «Las circunstancias no hacen a las personas; las revelan». Creo que las personas optimistas —lo sean de manera intuitiva o gracias a un entrenamiento de su mente— entienden esto. Cuando ocurre algo desagradable o doloroso aplican esta filosofía lo mejor que pueden. Por su parte, los pesimistas, seguramente sin darse cuenta, invierten esta filosofía y piensan: «Las circunstancias son todo». Cuando pasa algo malo, ellos lo esgrimen como demostración de lo que han creído siempre: es improbable que las cosas tengan éxito.

Aparte del débil argumento de «sólo soy realista», siempre me he preguntado cuáles son las ventajas del pesimismo. ¿Qué bien nos hace? El pesimismo nos mantiene deprimidos y concentrados en la derrota; drena nuestra energía y desplaza la esperanza. Como es difícil convivir con personas pesimistas, éstas terminan por rechazar a los demás. El argumento final contra el pesimismo es que, en gran medida, los pensamientos determinan la manera en que nos sentimos. Si nuestro pensamiento es cínico y pesimista, ¡es como si tratáramos de convencernos de que es correcto sentirnos mal!

Aunque estemos acostumbrados a pensar las cosas pequeñas y grandes de manera negativa, estoy convencido de que todos podemos cambiar la forma en que vemos la vida. Considera los siguientes tres pasos, que creo que son claves para realizar esta transición.

Primero que nada, reconoce que tiendes a pensar de manera pesimista. Está demostrado que el primer paso para superar cualquier problema consiste en identificarlo y admitirlo. Trátese de alcohol, tabaco, ira, comer en exceso o ser demasiado críticos, antes de intentar resolver cualquier problema debemos reconocerlo. Esto tal vez requiera un poco de humildad, pero sin duda vale la pena.

Pensar en el «vaso medio vacío» no es más que un hábito mental reforzado miles de veces a lo largo de la vida. Recuerda el ejemplo de April. Tal como ella, todos podemos aprender a pensar de manera positiva si nos lo proponemos. Empieza prestando atención a los pensamientos que cruzan tu cabeza, en especial a las respuestas automáticas para las cosas que ocurren y lo que dice la gente. Cuando te sorprendas pensando de manera pesimista, desafíate a ver la situación desde otra perspectiva. Incluso puedes decirte: «Ahí está ese hábito otra vez». Prueba algo nuevo, una respuesta más positiva. Te sorprenderá lo rápido que puedes sustituir este hábito y lo luminosa que te parecerá la vida inmediatamente.

Como segundo paso, recuerda que tú eres quien piensa tus pensamientos. Los pensamientos y respuestas pesimistas que cruzan tu mente han sido creados por ti, ¡el señor de los pensamientos! Cuando pienso «no puedo hacerlo», soy yo, Richard, el que ha elaborado el pensamiento; si señalo un punto débil en el argumento de otra persona sólo para tener la razón, son mis pensamientos los que han producido esa negatividad. Por más sencillo que parezca, así es. Yo soy el que creó el pensamiento, y soy el único que puede cuestionarlo. Puedo darle menos importancia o incluso desecharlo. Si soy capaz de crear pensamientos negativos, también puedo crear optimistas. No estoy diciendo que siempre sea inadecuado corregir a alguien o señalar errores; sólo digo que es un hábito autodestructivo.

Como tercer paso, sé indulgente contigo mismo. Estoy seguro de que pocas personas se hacen daño a propósito, y sin duda éste es el caso del pensamiento pesimista. Es muy comprensible, si vemos alrededor. Después de todo, hay mucho dolor en el mundo y en la vida de cada uno. Es fácil caer en el hábito de ver lo que está mal, pero no lo hacemos porque queramos deprimirnos; simplemente caemos de manera totalmente inocente.

Es importante recordar que también hay mucha belleza en el mundo. Hay muchas razones para sentirnos agradecidos y esperanzados. Lo esencial es que, en términos generales, el que busca encuentra. Si buscas pruebas de la fealdad del mundo, las encontrarás porque ahí están. Si estás decidido a ver la belleza y las bendiciones, las verás porque también están ahí.

Si te sorprendes pensando de manera negativa incluso después de que te has propuesto ser optimista, no hay problema. Ve la inocencia que está detrás del pensamiento negativo. Aprende a verlo con humor y a verte a ti mismo como un personaje. Así, cuando el pesimismo se introduzca sigilosamente en tu pensamiento y en tus conversaciones, podrás decir: «Te atrapé otra vez». Luego, con suavidad, déjalo ir e intenta ver la misma situación de manera optimista. Si lo intentas, ¡descubrirás que no es tan difícil! No tiene que ser algo grande, sino un proceso que con el tiempo se hace automático. No sé tú, pero soy optimista respecto a la posibilidad de que te vuelvas optimista, ¡si te decides a serlo!

31

Cultiva la compasión

Es fácil restarle importancia a la fuerza de la compasión. A todos nos parece una buena idea pero difícil de poner en práctica. He escuchado a muchas personas decir cosas como «Me gustaría ser más compasivo, pero ¿qué puedo hacer?» Otras preguntan: «¿Realmente servirían de algo mis acciones?»

He comprobado que no hay nada que prepare mejor para enfrentar los asuntos de peso que el cultivo de la compasión. Es mucho más que una idea noble; es una manera práctica de hacernos fuertes, prudentes y confiados, así como de incrementar la capacidad de recuperación. El desarrollo de la compasión también garantiza que, cuando nuestros seres queridos nos necesiten, estaremos preparados para dar. La compasión ayuda a sobrellevar las partes más difíciles, atemorizantes y dolorosas de la vida con valor, ternura y amor. Incluso si no te importaran los aspectos altruistas y humanitarios de la compasión y tu único objetivo fuera prepararte egoístamente para tiempos difíciles, aun así te diría que lo mejor que puedes hacer es cultivar tu compasión. Así de poderosa es.

Cierta vez, durante un retiro, escuché una hermosa historia sobre un estudiante de meditación que quería que la compasión formara parte de su vida cotidiana. Él vivía en un departamento de una ciudad grande, y al pie de las escaleras del edificio vivía un hombre sin hogar.

Durante mucho tiempo, como la mayoría de las personas, el estudiante pasó al lado del indigente sin hacer contacto visual. Unas pocas veces le había dado unas monedas, más por remordimiento que por otra cosa. Fuera de esas ocasiones, no pensaba en el hombre. No es que fuera malo o cruel, sólo era indiferente.

El estudiante se dio cuenta de que debía abrir su corazón a los demás seres humanos, no sólo en teoría sino en la vida real, cotidiana. También decidió que una magnífica manera de empezar sería con el indigente.

Un día salió por la puerta y vio al hombre directamente a los ojos, como si se tratara de un amigo. El indigente se sintió incómodo y bajó la mirada inmediatamente. Sin embargo, la puerta de la compasión se había abierto. Pasaron semanas y semanas, y cada día el estudiante de meditación pasaba junto al hombre tratando discretamente de establecer contacto visual. Cada mañana al salir le preguntaba cortésmente: «Buenos días. ¿Cómo amaneció?», y cada noche al regresar le preguntaba: «¿Cómo estuvo su día?»

Con el tiempo, su amabilidad rindió frutos. Poco a poco, el hombre salió de su caparazón y empezó a devolverle la mirada, incluso a sonreír en ocasiones. Finalmente, después de mucho, empezó a contestar las preguntas. Decía cosas como «estoy bien esta mañana, ¿y tú?», y por la noches «estoy mejor que en la mañana. Muchas gracias». Su confianza estaba aumentando. Aquello se convirtió en un ritual que el estudiante disfrutaba mucho. Ansiaba sinceramente ver a su «amigo», y también se le facilitaba ser amigable con otros desconocidos.

Un día, el hombre desapareció sin dejar rastro. El estudiante se sentía triste y se preguntaba qué podía haber pasado. Los días y las semanas pasaban y él seguía extrañando al hombre. Sin embargo, al cabo de un tiempo el recuerdo se desvaneció, y continuó con su vida.

Cierto día, meses después, el estudiante iba caminando hacia su edificio después del trabajo. Ahí estaba sentado un hombre que inmediatamente se puso de pie para saludarlo. El estudiante no lo conocía, pero se le hacía vagamente familiar.

El hombre estiró la mano y dijo:

—Lamento molestar, pero tenía que regresar a darle las gracias.

—¿Agradecerme? —dijo el estudiante—, ¿agradecerme de qué?

—Verá —dijo el extraño—, yo solía vivir aquí, debajo de estas escaleras. Estaba tan avergonzado de mí y tenía tan poco respeto por mi persona que nadie me conocía realmente. Desde que tengo memoria, nadie había sido amable conmigo. Nadie se atrevía a mirarme ni a darme la hora. No tenía amigos ni respeto por mí, pero un día empezaste a tratarme con amabilidad. Con el tiempo me di cuenta de que si tú podías ser amable y respetuoso conmigo, tal vez yo también podría serlo.

Entonces me fui a buscar trabajo y un lugar donde vivir. Compré ropa nueva y mi vida ha cambiado. Y ¿sabes algo?

Todo es gracias a ti. Tu amabilidad y tu deseo de respetarme y de ser amable conmigo cambió mi vida. Sólo quería decirte gracias.

Cuando contaron esta historia hubo un hermoso silencio y lágrimas en el auditorio. Se trata de una historia maravillosa por varias razones. Primero, demuestra lo increíblemente fácil que es ser compasivos en la vida cotidiana. Cuando se convierte en parte de nuestra naturaleza, hasta los aspectos más elementales de la vida adquieren un profundo significado; en este caso, algo tan simple como hablar con otro ser humano. Por supuesto, ése ser humano no tiene que ser alguien sin hogar. Puede ser cualquier persona.

En segundo lugar, el relato muestra la influencia que puede tener en la vida de otra persona un simple gesto de amabilidad. En *No te ahogues en un vaso de agua. Sólo para adolescentes* conté la historia de una adolescente que trabajaba en un refugio para animales. Trabajaba ahí porque amaba a los animales y normalmente hacía un esfuerzo extra por encontrarles hogar. Desgraciadamente, al igual que en muchos otros refugios, si no se les encontraba casa, los animales eran sacrificados.

Un día un amigo fue al establecimiento para recogerla cuando terminaba su turno. Ambos iban a ir a una fiesta. Aunque su amigo estaba intranquilo y tenía prisa, la adolescente le dijo que tenía que hacer una llamada más. El día anterior había visitado el refugio una mujer que estaba considerando adoptar a Charlie, un dulce perro mayor que no tendría otra oportunidad de encontrar un hogar. El día siguiente sería el último para él. El amigo de la joven le decía «¡vámonos, ya es tarde!», pero ella contestaba: «Ten paciencia. Tengo que hacer esto por Charlie». Al cabo de unos minutos el amigo perdió totalmente la paciencia y prácticamente le gritó: «¡Ya apúrate y olvídalo! Hay demasiados animales aquí como para que puedas hacer algo». En ese momento escuchó a su amiga decir: «Muchísimas gracias señora Wright. Sí. Aquí la espero mañana para que lo recoja». Mientras colgaba el teléfono, la chica sonrió a su amigo y le dijo: «¿Por qué no le dices a Charlie que no puedo hacer algo?»

A lo largo de los años he escuchado decenas de historias similares sobre personas que hacen mucho sin alterar en absoluto sus vidas. Estoy seguro de que recuerdas momentos de tu vida en que hiciste feliz o ayudaste a alguien por el simple hecho de hacer lo correcto. Como resultado, te sentiste tranquilo y seguro. Creciste como ser humano, y diría que te preparase para el futuro.

La compasión es uno de mis temas favoritos, por lo que no es coincidencia que hable mucho de ella. En esas ocasiones he notado algo muy conmovedor: cuando pido a las personas que me cuenten algunos de sus momentos más memorables, las respuestas suelen ser similares. Cuando reflexionan sobre sus recuerdos predilectos, la mayoría me cuenta actos ordinarios de amabilidad o paciencia, como en los ejemplos anteriores del estudiante de meditación y de la adolescente.

Las personas sonríen cuando recuerdan la vez que cedieron su asiento en un vuelo a un completo desconocido para que éste pudiera llegar a tiempo a la fiesta de cumpleaños de su hija. He visto llorar a un padre cuando se enteró de que su hija había compartido su almuerzo con alguien que había olvidado el suyo y tenía hambre. ¡Yo tuve la misma reacción cuando mi hija hizo lo mismo! Una persona me dijo que su recuerdo favorito era la ocasión en que había defendido a una vendedora en una tienda departamental. Era una mujer mayor a quien un grupo de clientes impacientes estaba gritando e insultando. El hombre calmó la situación y ella estaba tan agradecida que se soltó a llorar. Aunque él administraba un próspero negocio y seguramente tenía muchos recuerdos maravillosos, éste era el que más le enorgullecía. Una y otra vez comprobamos que son los pequeños actos compasivos, todos juntos, los que influyen más en las personas.

Siempre estamos influyendo en los demás, cada día. La manera en que manejamos en el tráfico y nos comportamos en la tienda de abarrotes influye en otros. Cada vez que sonreímos a alguien que está teniendo un mal día o un buen día, estamos influyendo en ella. Cada vez que tomamos una decisión ética en los negocios o donamos nuestro tiempo, energía o dinero, influimos en alguien. Cuando actuamos con cordialidad y dulzura, también influimos en los demás.

La compasión también incluye cosas como aprender a escuchar mejor. Cuando sin emitir juicios hacemos a un lado los pensamientos sentenciosos y críticos podemos permitir a los demás que sean lo que necesitan ser. Por el simple hecho de escucharlos les ayudamos a desarrollarse al máximo. Esto es importante no sólo porque es cortés y amable, sino porque nos prepara para cosas más grandes. Imagina lo valioso que es saber escuchar cuando hay una emergencia o situación difícil. Piensa en lo útil que es ser capaz de ver y escuchar claramente, sin juicios de por medio. ¿Cuánto aumentará nuestra eficacia cuando veamos las cosas como realmente son? Tendremos una increíble y poderosa perspectiva, pero para ello hace falta practicar la compasión en nuestra vida cotidiana.

Una de las formas más notorias de la compasión en la vida diaria es la paciencia. ¿Eres paciente cuando alguien tiene dificultades? ¿Eres indulgente si alguien comete un error o demuestra que es un ser humano? A todos nos gusta estar con personas pacientes; son prudentes y poco reactivas. ¿Has pensado en lo imprescindible que es ser pacientes cuando enfrentamos situaciones graves? ¿Alguna vez has permanecido al lado de una persona que ha estado enferma durante mucho tiempo? Ello requiere una paciencia afectuosa.

Imagina cuánta paciencia te haría falta si cayeras enfermo. ¿Alguna vez has enseñado a personas con problemas de aprendizaje? Eso también requiere paciencia. ¿Qué pasaría si algún día tuvieras que aprender una nueva habilidad? La paciencia es la clave. ¿Alguna vez te has enfrentado a problemas logísticos o a la burocracia después de una tragedia como un incendio o un terremoto? Más te vale que seas paciente. Éstas y casi todas las demás tareas arduas de la vida requieren mucha paciencia. Cuando somos pacientes y compasivos con los demás, y con el mundo en general, literalmente nos estamos preparando para la vida. Hay miles de oportunidades para practicar la paciencia todos los días. Imagina que te interrumpieran en este momento. ¿Podrías recordar ser paciente?

La compasión es contagiosa. Cuando actuamos compasivamente los demás tienden a imitarnos. Por ejemplo, después de que escuché la historia del estudiante de meditación empecé a ser más amable y a establecer más contacto visual con los desconocidos. Descubrí la humanidad compartida que existe entre nosotros. No estoy diciendo que debamos correr hacia las personas y abrazarlas; simplemente se trata de ser amables y respetuosos.

Una de las consecuencias más notables de la compasión es la fortaleza interior que se desarrolla. Por ejemplo, si hablas con empleados de residencias para enfermos desahuciados, muchos te dirán que el trato con estas personas les ha ayudado a hacer frente a su propio dolor y miedo. Cuando se enfrentan con su propia muerte, o con la muerte de un ser querido, tienen más fortaleza interior para hacerle frente. Si hablas con personas que trabajan en favor de causas maravillosas —el bienestar de indigentes y pobres, los derechos de niños, ancianos, animales o el ambiente— muchos te dirán que el tiempo que dedican a esa labor es más provechoso para ellos que para las personas o las causas que intentan apoyar.

Esto es porque la compasión posee una serie de recompensas inherentes. Dar es su recompensa. Siempre regresa con intereses. A veces vuelve como un sentimiento de paz y satisfacción; otras, en forma de sensatez o confianza.

Una de las cosas que vienen con la compasión es una sensación de calma interior. Si alguna vez tienes el privilegio de ver al Dalai Lama, una de las primeras cosas que notarás, aparte de su casi permanente sonrisa, es su evidente sensación de comodidad consigo mismo. Es capaz de enfrentar hasta los más dolorosos aspectos de la vida con gracia y ecuanimidad; y es capaz de conservar la objetividad e incluso el sentido del humor en los momentos difíciles. La impresión que da es la de una bondad absoluta.

Muchos testimonios sobre la Madre Teresa son similares. Ella tenía una apacible confianza que le permitía ayudar a la humanidad sin debilitarse ni venirse abajo. A pesar de ser una persona físicamente pequeña, tenía un enorme corazón y una decisión a toda prueba. Trabajó incansablemente con algunas de las personas más pobres del mundo, y trataba a cada una con el mismo respeto y amabilidad que empleaba al convivir con jefes de Estado.

No estoy sugiriendo que tratemos de ser como el Dalai Lama o la Madre Teresa. Son dos personas extraordinarias que desarrollaron su manera de practicar la compasión en la vida diaria. No obstante, son magníficos ejemplos de lo que es posible.

Todo lo que tenemos que hacer para cultivar la compasión es hacer exactamente lo que estamos haciendo ahora, sólo que con más conciencia. Necesitamos recordar nuestra humanidad y recordar que los sentimientos más serenos emanan de los actos de bondad y paciencia. En prácticamente todos los actos existe el potencial de la compasión y la bondad. Todo lo que tenemos que hacer es agregar una pequeña dosis de intención para ser más compasivos, y el resto vendrá solo. Es parte de nuestra naturaleza. Cuando fomentamos esta parte de nuestro ser nos sentimos completos y vigorizados, tranquilos y serenos.

Al analizar nuestro pasado, dos de las preguntas más importantes que tendríamos que hacernos serían «¿Fui generoso?» e «¿influí positivamente?» En mi opinión, estos son lo logros más grandes que podemos alcanzar en este mundo. Afortunadamente todos tenemos el potencial para ser compasivos, siempre y cuando lo hayamos decidido. La generosidad es una característica intrínseca a todos; todos podemos encontrar algo o alguien a quien amar; todos podemos ser de ayuda y, por lo tanto, brindar algo positivo a este planeta.

Existe una infinidad de maneras de incorporar la compasión a nuestra vida diaria. Son ilimitadas. El objetivo es que la compasión sea una respuesta tan automática y que forme parte de nosotros de tal manera que no podamos evitarla. No es necesario esforzarse demasiado ni hacer mucho. Como dijo la Madre Teresa: «No podemos hacer grandes cosas en este mundo, sólo cosas pequeñas con mucho amor». Sin embargo, esas pequeñas cosas son la manera en que nos preparamos para enfrentar las cosas graves en esta vida.

32

Escucha tu mundo

Quisiera compartir contigo uno de mis recuerdos más preciados y reconfortantes. Era adolescente y había terminado con mi novia. Mi corazón sufría; estaba desecho, deprimido y confundido. Era un día lluvioso. Estaba sentado afuera y no me importaba mojarme.

Mi madre, Barbara, se dio cuenta de lo que pasaba; salió y se sentó a mi lado bajo el aguacero. Me abrazó y me dijo que me amaba. En ese momento prácticamente fui el único en hablar. Ella escuchaba, escuchaba y escuchaba.

Fue sólo cuestión de tiempo para que empezara a sentirme mejor. El poder curativo de ser escuchado había surtido efecto. Mi recuperación había tenido poco que ver con lo que ella había dicho y todo que ver con la manera en que me había escuchado.

En ese doloroso momento de mi vida, podría haber hablado con los más grandes expertos en relaciones humanas, pero no habría servido de nada. Consuelos, sermones, ánimos, exhortaciones y cualquier otra cosa hubiera sido inútil. Lo mismo puede decirse de orientaciones psicológicas, discusiones, grupos de apoyo o amistades. Nada iba a ayudarme porque lo que necesitaba era ser escuchado. Lo fui, y eso me ayudó.

Desde ese momento sentí mayor respeto, amor y aprecio por mi madre. He tratado de recordar esta importante lección desde aquella vez. He descubierto que cuando alguien está sufriendo, lo mejor que podemos hacer es escucharlo. Desde aquella memorable experiencia con mi madre he presenciado y participado en cientos de situaciones que refuerzan la misma lección, pero hay una que resalta entre todas.

Ocurrió mucho antes de los sucesos del 11 de septiembre de 2001. Estaba formado para abordar un avión y la persona que estaba frente a mí estaba muy enojada. El vuelo se había retrasado varias horas y era obvio que este hombre había experimentado demoras similares en sus viajes anteriores.

Sin embargo, al parecer no le importaba que la razón de la tardanza había sido un problema técnico. Los mecánicos estaban trabajando en el asunto.

Mientras estaba formado empezó a decir algo entre dientes al vendedor de boletos. Su voz se escuchaba molesta, nerviosa, y para ser sincero, un poco atemorizante. Farfulló algo sobre demandar a la compañía y luego empezó a atacar verbalmente a las personas de la industria de las líneas aéreas. El hombre estaba tenso y temblaba de rabia. Aunque no amenazó a nadie en específico, sí utilizó un lenguaje grosero, violento y ofensivo. Varios tomaron sus cosas y se alejaron, molestos y asustados. No sé cuál sea la definición de «furia aérea», pero estoy seguro de que ésta era su versión en tierra.

En vez de decirle que se callara o confrontarlo de alguna forma, lo miré serenamente a los ojos y lo escuché. Traté de hablarle con tacto y de sonar lo menos doctrinal posible: «Parece que has pasado días difíciles en el aire. Es pesado viajar frecuentemente, ¿no crees?»

Inicialmente su respuesta no fue otra cosa que una mayor agitación, y no la que yo esperaba. En tono malhumorado y antipático me dijo: «¿Y a ti qué te importa?»

Tratando de no usar un tono defensivo, le contesté: «Yo también he sufrido varios retrasos últimamente». Luego le pregunté: «¿Adónde vas?»

Resultó que por el retraso se había perdido la fiesta de cumpleaños de su hijo. Para agravar la situación, su jefe le había asignado esa tarea en sustitución de otra persona que estaba enferma y no podía viajar. Tenía muchas otras quejas.

El tiempo pasó rápidamente mientras él me contaba buena parte de su vida. No tardó mucho en relajar su puño y dejar a un lado su portafolios. Su lenguaje corporal se hizo menos agresivo y el volumen de su voz disminuyó.

Creo que esta historia es valiosa porque no soy un negociador profesional ni trataba de ser el héroe ni de curar a nadie. Hay ocasiones en las que reacciono exageradamente, tanto o más que la persona que está al lado. En este caso era una persona cualquiera esperando su turno para subir a un avión. Todo lo que ocurrió fue que mi instinto me dijo que lo más conveniente, dadas las circunstancias, era permanecer tranquilo y escuchar.

No estoy disculpando el comportamiento de este hombre, e independientemente de sus problemas personales, no tenía derecho a sacar su frustración de la manera en que lo hizo. Su conducta fue inexcusable. Sin embargo, hay veces en que la confrontación enardecida, la fuerza física, los murmullos de disgusto, los comentarios a espaldas de las personas o incluso los juicios, sólo sirven para agravar una situación de por sí desagradable.

Por supuesto, cada situación es distinta. Después de los ataques terroristas, yo hubiera entregado a este hombre a un agente de seguridad. De cualquier forma, de no haber sido yo, otro pasajero lo hubiera hecho. Sin embargo, todo lo que necesitaba que lo escucharan.

Me pregunto cuántas personas sólo necesitan ser escuchadas. Cuando nuestro cónyuge o pareja está expresando una queja, ¿realmente quiere una solución o simplemente necesita compartir su frustración con alguien dispuesto a escuchar y que no haga juicios? Recuerdo una ocasión en que me sentía muy infeliz y frustrado en mi matrimonio. Había varias cosas que me molestaban y que había estado rumiando durante algún tiempo. Me parecían muy serias y no sabía qué iba a pasar.

Kris me pidió que le dijera qué sucedía. Me sentí tan bien de hablarlo que lloré. Debo haber hablado durante quince o veinte minutos antes de que ella dijera una palabra. Después, todo lo que dijo fue: «Parece que es reconfortante hablar de esto». No había ni rastro de provocación en su voz. No se puso a la defensiva ni se puso a discutir. Simplemente me permitió expresar mis preocupaciones y ser escuchado.

Mi mente se tranquilizó y mis temores desaparecieron. Ira, frustración y confusión se desvanecieron y mi amor por Kris se fortaleció. Fue el acto de escucharme y no sus palabras lo que me confirmó su amor por mí.

No pude evitar pensar en todas las personas que he conocido que ansían una conversación similar con su pareja. Por desgracia, en lugar de un flujo de información sincero de corazón a corazón, casi nunca se escuchan realmente. Invariablemente prevalecen las actitudes defensivas y las respuestas desproporcionadas.

No tengo manera de comprobarlo, pero creo que un gran porcentaje de los problemas que enfrentamos tienen que ver, al menos un poco, con el sentimiento de no ser escuchadas. Muchos adultos, adolescentes y niños me han dicho: «Nunca me escuchan». Cuando alguien actúa de manera anormal o violenta, muchas veces pienso en lo distintas que hubieran sido las cosas si esa persona se hubiera sentido escuchada.

Una vez escuché a alguien decir: «Dios nos dio dos orejas y una boca; deberíamos escuchar por lo menos lo doble de lo que hablamos». ¿Cuántos seguimos esta pauta?

¿Cuánto aumentaría nuestra eficacia como padres si dedicáramos más tiempo a escuchar y menos a sermonear? Es más fácil decirlo que hacerlo, pero el resultado sería una mejor comunicación entre padres e hijos. Habría menos resentimiento y más risas y apertura. Nunca en toda mi vida he escuchado a un niño decir «¡Mis padres me escuchan demasiado!» Siempre dicen lo contrario.

La misma «ciencia de escuchar» se aplica al trabajo. Siempre me asombro cuando un dependiente realmente escucha lo que digo. Por desgracia, es la excepción más que la regla. Cuando a los clientes nos escuchan, compramos los productos y servicios. Nos inspiran confianza. Cuando a los empleados y compañeros de trabajo se escuchan, se llevan mejor entre ellos y trabajan mejor como equipo.

Escuchar proporciona información sobre el mundo que nos rodea. Además de ayudarnos a «leer» a las personas, llevarnos con los demás y resolver conflictos, permite ver el panorama completo y proporciona una mejor perspectiva de aquello que estemos haciendo.

Escuchar es lo contrario a reaccionar. Escuchar da la oportunidad de recibir toda la información y reflexionar sobre ella. De este modo podemos responder a una situación de la mejor manera posible después de haber digerido honesta y completamente todo lo que está pasando. Por ejemplo, supón que tu hija de ocho años regresa de la escuela quejándose amargamente; cruza la puerta precipitadamente y llorando, y sus primeras palabras son: «Tammy me pegó y el maestro no hizo nada».

Ya has oído suficiente. Tomas el teléfono y llamas al maestro. Te propones llegar al fondo del asunto y hablar seriamente con la mamá de Tammy.

Después de más de una hora de discusión con el maestro de tu hija y la madre de Tammy, la conclusión a la que llegas es que hay dos versiones de la historia. El «golpe» no fue en realidad un golpe, sino un empujoncito. Había algunas dudas sobre quién había empujado primero a quién, y sobre cuál de las dos había iniciado el griterío.

En vez de reaccionar inmediatamente y salir al rescate, ¿no hubiera sido mejor dedicar un momento a escuchar a tu hija? La experiencia me ha enseñado que muchas veces lo mejor que puedes hacer es simplemente escuchar.

¿Qué habría pasado si hubieras permanecido tranquilo y escuchado a tu hija cuando ésta entró precipitadamente en la casa? ¿Qué habría pasado si hubieras conservado la calma y hubieras desechado tus pensamientos el tiempo suficiente para escuchar los de ella? ¿Qué habría pasado si, como resultado, ella se hubiera sentido escuchada?

Mientras más tiempo escuchemos, más información, comprensión y perspectiva tendremos de la situación. Con cada minuto que pasa, la sensación de urgencia se ve reducida y la necesidad de reaccionar disminuye o desaparece por completo.

Con seguridad hubieran ocurrido dos cosas positivas. Primero, te habrías ahorrado tiempo, frustración y energía. Habría requerido menos esfuerzo sentarte tranquilamente en el sofá y escuchar, que hacer esas dos engorrosas llamadas. Segundo, le habrías demostrado a tu hija que no es necesario enfrentar todos los problemas como si se tratara de una emergencia. Seguramente tu ejemplo la habría ayudado a manejar sus conflictos de una manera saludable.

La sabiduría emerge de una mente sosegada y paciente que escucha lo que ocurre alrededor en lugar de juzgarlo o reaccionar. La única manera de asimilar algo en su totalidad y verlo claramente es escuchando.

La capacidad de escuchar y la paciencia van de la mano. Cuando nos permitimos asimilar y escuchar lo que ocurre a nuestro alrededor abierta y plenamente, nos entrenamos para ser más pacientes. Empezamos a ver que podemos evitar la reacción automática inicial, y que el siguiente nivel es mucho más interesante y menos amenazador. Así fue, por ejemplo, con el hombre del aeropuerto. Mi reacción inicial fue de rechazo y enjuiciamiento. De no haber querido conservar mi lugar en la fila, ¡tal vez me hubiera marchado! Sin embargo, una vez que el proceso de escuchar se hizo cargo, la situación rápidamente se hizo menos intensa; de hecho, inofensiva.

El acto de escuchar no sólo involucra a los oídos. También escuchamos con intuición. La clave consiste en mantenernos lo más silenciosos e interesados posible.

¿Alguna vez has visto una película cuyo argumento gire alrededor de una competencia deportiva? Normalmente son sobre futbol americano, béisbol o basquetbol. Generalmente la última escena es en cámara lenta. Vemos cómo se desarrolla la última jugada, al tiempo que el suspenso crece. Normalmente la última parte muestra a alguien volando sobre la línea de anotación, encestando una pelota o algún otro emocionante clímax por el estilo. Uno se espera a ver el resultado.

¿Te has fijado en lo que ocurre con el sonido durante esas escenas? Pese a que hay cientos o quizá miles de aficionados gritando, frecuentemente hay un silencio absoluto. Es como si nos convirtiéramos en ese deportista, o al menos como si pudiéramos escuchar lo que él o ella escucha.

Estas escenas siempre me han fascinado porque muestran lo fácil que es concentrarse cuando la mente está en silencio. El deportista descarta todo excepto ese momento; escucha atentamente su entorno y sabe exactamente qué está pasando a su alrededor.

Los campeones reales a veces hablan de experiencias similares. En los momentos de mayor intensidad, por ejemplo con el juego a un tiro de diferencia, ¡ellos afirman no escuchar nada! De alguna manera llevan su concentración a un nivel por debajo del rugido del público y de su propia mente. ¿Te imaginas qué desempeño tendría si escuchara sus propios pensamientos de inseguridad? ¡Seguro fallaría!

No hay duda de que las recompensas que obtenemos por escuchar mejor son grandes. Entre ellas están tener relaciones mejores y más satisfactorias, una vida laboral más efectiva, ser mejores padres y enfrentar menos conflictos.

Mejorar nuestra capacidad de escuchar es sorprendentemente fácil. Una vez que la consideramos una valiosa prioridad, todo lo que hace falta es observación y paciencia. Cuando enfrentes una situación o estés con otra persona, intenta despejar tu mente y escuchar. Nota cómo tu mente se llena rápidamente de toda clase de cosas. Verás soluciones, reacciones, temores y proyectos, entre otros pensamientos. No es que sean malos; es sólo que ocurren de manera automática. En vez de escuchar atentamente, te sorprenderás esperando tu turno para hablar. Antes de que conozcas todos los hechos o antes de que la otra persona haya terminado siquiera de hablar, tus pensamientos estarán formulando algún tipo de respuesta. ¡Es como si fueras un corredor esperando ansiosamente el disparo en la línea de salida! Si te sientes amenazado, tus pensamientos pueden ser defensivos; si sientes compasión, tus pensamientos pueden ser reconfortantes.

Trata de no juzgar tu diálogo interno. Simplemente toma conciencia de él y déjalo ir. En vez de planear o ensayar una respuesta, permanece callado y tranquilo un momento más. Ahí es donde reside el poder curativo de escuchar, en esos breves momentos de silencio. Dale a esa sabiduría interna que nace de la quietud un poco más de tiempo para manifestarse.

Tal vez compruebes algo notable. Cuando diriges esa atención extra a escuchar, estar presente, reunir información y permanecer en silencio en tu interior, empezarán a surgir respuestas más sensatas. La razón es que con ello permites trabajar a todo el fulgor de tu mente. No estoy hablando del intelecto sino de una inteligencia más profunda, sabia y curativa que es independiente de la mente pensante.

La capacidad de escuchar es un magnífico regalo para darte y dar a los demás. Puedes utilizarlo cuando quieras y desarrollarlo con el tiempo. Este regalo hará que las decisiones aparentemente difíciles sean más fáciles, y que una sensación de calma y claridad surja en tu interior. Cuando los demás perciban tu nuevo sentido de la presencia y la paciencia, tus relaciones profesionales y personales mejorarán. Los asuntos complicados serán también más fáciles de comprender, pues tu perspectiva se ampliará y serás capaz de percibir nuevas opciones. Finalmente, creo que los problemas de peso te serán más manejables y que tus reacciones habituales se convertirán en respuestas sensatas.

33

Acércate a tu religión

En 1981 asistí a Pepperdine, una universidad comprometida con los más altos estándares de excelencia académica y valores cristianos. Como deportista, lo más importante para mí era asistir a la universidad, obtener mi título y jugar en el equipo varonil de tenis. Al igual que muchos alumnos, estaba un poco nervioso. La presión que sentía por destacar en lo académico y en el deporte era enorme.

Sin embargo, el día que llegué, un miembro de la facultad se presentó y me dijo: «Desde mi punto de vista, en esta escuela Dios es nuestra prioridad. Ponemos mucha atención en lo académico, el deporte, los logros y el servicio a la comunidad, y estamos entre las mejores». Luego agregó: «Pero sin Dios, nada existiría; con él, todo se aclara. Así puedes relajarte y dejar que Dios se haga cargo».

Entonces no lo supe, pero aquél fue un momento importante de mi vida. Había cierta sabiduría serena en su voz. Debido a la humildad y convicción con que fueron pronunciadas, esas palabras me resultaron reconfortantes y pusieron las cosas en perspectiva. Su filosofía coincidía con la mía:

«Sin fe, buena voluntad y gratitud hacia algo más grande que nosotros, nada importa realmente». Siempre he considerado que las cosas más importantes de la vida, ¡no son cosas! Para mí, lo más importante es Dios, la familia, el amor, la bondad, la compasión, la amistad, la creatividad, la tolerancia y la gratitud, todo lo cual es intangible pero mágico.

Al paso de los años he comprobado que la mayor parte de las personas que tienen fe en Dios, en un poder más alto o en una inteligencia superior, cualquiera que sea su religión, suelen tener una visión saludable y afectuosa de la vida. Valoran el don de estar aquí y enfrentan las dificultades, el dolor y la angustia, con valor y dignidad.

La decisión de acercarnos a nuestra religión y hacer de la espiritualidad una parte más profunda e importante de nuestra vida no es fácil, pero las recompensas son grandes. Implica sacrificio, honestidad con uno mismo, reflexión, tiempo, compromiso y honor. Poner nuestra religión o nuestra espiritualidad en primer lugar exige hacer lo correcto, comprometerse con la verdad y defender nuestros valores aun cuando no sean populares. Significa deshacerse del ego para permitir a Dios trabajar en nuestro interior y aprovechar la inteligencia universal que fluye a través de todos. Para mí, más que ninguna otra cosa, significa preferir el amor sobre el odio, y la generosidad sobre la demostración de la razón.

En la universidad, cuando las cosas iban bien se nos exhortaba a dar gracias; cuando no iban tan bien y había problemas, se nos exhortaba a mirar hacia nuestro interior para pedir ayuda, fortaleza, orientación y sabiduría. Muchos rezaban diariamente y daban gracias por la oportunidad de estar en un entorno tan bello y estimulante. Fue en esa época cuando empecé a meditar y a intentar profundizar mi relación con Dios. Las personas que me rodeaban y los amigos que conocí, entre ellos mi esposa Kris, me alentaban a ir adentro, guardar silencio y estar atento a las respuestas.

Cuando aprendí a confiar en Dios ocurrieron muchas cosas. Entre ellas, me convertí en un Hermano Mayor del programa Hermanos Mayores de Estados Unidos. Casi todos mis conocidos apoyaron esa decisión y resultó ser una de las experiencias más significativas de mi vida. Mientras más guardaba silencio, más claramente podía ver el camino que debía seguir. Posteriormente pude ver la relación de causa y efecto entre la compasión hacia los demás y la propia felicidad y tranquilidad.

Otra de las revelaciones importantes que obtuve en esa época fue que era momento de abandonar mi carrera de tenista. Había otros factores que ya apuntaban en esta dirección: algunas lesiones, ¡y no ser lo suficientemente bueno! Pero fue el hecho de que Kris me alentara a confiar en los mensajes internos que estaba recibiendo, lo que me dio la confianza para avanzar en una nueva dirección. Estaba aprendiendo a confiar en que Dios estaba dentro de mí, y que si permanecía en silencio y estaba dispuesto a escuchar, sabría qué hacer. Sería guiado por una inteligencia interior, la cual es una maravillosa fuente de sabiduría y consuelo. Esa guía, en la cual sigo confiando hasta ahora, esta ahí en la vida de todos los días y cuando necesito el apoyo de alguien más.

Con el paso del tiempo he conocido a muchas personas que confían en Dios y en su propia capacidad para escuchar la sabiduría que de ahí emana. También he conocido a personas que no tenían esta fe y que se sentían incómodas al volverse hacia su interior. He observado que quienes tienen una fe interna van por la vida con mayor confianza y menos dilemas. Saben que las direcciones que eligen y las elecciones que toman son importantes. Sus vidas tienen un sentido de propósito.

También he observado que las personas que se acercan a Dios, las que sienten su presencia, tienen confianza en el Todo. Saben que aunque no siempre pueden ver o comprender algo, el universo es perfecto dentro de su propia imperfección. Más que una insípida filosofía de «quisiera que esto fuera verdad», es la convicción de que todo estará bien. Hay un sentido de orden dentro del caos.

Una fe genuina en Dios nos permite celebrar el don de la vida. También nos consuela en épocas difíciles y confusas. He tenido amigos y conocidos pertenecientes a muchas de las religiones del mundo, entre ellas: cristianismo, judaísmo, budismo, hinduismo, taoísmo, islamismo, confucianismo y otras. Todos me han dicho que se acercan a su religión y confían en ella para que los guíe en sus vidas y ayude a encontrar respuestas a las preguntas más complejas.

Además de ser una escuela de primera clase en toda la extensión de la palabra, la Universidad Pepperdine tiene uno de los *campus* más hermosos del mundo. Está ubicada en el sur de California y desde ella se puede ver el Océano Pacífico. Sin embargo, lo que la hacía hermosa, más que el entorno, era la conexión que los alumnos tenían con Dios. Cuando estudiamos lejos de casa es fácil sentirnos solos. Somos parte de un entramado compuesto en su mayor parte por personas que no conocemos. Sin embargo, si hay algo que una a las personas es más fácil sentirnos conectados, fuertes y felices, como si cada uno tuviera un propósito.

El amor de Dios siempre estaba presente y si me mantenía tranquilo podía sentirlo. Ese amor se expresaba no sólo en el interior de cada uno, sino también en el exterior, de manera práctica: alentaba a las personas a hacer cosas que iban desde recoger basura en el campus hasta abrir sus corazones a los nuevos alumnos que buscaban entablar amistades. La fe de los alumnos en Dios les permitía ayudar a los demás durante una crisis o en momentos especialmente difíciles. Eso fue reconfortante durante esa importante e impresionante época de mi vida.

Cierta vez, el dormitorio de Kris se incendió y todas sus pertenencias fueron destruidas. En vez de lamentar los estragos, muchas de las personas involucradas, entre ellas Kris, agradecieron sinceramente a Dios que hubieran salido ilesos. Ésa fue la primera vez que vi emerger el auténtico carácter de Kris durante una crisis. Su primer impulso fue asegurarse del bienestar de los demás. Una vez que lo comprobó, su actitud fue de gratitud y de sólo ver el lado bueno. Después de todo, había muchas cosas buenas que ver. Por ejemplo: nadie salió lastimado; la mayor parte de las cosas materiales podían remplazarse. El incendio no se extendió. Las personas que apagaron el fuego fueron valientes y amables, como lo fueron los alumnos que corrieron al interior del dormitorio para ayudar. Era bueno estar vivo. En cierto sentido, el incendio unió a los alumnos todavía más. Yo podría seguir enumerando los aspectos positivos de lo que pudo haber sido considerado una tragedia.

El énfasis en la fe y la espiritualidad permitía a las personas ver lo bueno en vez de concentrarse en lo malo. Sin una vida espiritual, este mismo suceso pudo haber sido (y tal vez hubiera sido) interpretado de manera distinta. Es fácil sentir que uno es víctima o que el mundo no es justo. Después de todo, Kris y algunos de sus amigos del dormitorio perdieron prácticamente todo salvo la ropa que traían puesta. Para empeorar las cosas, Kris tenía muy poco dinero para sustituir algunas de sus cosas. No obstante, la fe la mantuvo fuerte, esperanzada y optimista.

Cuando las personas se acercan a Dios o a un poder más elevado, la sensación de temor e incertidumbre es remplazada por la fe. Con el tiempo y con práctica, esta fe se extiende mucho más allá de la creencia en la vida después de la muerte. Empezamos a saber, en un nivel profundo, que hay una inteligencia que permea toda la vida, incluyéndonos a cada uno de nosotros. Al confiar en esta inteligencia podemos eliminar la presión en nuestra vida. Remitimos las vidas, decisiones y problemas a un poder más alto, o a Dios.

Al igual que muchos, también me he debatido con la pregunta «Si existe Dios, ¿por qué hay tanta destrucción y sufrimiento?» He pensado en esta pregunta durante años y la respuesta a la que he llegado coincide con mi actitud general de optimismo ante la vida. Creo que Dios no crea el dolor ni el sufrimiento. Sin embargo, sí lo comparte con nosotros y nos da la fortaleza y las herramientas para recuperarnos. Dios se manifiesta de muchas maneras. Se presenta en la forma de un ser humano, una idea o un acto de amor. Si tienes una idea inspiradora que puede ayudar, es porque estás explotando la inteligencia universal, que es Dios. Esta inteligencia siempre está disponible, y mientras más confíes en ella, más se manifestará en tu vida. Mientras más la busques, más pruebas verás.

Los ataques terroristas del 11 de septiembre de 2001 son unos de los mejores ejemplos del papel que desempeña Dios en la historia del mundo. Dios no creó el dolor, por supuesto; las personas lo hicieron. No obstante, Dios estuvo ahí inmediatamente para ayudar a aliviar el dolor. Estuvo ahí en la forma de trabajadores de rescate, bomberos, policías y de otras personas valientes y desinteresadas; estuvo ahí dando fortaleza y objetividad al gobierno y a nuestro ejército; alentó la generosidad en el ciudadano promedio a un grado que no se había visto antes. Desde los momentos inmediatamente posteriores al ataque, yo podía ver a Dios en cualquier dirección que mirara. Y todas las personas con las que hablé vieron lo mismo.

El libro más útil que he leído sobre cómo enfrentar los momentos de crisis es *When Bad Things Happen to Good People*, de Harold Kushner. Como todas las personas sufrirán en algún momento de sus vidas o convivirán con otras que estarán sufriendo, me gustaría que este libro fuera una lectura obligatoria. Es difícil decir cuál es la enseñanza principal de un libro tan importante, pero si tuviera que hacerlo señalaría esta frase: «Dios, que no causa ni previene las tragedias, ayuda inspirando a la personas a ayudar». El autor añade: «Dios no muestra su oposición al cáncer y a los defectos de nacimiento eliminándolos ni haciendo que les sucedan sólo a personas malas. Él no puede hacer eso, él puede convocar a amigos y vecinos para aligerar la carga y llenar el vacío».

En mi opinión, todas las religiones centradas en el amor se dirigen a Dios. Sin importar cuál sea tu formación religiosa o tu práctica espiritual, te exhorto a que profundices en tu fe. Utiliza tu religión no para separar, sino para unir con el corazón a la humanidad. Ama a tu Dios con todo tu corazón. Si lo haces, nunca estarás solo. Si están juntos podrás superar hasta los problemas más grandes de la vida.

34

El retiro

Una de las más grandes ironías de la vida es que la mejor manera de vivirla parece contradictoria. Por una parte, debemos vivir como si tuviéramos una eternidad por delante. Esta actitud nos permite ser alegres y desenfadados, tomar riesgos, ser intrépidos y buscar una amplia variedad de experiencias. No tenemos nada que perder y podemos «aventarnos». Por otra parte, también debemos vivir como si éste fuera nuestro último día en el planeta. Esta actitud nos recuerda que no debemos dar nada por sentado, el enorme valor de la vida y la importancia de expresar nuestros sentimientos a los que amamos. No podemos perder ni un momento.

Pienso en el retiro de manera similar. Intento convencerme de que es lo mejor que podría pasarme y al mismo tiempo trato de mantenerme indiferente. Digo esto porque nuestra visión del retiro, como de todos los demás aspectos de la vida, depende del cristal con que se mire. Nuestras expectativas determinan qué tanto anhelamos retirarnos; los pensamientos que tenemos momento a momento son o serán los responsables de que lo disfrutemos o no. Sin duda, debemos pensar el retiro como una maravillosa parte de la vida, pero al mismo tiempo debemos disfrutar cada paso que nos lleva a él.

Donna cayó en la trampa de prepararse para un retiro cómodo y feliz. Cuando cumplió cincuenta años, el asesor financiero al que consultó le dijo: «Mira, Donna, si piensas retirarte a los sesenta años, tienes diez para poner en orden tu situación financiera». Luego agregó: «Éste es el momento para preocuparte y sacrificarte».

Por desgracia, ella lo tomó literalmente y pasó los siguientes diez años haciendo justo eso. Ahorraba todo lo que podía y se preocupaba a cada paso del camino. «Cuando miro en retrospectiva», dijo, «era como si sintiera que mi deber era preocuparme». En vez de disfrutar y valorar su vida tal como se desarrollaba, se inquietaba y hacía planes. Se volvió paranoica y se convenció a sí misma de que el único momento en que podría relajarse sería cuando estuviera retirada.

A los sesenta y un años, a Donna le diagnosticaron cáncer de mama y le dijeron que tal vez no viviría más de un año. De repente se dio cuenta de que lo más importante no es prepararse para la vida, en el sentido convencional del término, sino vivirla. El mismo conjunto de circunstancias —incluso el mismo estado de cuenta bancario—, tenían un significado distinto. No es que su situación económica dejara de ser importante. Eso sería ridículo. Más bien se dio cuenta de que su importancia era relativa.

Fue necesaria una enfermedad para que Donna obtuviera algo que todos necesitamos: perspectiva. Cada día es un don y ningún momento, pasado o futuro, y ningún periodo como el retiro, es más importante que otro. Algo que resulta obvio pero que frecuentemente pasamos por alto es que esto no va a ser más o menos verdadero dentro de diez años. Lo único que cambiará será la medida en que cada uno esté consciente de ello.

No sugiero que no sea importante pensar en el futuro. Por el contrario, creo que es una idea magnífica. Si tienes la capacidad y la disciplina para planear el futuro, hazlo sin dudar. Incluso me atrevería a decirte que si no tienes esa disciplina deberías desarrollarla. Consigue una buena orientación y estructura un plan firme.

Sin embargo, la planeación no sustituye la vida. Aunque tal vez la seguridad financiera sea preferible a la incertidumbre, no es esencial para la felicidad. Si lo fuera, veríamos a pocas personas retiradas felices, y es claro que no es así. Aquí hay otra de esas ironías: aunque debemos poner todas las cosas a favor, lo último que debemos hacer es convencernos de que sólo podemos ser felices o sentirnos seguros si se cumplen ciertas condiciones financieras.

El único requisito real para un retiro satisfactorio es la presencia, la capacidad de estar aquí ahora, no superficial sino profundamente, día a día, momento a momento. El presente es, por supuesto, el único momento que existe. Es ahora. Esto es verdad tanto si tienes dieciséis como si tienes noventa y seis años.

El pasado sólo existe en forma de pensamientos y recuerdos. Sería absurdo e incorrecto decir que el pasado no existió o no importó. Sí existió y sí importó. Sin embargo, es igualmente desatinado querer recuperarlo o arrepentirnos por lo que hicimos o no hicimos. Y tal vez más que ninguna otra cosa, ¡te volvería loco desear ser más joven!

El otro lado de la moneda es el futuro, que existe sólo en la imaginación. Podemos soñar si queremos, y anticipar cómo será; podemos fantasear y pensar que será maravilloso, mejor que el ahora, o podemos preocuparnos y pensar que será terrible. En cualquier caso sólo será pensamiento con apariencia de realidad. Es un espejismo. Es interesante porque si dejamos de pensar en él, nunca llega realmente. Siempre es ahora. Dentro de un año, en esta fecha, será otro ahora; cuando te retires, será ahora.

Esta sencilla idea, tan común y gastada, es increíblemente poderosa. Cuando estamos sintonizados con el momento presente somos felices, curiosos y despreocupados. Somos abiertos y nos sentimos cómodos con lo desconocido y con las posibilidades inéditas. Cuando estamos presentes nos sentimos a gusto siendo principiantes otra vez y aprendiendo nuevas habilidades. No estamos ocupados comparando nuestra experiencia con otras. ¡Qué estado anímico tan apropiado para el retiro o para planearlo!

Sin embargo, cuando no estamos presentes el sufrimiento está garantizado. Estamos tan ocupados juzgando nuestra experiencia o comparándola con otras, que resulta imposible disfrutarla. Ésta es la razón por la que la mejor preparación para el retiro, y el mejor antídoto contra uno triste e insatisfactorio, es aprender el arte de la presencia. Es ilógico pensar que si no podemos estar presentes ahora podremos estarlo en diez años y sentirnos satisfechos como por arte de magia. Estaremos ante el mismo dilema. Estaremos en un momento, y lo aceptaremos o desearemos que sea diferente. Probablemente ya has visto esta dinámica en acción. Una persona pasa toda su vida anhelando su retiro: está convencida de que la vida no es muy buena ahora, pero que después lo será. Luego, cuando llega el momento, echa de menos sus días de juventud. Nunca hay un momento en que las cosas puedan simplemente ser como son.

Estar presente es un don que puedes regalarte y regalar a los demás. También es algo que puedes desarrollar. La manera más fácil de practicar la presencia es percibir su ausencia. Cuando te descubres anhelando tu retiro o temiéndole, es porque te has desplazado temporalmente del presente. Estás aquí, pero estás pensando en «allá». Si ya te retiraste puedes aplicar el mismo principio. Si estás aquí, ahora, entonces tienes la capacidad para disfrutar este día al máximo. Un día tras otro, el retiro será dichoso y gozarás de una sabiduría cada vez más profunda.

Uno de mis ejercicios favoritos es éste: deja de hacer lo que estás haciendo y pregúntate: «¿Qué estoy haciendo en este momento?» Puede ser una experiencia reveladora descubrir que muchas veces simplemente no estamos aquí; estamos empañando el ahora con recuerdos o pensamientos sobre el futuro.

La vida es una serie de momentos que se suceden uno tras otro. ¿Alguna vez has visto esos letreros que dicen «acceso a discreción»? Esto significa que podemos o no podemos entrar. ¡El letrero no sirve de nada! Todos tenemos la misma capacidad de acceder a cualquier lugar, en cualquier momento, de estar plenamente vivos, aquí y ahora.

La atención a este único momento es un semillero de posibilidades totalmente nuevas. La conciencia plena de este momento —de cómo nos sentimos y de qué estamos pensando— es lo que nos permite ver nuestros hábitos en acción. Somos capaces de ver cuán compulsivamente nos disgusta algo, o cuán automáticamente reaccionamos a ciertas cosas. Una vez conocí a un hombre que me dijo: «Desde que me retiré me he vuelto más reflexivo. Me he dado cuenta de lo aburrido que era enojarme por las mismas cosas una y otra vez». Al prestar atención a su pensamiento, momento a momento, el hombre pudo ver en acción a su mente sentenciosa. Dijo que era increíble la manera en que ésta se había atascado y vuelto predecible en apenas sesenta años. También vio cómo sus pensamientos se desviaban hacia la autocompasión, la añoranza y la frustración. Literalmente estaba aprendiendo a relacionarse con la vida, ¡pero esta vez lo estaba haciendo bien!

El hombre afirmaba que la práctica diaria de la meditación le había ayudado a profundizar en su conciencia. Al permanecer callado y en calma durante un breve lapso cada día, pudo comprobar cómo la mente crea pensamientos conflictivos, haciendo caso omiso del bienestar de quien los piensa. Sólo aprendiendo a relacionarnos con nuestros pensamientos, más que desde ellos, podremos descubrir la libertad.

El hombre me dijo que muchos de los mismos pensamientos como «no es lo mismo» o «extraño el trabajo y las responsabilidades», siguen cruzando por su mente; la diferencia es que en vez de reaccionar a ellos con temor o aversión, simplemente les permite flotar por su cabeza. En vez de invitarlos a cenar y permitirles molestarlo, los reconoce y los deja ir, dándoles la importancia relativa que merecen.

Reflexiona un momento en tus pensamientos. ¿Cuáles te persiguen y evitan que goces un retiro que la mayoría de las

personas sólo puede soñar? Si pudieras tomarte esos pensamientos con menos seriedad, tu mente permanecería abierta y tus posibilidades serían ilimitadas. Presta atención a
cuáles dominan y te hostigan a través de la decepción. Percí-
belos, pero enfréntalos de manera diferente. En vez de ser
víctima, recuerda que eres tú quien los piensa. ¡Tú controlas
toda la baraja! Mientras observas esos pensamientos puedes
elegir cuáles examinar, cuáles son importantes y cuales no
son bienvenidos. Para mí, ésta es la esencia de la meditación
y la llave secreta para que disfrutes el retiro de tus sueños.

Una maestra retirada me dijo que utilizaba su retiro como
excusa para volver a adoptar un comportamiento infantil. Dijo
que a lo largo de los años había visto a cientos de niños crecer
y volverse excesivamente serios. Junto con la inocencia perdían la capacidad de maravillarse. Casi sin excepción, los niños aprendían a tomarse sus pensamientos demasiado en
serio, no sólo los que podían servirles sino también los que
ensombrecían su espíritu.

Hay mucho que aprender de los niños. Uno de los secretos mejor guardados y más fáciles de entender para ser felices es éste: vive una vida feliz, independientemente de la
situación en la que estés; permanece en el momento presente y siente gratitud por él. Increíblemente sencillo, pero
así es. Los niños son una prueba de que cuando estamos totalmente absortos en lo que estamos haciendo, esa actividad
es una fuente potencial de gozo. No hay nada inherentemente
divertido en mucho de lo que hacen los niños —recolectar
piedras, apilar hojas, trepar árboles, hablar solos— pero normalmente están fascinados con la vida. Para ellos, las cosas
ordinarias son extraordinarias, y la razón es muy simple: no

están comparando esas experiencias con otras. No están pensando: «Mi trabajo será más interesante que esto».

En el momento en que un niño empieza a pensar, «recolectar hojas es aburrido», en ese preciso instante la actividad se vuelve aburrida, ¡y no es coincidencia! Cuando un niño empiece a creer que apilar hojas es una pérdida de tiempo, su mente anhelará algo más interesante.

Muchas veces he visto cómo este proceso mental destruye o ilumina el retiro de alguien. Cuando la persona considera que sus actividades son menos importantes que las anteriores, se siente deprimida, aburrida y desanimada. Por otra parte, cuando cree que todos los días son especiales e importantes, su mundo es un libro en espera de ser leído.

Para mí, el aspecto más interesante de esto es que el sentimiento de satisfacción en el retiro no depende sólo del pensamiento positivo. Es al mismo tiempo más profundo y más sencillo que eso. En otras palabras, no tienes que forzarte a pensar, «me encanta trabajar como voluntario» o coleccionar timbres postales, observar aves, viajar, pasar tiempo con los nietos o lo que sea, si en realidad no te gusta. No se trata de fingir que te gustan ciertas cosas ni de forzarte a pensar de cierta manera. Se trata simplemente de dar un paso atrás y analizar tu pensamiento. Es fascinante observar cómo el pensamiento sabotea nuestra capacidad de disfrutar. Si prestas atención a lo que realmente está pasando dentro, ¡presenciarás un auténtico espectáculo!

De vez en cuando caigo en la misma trampa. Anoche, por ejemplo, salí a correr por primera vez desde que me lesioné la rodilla hace unos meses. Al cabo de unas cien yardas me empezó a doler la rodilla. Regresé cojeando a casa.

Casi inmediatamente, mi mente tomó el control y me convenció de que yo ya estaba demasiado viejo para correr. Todo tipo de pensamientos negativos surgieron en mi cabeza. Me quedé sentado, sintiendo tristeza y lástima por mí.

De repente me di cuenta de lo que me estaba haciendo. Por un momento olvidé que era el creador de esos pensamientos que andaban nadando por ahí. Cuando establecí esta distancia, empecé a imaginar que mi cabeza era una especie de cine en cuya pantalla se estaba proyectando este triste drama. Al hacerlo menos personal puede ver qué inocentemente se inicia este proceso y qué fácil es crear un mundo interno lleno de dolor y decepción. Por suerte, esta vez pude dar un paso atrás y recuperar la perspectiva. Mi autocompasión se convirtió en gratitud. Después de todo, aún puedo caminar perfectamente.

Tomar conciencia de nuestro pensamiento es igual a despertar de una pesadilla. La única diferencia es que en un caso uno está dormido y en otro, despierto. Imagina que una noche sueñas que eres un auténtico perdedor, una persona perversa que se aprovecha de los demás. Al despertar probablemente te sientas aliviado al saber que fue sólo un sueño; es poco probable que te deprimas por haberte convertido en una persona tan mala.

La dinámica es realmente la misma. Si no hubiera despertado de aquel sueño diurno que tuve después de correr, quién sabe hasta dónde hubiera llegado. Al darle importancia a esos pensamientos estaba dando mi autorización para sentirme mal.

Uno de los recuerdos más preciados de mi adolescencia es haber hablado con un hombre de cien años de edad. Le pregunté: «¿Por qué está tan feliz?», y nunca olvidaré la alegría de su voz y su risita al contestarme: «Es mucho mejor que la otra opción». El hombre se refería, por supuesto, a que podía elegir entre dos cosas. Podía, como estaba haciendo, gozar el hecho de que estaba vivo y bien; podía reír, sonreír y compartir su sabiduría con los demás; podía disfrutar y aprovechar al máximo cada día que se le concedía.

De igual modo, podía haberse convencido de que sus mejores días habían pasado. Podía enfurruñarse, sentir lástima por él y pensar en dónde preferiría estar y qué edad preferiría tener. Fácilmente podía haberse sentido viejo; sólo hubiera tenido que tomarse seriamente algunos pensamientos en esa dirección.

Casi el día en que empecé a escribir esta estrategia, una de mis mejores y más íntimas amigas me anunció que se iba a retirar. En aquella ocasión compartió conmigo algunos consejos prácticos. Como ella fue una mujer feliz y eficaz mientras trabajó, y como estaba igualmente feliz de retirarse, ¡decidí escuchar con atención lo que tenía que decir!

Me dijo que al momento de retirarnos (y también si ya estamos retirados), debemos recordar todas las cosas que hubiéramos hecho si el condenado trabajo no se hubiera interpuesto. Hay muchas cosas que hubieras podido hacer: viajar, aprender a meditar, empezar un nuevo pasatiempo, cruzar el país en auto, mejorar tu condición física, aprender a jugar golf, relajarte, trabajar como voluntario, leer más libros o lo que sea. Por supuesto, nunca tuviste tiempo, ¡pero ahora lo tienes!

El consejo es simple: aprovecha tu tiempo. Ya sea que te hayas retirado hace veinte años o que vayas a hacerlo la próxima semana, ahora es el momento. Aprovecha el hecho de que tienes menos responsabilidades no negociables. El tiempo libre puede ser una bendición o una maldición; todo depende de cómo lo veas.

Hay algunas cosas importantes que debes tomar en cuenta si convives con una persona que va a retirarse. Es importante respetar el hecho de que las cosas van a ser distintas, no mejores ni peores, sólo distintas. Igual que cuando estamos recién casados, van a ser necesarios algunos ajustes. Si respetas ese hecho y conservas la objetividad y el sentido del humor, con seguridad todo saldrá bien.

No olvides que tu compañero va a comportarse de manera diferente de como lo hacía mientras trabajaba. Todo será un poco extraño. Tal vez permanezca pegado a ti todo el tiempo o actúe con indiferencia. En cualquier caso, recuerda que es una experiencia nueva tanto para tu compañero como para ti.

Una de mis frases favoritas es: «En vez de maldecir la oscuridad, prende una vela». No se me ocurre ninguna otra situación en la que esta idea sea más apropiada que en el retiro. En vez de menospreciar a tu compañero o desanimarlo con tus quejas, sé todo lo paciente, alentador y entusiasta que puedas. Sin ser impertinente, haz todo lo que puedas para que tu compañero vea la experiencia del retiro como una oportunidad única para vivir la vida al máximo. Si se le está dificultando adaptarse, muéstrale discretamente nuevas opciones.

Sin embargo, tal vez sea conveniente establecer algunos límites con el fin de que no se vuelvan locos uno al otro. No hay razón para que renuncies a tus actividades programadas sólo porque tu compañero tiene de repente más tiempo disponible. Aunque debes ser lo más cariñoso y comprensivo posible, no es tu responsabilidad crearle una nueva vida.

Si están acostumbrados a verse sólo en las noches y los fines de semana, es posible que te sientas un poco sofocado si no conservas una vida propia.

Lo esencial es que el retiro es una experiencia emocionante para ambos. Es una oportunidad, no sólo para tu compañero sino también para ti, de cultivar nuevos intereses y pasiones. Mi consejo para ambos es muy sencillo: gocen y celebren el ahora sin importar la edad que tengan. Si estás planeando retirarte pronto o ya lo has hecho, ¡felicidades! Haz que hoy sea el mejor día de tu vida. Estás, literalmente, a un pensamiento de hacerlo.

35 Los sucesos trascendentes y los estados de ánimo

Hace unos años, un hombre se sentó a mi lado en el avión. Curiosamente, ya habíamos coincidido en ese mismo trayecto, éramos como viejos conocidos. Una media hora después de despegar, me dijo que quería divorciarse de su esposa. Lo había pensado durante semanas y su decisión era definitiva.

Recuerdo que esta persona estaba mucho más feliz la vez anterior que nos vimos. Mi instinto me dijo que estaba de pésimo humor. En vez de treparme inmediatamente al tren de su divorcio y aprobar su decisión, simplemente escuché lo que tenía que decir. Después de un rato, traté de dirigir la conversación hacia temas más alegres. No dije ni hice nada especial; básicamente me limité a escuchar.

Durante la hora siguiente ocurrió algo curioso. Su ánimo empezó a hacerse más ligero y desenfadado. Incluso me contó un par de chistes, ¡y eso que no estaba bebiendo!

Sin tratar de jugar al terapeuta, simplemente le pregunté que estaba pasando entre él y su esposa. Ya de mejor humor fue mucho más moderado; me comentó algunos de sus desacuerdos y, de repente, empezó a reflexionar sobre su propia contribución a los problemas de su matrimonio. Fue como si se tratara de una persona diferente.

Cuando aterrizamos, el hombre había cambiado de opinión respecto a presentar una demanda de divorcio. Entonces me dijo algo que me ha ayudado a ver las grandes decisiones, y de hecho todas las cosas de peso, con una mejor perspectiva. Dijo: «Gracias a Dios que no actué siguiendo mis pensamientos malhumorados».

La definición de estado de ánimo [*mood*] del *Webster's College Dictionary* es: «Situación emocional o actitud de una persona en un momento determinado». Creo que ésta es una de las definiciones más importantes con la que podemos trabajar para aumentar nuestra objetividad.

Pensemos en el significado profundo de esta definición. Las palabras clave son *en un momento determinado*. Esto sugiere que los estados de ánimo cambian constantemente; son fluctuaciones en la calidad del pensamiento y de las percepciones. Esto tiene mucho sentido para mí. ¿Qué dices tú?

Definiría «estar de buen humor» como la sensación de estar seguros y razonablemente tranquilos; de no estar nerviosos, estresados ni a la defensiva. ¿Cómo percibes la vida bajo estas condiciones? No quiero inducir tu respuesta, pero supongo que tienes una perspectiva saludable. En general, cuando estamos de buen humor la vida nos parece agradable. Tal vez sintamos gratitud por nuestra familia y amigos; nuestro trabajo o carrera parece significativa; nos sentimos esperanzados. Si se nos critica, lo tomamos con calma; si nos dan malas noticias, las enfrentamos adecuadamente; si debemos tomar decisiones importantes, lo hacemos con prudencia. No estoy sugiriendo que cerremos los ojos a los hechos ni que seamos poco realistas con tal de ser optimistas o felices. Sólo digo que nos sentimos con los pies bien plantados en el suelo.

El mal humor es como nos sentimos cuando nos levantamos con el pie izquierdo. Sin razón aparente, actuamos de manera negativa, cínica y pesimista, y carecemos de objetividad y sensatez.

Sucede algo interesante: la vida, el conjunto de circunstancias, los problemas, los retos y los obstáculos son exactamente los mismos, ¡pero todo parece muy distinto! Nuestros estados de ánimo pueden engañarnos y hacernos creer que las cosas son peores de lo que son en realidad. Resulta fascinante dar un paso atrás y considerarlo. Puede parecer que nuestra vida cambió, pero no es así. Recuerda al hombre con el que hablé en el avión. Su esposa era la misma de una hora antes, pero había desarrollado una percepción totalmente distinta e influenciada únicamente por su estado de ánimo. Mientras estuvo de mal humor su idea era divorciarse; cuando estuvo de mejor humor, quiso que su matrimonio mejorara.

¿Significa esto que las cosas nunca son tan malas como parecen cuando estamos de mal humor? De ninguna manera. Hay muchas ocasiones en que nuestro estado de ánimo no influye en nada y en que la percepción será idéntica. Por ejemplo, la respuesta de nuestro país al terrorismo no tuvo nada que ver con el estado de ánimo en el que estábamos. De igual modo, no todos van a cambiar de idea respecto al divorcio simplemente porque su humor mejore. Lo importante es no sobrevalorar la importancia de los estados de ánimo, sino estar al tanto de su influencia potencial.

Cierta vez conviví dos días seguidos con un hombre que acababa de retirarse. El primer día, él estaba radiante de felicidad por las ventajas que implicaba el retiro. Habló de libertad, de la capacidad de viajar y de lo divertido que iba a ser. Estaba de excelente humor.

Sin embargo, al día siguiente la situación fue completamente distinta. Cuando hablaba era como si hubiera olvidado nuestra conversación del día anterior. Ahora se sentía muy mal respecto al retiro, pues significaba que no tenía suficientes responsabilidades y por lo tanto estaba aburrido. Significaba que era viejo e insignificante. No pude evitar preguntarle: «¿Y qué pasó con lo de ayer? Pensé que estabas ansiando retirarte». ¿Sabes qué contestó? «Me estaba haciendo ilusiones y no veía las cosas con claridad». ¡Lo único que yo veía con claridad es que el hombre estaba de pésimo humor!

Imagina que tienes que hablarle a tu hijo adolescente sobre las drogas. Si alguno estuviera de mal humor, o ambos, ¿qué posibilidades habría de que tuvieran una conversación constructiva? Prácticamente ninguna. La razón es que cuando las personas están de mal humor, generalmente se muestran más defensivas y obstinadas que cuando no lo están. Tener conciencia de esto es un maravilloso don; nos da una enorme perspicacia en todos los aspectos de la vida. Cuando tomamos en cuenta el estado de ánimo de otra persona y el propio, somos capaces de ser indulgentes con las reacciones desproporcionadas. Podemos anticiparnos a una actitud defensiva de otra persona o nuestra; podemos tomar los comentarios de manera menos personal y nos da un poco de perspectiva, algo que siempre es útil.

Mi experiencia como padre de adolescentes me ha enseñado que el momento lo es todo. La misma conversación sobre el mismo tema puede ser afectuosa y efectiva o amarga e inútil. En gran medida depende del estado de ánimo del padre y del hijo.

El mismo principio se aplica a tu cónyuge o pareja, a las personas con las que trabajas e incluso a tus amigos. La conciencia del propio estado de ánimo y la sensibilidad al de los demás facilita la comunicación. Para decirlo llanamente, tener una conversación importante con una persona que está de mal humor o cuando tú estás de malas, es un riesgo a menos de que estés al tanto de lo que puede ocurrir.

Obviamente, habrá muchas ocasiones en las que no puedas hacer nada respecto al mal humor. Esto realmente no importa, siempre y cuando seas respetuoso de la influencia que los estados de ánimo pueden ejercer y aprendas a tomar con reservas lo que escuches.

Por ejemplo, mi esposa Kris es una de las personas más hábiles que conozco para manejar el mal humor de los otros, especialmente el mío. Ella percibe cuándo estoy de malas y no me toma muy en serio en esos momentos. No me malinterpretes: no es que se burle de mí ni que me ignore, ni mucho menos que lo disfrute. Ella simplemente no reacciona exageradamente a mi estado de ánimo.

Kris es lo bastante inteligente como para saber que, cuando una persona está de malas, dice y hace cosas que jamás se le hubieran ocurrido si hubiera estado de mejor humor. Ella sabe que cuando estoy de malas soy más defensivo, irracional y reactivo que cuando no lo estoy. Es indulgente con este hecho y por ello, generalmente, no se lo toma de manera personal. Me da espacio para sentirme deprimido y confía en que en algún momento saldré de ello. ¡Hasta ahora siempre ha tenido razón!

Lo opuesto sería tomarse a pecho el mal humor de las demás personas. Imagina lo doloroso que sería. Si has tenido hijos ya sabrás que cuando son pequeños y están de malas dicen toda clase de cosas desagradables. Si eres perspicaz, sabrás que no lo dicen sinceramente, que sólo están ventilando su ira. Cuando sabes que es sólo su estado de ánimo el que habla, puede ser hasta divertido.

Todo lo que digo es que deberíamos dar a todas las personas un poco de espacio para sus estados de ánimo. Si un compañero de trabajo está de malas, intenta verlo precisamente como eso, un estado de ánimo. Probablemente pasará pronto. En vez de tratar de interpretarlo o darle importancia, déjalo con su estado de ánimo y no tomes de manera personal su negatividad. Si te habla con brusquedad o actúa con torpeza, déjalo en paz. No tiene caso exacerbar su mal humor con reacciones exageradas.

Procura darte el mismo espacio emocional. Si estás de mal humor, deja que así sea. Al igual que un temporal de lluvias, normalmente se irá si no analizas en exceso todas las razones por las cuales te sientes así.

No olvides que cuando estamos de malas siempre ideamos razones aparentemente válidas. Culpamos al trabajo, la familia, la historia personal, la economía, los políticos o cualquier cosa que parezca razonable en el momento. Sin embargo, esas mismas cosas parecerán distintas cuando tu ánimo mejore.

En el momento en que reconoces que estás de mal humor, lo importante es ser indulgente y compasivo contigo. De ser posible, toma en cuenta tu estado de ánimo al momento de tomar decisiones. Si puedes, pospón las decisiones importantes —especialmente las que pueden cambiar tu vida—hasta que tengas una mejor perspectiva. Si no puedes esperar, recuerda que estás defensivo, reactivo y propenso a la negatividad. Si te anticipas a tu propia negatividad, muchas veces podrás superar los efectos del mal humor.

Por ejemplo, hace poco me pidieron que participara en cierto evento. Estaba de mal humor y mi primer impulso fue declinar la invitación inmediatamente. Lo único que me salvó fue que estaba totalmente consciente de mi negatividad y pude recordarme que esto podría parecer distinto otro día. En este caso tuve razón. Unos días después, cuando no me sentía tan abrumado, me pareció algo divertido. De no haber tomado en cuenta el poder de los estados de ánimo, seguramente habría levantado el teléfono en el momento y rechazado la oportunidad.

Algunas personas ponen objeciones a esta manera de tratar los estados de ánimo porque creen que la intención es justificar un mal comportamiento. Te aseguro que no es así. No se trata de que cuando alguien haga algo malo tú digas: «No importa, estaba de mal humor». Si estás siendo víctima de algún tipo de abuso, tira este libro por la ventana y consigue ayuda. Tampoco estoy hablando de problemas emocionales graves que requieran tratamiento médico.

Hablo de algo diferente: de los estados de ánimo normales y cotidianos que tenemos todos. Hablo de aprender a hacer cambios en el pensamiento y las respuestas, tomando en cuenta el poder de los estados de ánimo. Esto amplía la perspectiva en casi cualquier situación.

Una vez recibí una amable carta en la que una lectora me relataba una historia simple que había cambiado su vida. Su hijo adolescente solía entrar precipitadamente en la casa al regresar de la escuela. Ella nunca había reflexionado sobre los estados de ánimo ni los había tomado en cuenta. Se tomaba de manera personal el comportamiento de su hijo y acostumbraba gritarle cosas como: «¿Qué te pasa ahora?» Lo decía con un tono áspero y resentido. A su vez, él se ponía a la defensiva y contestaba: «¡No te metas en mi vida!» Este patrón duró meses y meses.

Cuando aprendió sobre los estados de ánimo, todo empezó a cambiar. Un día su hijo entró precipitadamente en la casa, como siempre. En vez de tomárselo de manera personal, actuó con compasión; en vez de gritarle, sonrió y mantuvo el corazón abierto. Entendió que simplemente estaba de un humor negro, y ahora sabía que nadie se pone de mal humor a propósito. Por primera vez en su vida pensó: «Me encomiendo a la gracia de Dios».

Hubo un cambio drástico en la actitud del hijo. Sintió su aceptación y cariño. Incluso se detuvo al final de las escaleras, la miró desde arriba y, con una pequeña lágrima en los ojos, le dijo: «Hola, mamá. Estaré bien».

Las consecuencias de considerar los estados de ánimo son tan grandes como la imaginación. Un hombre me contó recientemente que había tenido que despedir a alguien del trabajo. Sin embargo, lo hizo tomando en cuenta tanto su estado de ánimo como el de la otra persona. Aunque aun así había sido difícil, pudo elegir un momento en el que el empleado tuviera el mejor estado de ánimo posible. En resumen, todo salió lo bien que puede salir una situación como ésa. En vez de caer presa del pánico o de enojarse, el empleado le preguntó al jefe si podía darle algún consejo. Planearon comer juntos para platicarlo con calma. Éste es un excelente ejemplo de cómo se le puede sacar provecho a una decisión dolorosa. Si el hombre hubiera elegido un momento distinto para dar la mala noticia, pudo haber un resultado diferente, menos productivo.

Los estados de ánimo son graciosos. Todos hemos tenido miles de ellos. Es reconfortante saber que son pasajeros, van y vienen como las olas del mar. He comprobado que pasan rápidamente si simplemente los reconocemos, respetamos su influencia y los dejamos en paz. Si tomas en cuenta la influencia de los estados de ánimo en tu vida, tu sabiduría y paciencia se verán fortalecidas de muchas maneras. Como resultado, te será un más fácil enfrentar a las situaciones graves.

36 La meditación

Como siempre que escribo, antes de sentarme a redactar esta estrategia dediqué veinte minutos a meditar. Fue un momento de tranquilidad. Para mí, son los veinte minutos opcionales más importantes del día. Aunque no es absolutamente necesario que medite todos los días (y es un hecho que muchos no lo hago), prefiero hacerlo que evitarlo. Generalmente me brinda un ánimo agradable para el resto del día. Me desacelera y ayuda a adoptar un estado de ánimo sereno. Después de meditar, soy menos reactivo a los sucesos del día y mantengo una perspectiva amplia. También me resulta más fácil permanecer en el presente, concentrado en lo que estoy haciendo o en la persona con la que estoy hablando, lo que me ayuda a llevarme mejor con los demás.

Cuando mi mente está tranquila escucho con atención, lo que se traduce en una curva de aprendizaje pronunciada. No hay duda de que cuando mi mente está tranquila puede pensar con claridad. Mi proceso para tomar de decisiones se ve favorecido y tiendo a cometer menos errores.

Otra ventaja de la meditación es la apertura y profundización de la creatividad. No soy el único escritor que confía en una clase de inteligencia diferente, a la que apelo para escribir mis obras. Muchos escritores, artistas plásticos, compositores, poetas, empresarios y otras personas creativas coinciden en que los pensamientos originales rara vez provienen de los recuerdos. Estas ideas llegan de un sitio profundo y tranquilo que está más allá del intelecto. De hecho, los recuerdos sólo son pensamientos antiguos, reciclados. En otras palabras, la mayoría de los pensamientos ya han sido pensados antes. Por tanto, no son muy interesantes ni originales.

Las ideas creativas surgen de una fuente que está más allá de nosotros y a la que muchos llaman inteligencia universal. Para conectarnos con este tipo de inteligencia no es necesario forzar la mente. Más bien hay que vaciarla, tranquilizarla y escuchar. Cuando estamos callados nos damos cuenta de que las ideas están ahí para quien quiera tomarlas. La parte difícil es aprender a escuchar, porque estamos acostumbrados a seguir prácticamente cualquier línea de pensamiento que pase por nuestra cabeza. Está ahí, y por eso pensamos en ella. El resultado de esta excesiva actividad mental es que muchas personas se sienten frustradas cuando intentan meditar. No se dan cuenta de lo atareada y ruidosa que puede estar la mente. La intención de calmarse puede verse enfrentada con una ráfaga de pensamientos, planes, ideas y preocupaciones.

Para acceder a un pensamiento nuevo, para pensar con originalidad, se necesita una mente tranquila, despejada de recuerdos. Es de un lugar apacible y profundo del interior de donde surgen las ideas nuevas, como si salieran de la nada.

No me cabe la menor duda de que esta sabiduría o inteligencia profunda existe en cada uno. Es fascinante observar lo que ocurre a las personas que experimentan por primera vez este nuevo tipo de pensamiento. De repente, hasta las situaciones más complejas parecen relativamente simples.

Una vez me pidieron que hablara con una familia que tenía muchos problemas. Sin saber bien a bien qué hacer ni por dónde comenzar, pedí a sus cinco miembros que cerraran los ojos y respiraran. Esto fue difícil para todos ellos porque sus impulsos los instaban a discutir, inquietarse y pelear. Cada uno creía que era importante demostrar a los demás que tenía la razón. Tanto individual como familiarmente eran defensivos. Lo único que sabían hacer era interrumpirse entre sí y armar alboroto. Ninguno sabía escuchar. El simple hecho de estar con ellos resultaba estresante, y sólo podía imaginar lo difícil que sería vivir en un ambiente familiar así.

Hice que practicaran un pequeño ejercicio de meditación y los ayudé a relajarse y tranquilizarse. Entonces hice que uno por uno abriera los ojos mientras los demás permanecían con los ojos cerrados. Mientras cada uno miraba a los demás, les pedí que enviaran amor imaginario en aquella dirección. Para mi sorpresa, esta sugerencia no fue recibida con cinismo ni sarcasmo.

Cada que uno abría los ojos, le pedía que intentara mantener su mente tranquila y callada, y su corazón bien abierto. También le sugería que cuando regresaran los pensamientos de agresividad e inculpación, los tratara con amabilidad y los desechara.

Luego le pedí a cada uno que escribiera, en una hoja de papel, cómo creía en su corazón que era la mejor manera de actuar como familia. Cuando recogí las respuestas y las leí en voz alta, me sorprendió lo que vi. Los cinco habían escrito palabras similares. Esencialmente era esto: «Lo que necesitamos hacer es ver la inocencia de los demás, dejar de culparnos entre nosotros y encontrar un buen terapeuta familiar». Después de que leí las respuestas hubo un abrazo colectivo y hasta algunas lágrimas.

Sabía por experiencia que la meditación es una herramienta poderosa, pero no tenía idea de que pudiera tener un efecto tan profundo en una familia entera. El simple acto de calmarse, aun durante diez minutos, permitió que surgiera su compasión y amor por los demás. Desde aquella ocasión he comprobado que este tipo de historias están lejos de ser excepcionales. La verdad simple y llana es que la meditación funciona cuando le damos la oportunidad.

Supe de un estudio en que se pedía a los directores de compañías grandes y pequeñas por igual que describieran los momentos en los que habían tenido sus mejores ideas. Las respuestas más frecuentes, sin ningún orden especial, fueron: en la regadera, en el auto y durante las vacaciones. Si lo piensas, estas respuestas se refieren a lugares en los que la mente está relativamente despejada. En otras palabras, sus mejores ideas no les vinieron cuando estaban sentados en una junta rompiéndose la cabeza. Si la tranquilidad de la bañera puede generar este resplandor interior, sólo puedo imaginar la profundidad de ideas que se desarrollarían en el mundo empresarial a través de la práctica de la meditación.

Pero quizá la ventaja más significativa que proporciona la meditación es manejar y responder a la adversidad de una forma totalmente desconocida antes de establecer este compromiso interno. He aprendido que hay una delgada línea entre percibir una situación como desesperada y como difícil pero manejable. La meditación tiene la capacidad de orientar la visión hacia esta dirección esperanzadora.

Un querido amigo perdió a su padre cuando estaba trabajando en esta estrategia. Me dijo que una de las maneras en que estaba manejando la situación era tranquilizando su mente a través de la meditación. Me dijo que ésta le ayudaba a aliviar el dolor y a mantener su corazón abierto. Le permitía sentirse libre y plenamente. La meditación le ayudó a recibir el amor que necesitaba de sus amigos y su familia y, de hecho, le ayudó a mantenerse afectuosamente conectado con su padre, incluso después de que éste murió.

Sin duda, he tenido experiencias similares. Cuando estoy atravesando por un momento difícil o doloroso, la meditación me permite recibir el amor y el apoyo de mi familia y mis amigos. En vez de alejar a las personas en los tiempos de más necesidad, soy capaz de sentir el amor que comparten conmigo. Normalmente tiendo a ser reservado y a convivir regularmente con unos pocos familiares y amigos cercanos. Sin embargo, sé que cuando estoy sufriendo alguna clase de dolor, una de las cosas que más me ayuda es tener el corazón abierto a todos aquellos que se preocupan por mí. La meditación es la herramienta que me ha ayudado en este sentido; tiene la capacidad de conectarme con los demás y con la humanidad.

Una vez conocí a una mujer que necesitaba desesperadamente perdonar a su padre. El dolor del resentimiento había cobrado su cuota y todos los esfuerzos por librarse de ese sentimiento habían fracasado. La mujer había probado varios tipos de terapias y leído todos los libros que había encontrado sobre el tema. Una vez más, la meditación vino al rescate. Al igual que con la familia que mencioné antes, la meditación ablandó sus defensas y le ayudó a ver la inocencia. Ver la inocencia no significa fingir que algo no ha ocurrido ni justificar un mal comportamiento. Más bien es la habilidad de ablandar el corazón lo suficiente para ver la humanidad de una persona, aun cuando no la hayamos visto nunca antes. Cuando estas defensas se han suavizado, también lo hace el dolor de mantenerse aferrado.

La meditación es un regalo que te haces a ti, y todo lo que te diga en su favor es poco. Es un periodo lejos de los negocios, la confusión, el caos, el ruido y los estímulos del día. Es un momento para estar quietos y tranquilos, sintonizarse, escuchar y observar mientras la mente hace lo suyo.

La manera en que lo pienso es ésta: el día tiene 1,440 minutos. Si asumimos que dedicamos aproximadamente ocho horas al sueño, nos restan menos de 1,000 minutos de vigilia por día. Es sobrecogedora la cantidad de estímulos que la mayoría recibe en esos minutos: radio, televisión, periódicos, computadoras, correo de voz, correo electrónico, teléfonos y otros medios de comunicación. Debemos planear, correr de un lado a otro, conducir en el tráfico y, por supuesto, trabajar. Están los niños y todos los compromisos y responsabilidades que implican. Hay compromisos sociales y espirituales. Tenemos tareas en casa. Debemos cocinar, limpiar y hacer favores. Tenemos que pagar cuentas y tomar decisiones. Hay cosas que debemos recordar y labores que realizar personas que dependen de nosotros y otras que tal vez estén decepcionadas. Las exigencias y el ruido nos llegan de todas direcciones. Es constante e interminable. Todo esto y mucho más llega desde el exterior.

La meditación es un breve momento fuera de toda esta locura. Es un tiempo para reflexionar sin esfuerzo. Algunos dirán que es un intento de escapar del mundo exterior, pero no es así. En realidad es lo opuesto. Lo que la meditación hace es permitirnos acceder al mundo plenamente. Está diseñada para despertarnos. Con ella entrenamos a la mente para ver claramente lo que está ocurriendo mientras ocurre, y a estar en paz con esto. En vez de juzgar la vida, aprendemos a aceptarla, momento a momento.

Gracias a la meditación podemos observar de manera directa cómo se forman los pensamientos, qué hacen, adónde van y cómo crean una enorme confusión en el interior.

En la meditación podemos dar un paso atrás y presenciar cómo los pensamientos más pequeños se convierten en monstruos que quieren convencernos de que hay mucho que temer y mucho de qué enojarse. Cuando los pensamientos conflictivos compiten por nuestra atención, la mente puede convertir una vida hermosa en una emergencia permanente. Mi meta en la meditación es observar estos pensamientos y dejarlos ir, permitirles que se alejen flotando, como troncos en un río.

La palabra *insight* [comprensión] puede dividirse en sus dos sílabas: *in* [dentro] y *sight* [visión]. La comprensión nace de mirar hacia adentro para descubrir qué hay detrás de todo ese pensamiento; nos ayuda a ver la fuerza que impulsa la confusión, la prisa, la frustración, el miedo y la ira.

Edgar Cayce dijo: «Rezar es como hablar a Dios; la meditación es una manera de escucharlo». Exactamente ésa ha sido mi experiencia. Cuando medito me siento conectado con Dios, como si pudiera oír los sutiles murmullos de comprensión y dirección. Es muy reconfortante y me hace sentir que nunca estoy solo.

Podría gastar hojas y más hojas tratando de enseñarte el arte de la meditación. Sin embrago, mi intención en esta estrategia es simplemente despertar tu interés. Hay muchos libros buenos sobre meditación. Uno de mis favoritos es *The Best Guide to Meditation,* de Victor N. Davich. Puedes encontrar muchos otros en tu librería o biblioteca local. También se ofrecen clases por todos lados. Si eres afortunado, tu departamento de recreación o gimnasio local tendrá alguna clase de meditación para que puedas experimentarla de primera mano. ¡Incluso las he visto anunciadas en los pizarrones de avisos de las cafeterías!

Cualquiera que sea el modo en que lo hagas, espero que pienses seriamente en la meditación. Si lo haces, asegúrate de practicarla por un tiempo, pues aunque es sencilla, hace falta un poco de paciencia para agarrarle la maña. Sin embargo, los beneficios son enormes. Si le das una oportunidad, ¡estarás mejor preparado para enfrentar todo tipo de situaciones difíciles!

37

Decide con serenidad

Cierta vez que estaba luchando por encontrar la solución a un reto personal, pedí consejo a una amiga muy sensata. Me sugirió algo que cambió la manera en que enfrento los problemas graves. Me dijo: «Richard, lo que realmente necesitas es una decisión serena». Aquel comentario me cayó como una bomba. Desde entonces lo he aplicado en una diversidad de asuntos.

La palabra decisión implica llegar a una resolución definitiva o concienzuda sobre algo. Desde el punto espiritual, la relaciono con hacer las paces con un asunto. Cuando hemos resuelto algo, podemos dejarlo atrás y seguir adelante. Por ejemplo, una vez conocí a una pareja que había estado saliendo por algún tiempo. Ambos se debatían con la pregunta de si debían o no casarse. Finalmente decidieron que no. Para bien o para mal, ¡habían resuelto la cuestión! Toda carga mental relacionada con la decisión desapareció.

Sin embargo, el problema con las decisiones no siempre es la resolución en sí, sino la manera en que la abordamos. Cuando no sabemos a ciencia cierta con qué lidiamos, actuamos con agresividad o nos defendemos y fracasamos en nuestro intento por llegar a una respuesta. Si nos apresuramos y luchamos por obtener una solución, es fácil sentirnos temerosos o indecisos, o bien actuar con obstinación. A causa de la inseguridad, la sabiduría no tiene oportunidad de cobrar fuerza. Quedamos atrapados en el pensamiento, muchas veces dándonos topes contra la pared. Abordamos la empresa desde la desesperación y la confusión, y a veces aceptamos cualquier respuesta en vez de la solución ideal.

Sin embargo, si buscamos una genuina sensación de calma podemos crear una poderosa decisión serena, destinada a guiar en la dirección correcta. Esto no significa que vayas a obtener la respuesta, sino más bien que confías en que la sabrás a su debido tiempo.

Es interesante notar que la calma por sí sola puede ser útil o inútil, dependiendo de la situación y de cómo la interpretes.

He conocido a personas que estaban calmadas respecto a su retiro. Su actitud era: «No estoy preocupado. Todo saldrá bien». Por desgracia, nada salió bien. Lo que les faltó fue decisión. Debió haber un plan, un compromiso de hacer lo necesario para asegurar un retiro desahogado. Estoy convencido de que si hubieran tenido ambos elementos, la serenidad y la decisión, el resultado habría sido distinto.

Asimismo, la decisión puede ser un punto de partida, pero sin una sabiduría lúcida puede orillarnos a cometer un error o a sufrir aun más frustración y confusión.

Había tres hermanas que trabajaban en un negocio familiar y tenían conflictos personales. A mí me parecía que lo que en realidad necesitaban era un buen consejero familiar o un mediador experimentado. Sin embargo, una estaba impaciente y exigía que se llegara a una resolución para el vier-

nes de esa semana. Se arremangó y ejerció presión. Tenía reputación de ser la prepotente, y su actitud agresiva sólo sirvió para confirmar estos sentimientos. Sus hermanas no podían hacer frente a su persistencia.

El viernes llegó y las tres hermanas firmaron de mala gana un compromiso que no satisfacía a ninguna, ni siquiera a la que había presionado para firmarlo. La negociación fue apresurada innecesariamente y el resultado fue una decisión desafortunada. Había resentimiento entre las mujeres, y para un espectador resultaba obvio que si seguían por ese camino iban a tener conflictos continuos.

Hay ocasiones en las que, en el fondo, sabemos qué hacer. Sin embargo, ya sea porque nos incomoda o porque escuchamos los pensamientos de duda, le damos vuelta al asunto, posponemos o le damos la espalda y fingimos que no sabemos qué hacer. Un ejemplo perfecto de este dilema se presenta frecuentemente en la paternidad.

Supón que tu hijo ha transgredido una norma importante y que ha pasado por alto tu autoridad. Estás en la incómoda posición de tener que enseñarle una importante lección de vida. En el fondo de tu corazón sabes que la mejor solución es retirarle un privilegio, algo que realmente ama. Tu hijo, por supuesto, manifiesta su absoluta oposición e intenta hacerte sentir culpable. Grita y patalea y esgrime una docena de excusas. Suplica y promete que nunca volverá a hacerlo. Luego te dice lo mal padre que eres y te culpa de toda su desdicha. Puedes sentir cómo te hundes. Estás siendo destrozado y te molesta ser el malo de la película.

Si eres padre de familia sabes lo fácil que es doblegarse ante esta clase de objeciones y lo difícil que es decidir el siguiente paso. Nunca es fácil ser impopular, especialmente cuando se trata de los hijos. Si no mantienes la calma puedes perder la objetividad y los estribos. ¿Cuántos ejemplos de esto vemos todos los días? Por otra parte, si no tienes resolución puedes ceder fácilmente a la presión, en cuyo caso serás demasiado indulgente. Por desgracia, tu hijo comprueba que puede manipularte y no aprende su lección. ¿Cuántas veces vemos a un padre apegarse sincera y afectuosamente a las consecuencias previamente establecidas?

Sin embargo, con una decisión serena es más fácil tener confianza en que lo que estás haciendo es lo correcto y mantenerte firme. «Sereno» significa que estás determinado a mantener la calma. Sabes que cuando tu mente está despejada y no estas nervioso ni molesto, tomas decisiones más acertadas. Cuando sientas que estás saliéndote de tus casillas, utiliza esos sentimientos para recordar el poder de la calma, y haz ligeros ajustes para recuperar el sentimiento de tranquilidad.

La decisión es resultado de recordar una y otra vez que estás haciendo lo correcto y que actúas de buena fe. La decisión que tomaste no fue resultado de una reacción impulsiva, sino de estar en un apacible lugar de sabiduría. Sabes que, cuando te encamines en la dirección correcta y te comprometas con ella, todo saldrá bien.

La decisión serena es útil prácticamente en cualquier situación. Una vez conocí a una mujer que sobrevivió al terrible incendio de Oakland Hills en el sur de California, uno de los peores de la historia estadounidense. Su casa y todos sus documentos financieros y de seguros fueron destruidos. Sin duda era una horrible pesadilla. Sin embargo, nunca olvidaré la calma que infundió en las demás víctimas cuando les decía: «No te preocupes, superaremos este desastre. Todo se va a arreglar». Aunque ella no tenía idea de cómo se iba a resolver algo tan serio, sí sabía que se resolvería. Más que un acercamiento amistoso, sus palabras eran una auténtica fuente de consuelo. Ella había tomado una decisión serena. Sabía, en el fondo de su corazón, que si conservaba la calma y daba un paso a la vez al final todo se arreglaría.

Tal vez tengas amigos que te han dicho cien veces que van a dejar de fumar o beber, jugar, engañar a su esposa o cualquier otra cosa. Sin embargo, aunque los quieres, luego de un tiempo dejas de creer en ellos. Sabes que no hablan en serio. Ya has oído eso muchas veces.

Entonces, un buen día, vuelven a decírtelo. Sólo que esta vez es distinto. No sabes qué es, pero estás seguro de que lo dicen en serio. Su voz no es más fuerte, las circunstancias no han cambiado necesariamente, pero algo en la forma en que lo dicen te convence no sólo de que pueden hacerlo, sino de que lo harán. Ese algo es la decisión serena. Algo en el interior de tu amigo, su confianza, sabiduría, fortaleza, ha sido tocado, y quizá por vez primera lo siente y cree en ello.

La misma confianza sosegada es la que nos permite superar todas las circunstancias graves. Ya sea enfrentar una auditoría de Hacienda o planear un funeral para un ser querido, necesitamos confiar en que podemos hacerlo. Cuando tenemos esa fe, hacemos las mejores elecciones posibles en esas circunstancias. Creo que es posible decir que si no podemos superar algo con decisión serena, ¡tal vez sea algo que no puede ser superado!

No conozco ninguna técnica que pueda propiciar una decisión serena. Es más bien algo que viene de manera natural cuando confiamos en lo que hacemos y creemos que es lo mejor que podemos hacer como seres humanos. Hay algo en el interior, una inteligencia y una fuente de sabiduría interna, que se activa cuando confiamos en que existe. Cuando esta confianza es sincera y actuamos de buena fe, la sabiduría se abre y el cielo es el límite. Entonces gravitamos hacia las decisiones más sensatas y apropiadas.

Una vez salí de excursión con un buen amigo. En el camino nos perdimos, pero afortunadamente él sabía utilizar la brújula e identificar puntos de referencia. Aunque no sabía exactamente hacia dónde nos dirigíamos, tenía una confianza absoluta de que avanzábamos en la dirección correcta.

Para él, eso era todo lo que importaba y todo lo que era necesario. Basado únicamente en su criterio, simplemente colocó un pie delante del otro hasta que, finalmente, supimos exactamente en dónde estábamos. Siempre lo he admirado por esa confianza firme y tranquila.

Con frecuencia recuerdo esa excursión cuando pienso en la decisión serena. Es una confianza similar en lo desconocido. No se trata de fingir que sabemos algo que no sabemos. Eso sería absurdo. Se trata de estar dispuestos a escuchar esa voz interior que sabe qué hacer a continuación, y que cuando no sabe, sabe que no sabe.

El compromiso con la decisión serena proporciona uno de los sentimientos más reconfortantes que puedas imaginar. En un mundo imprevisible y confuso nos da esperanza en que las cosas saldrán bien. Nos da un punto de partida, algo desde lo cual podemos trabajar, cuando existen demasiadas variables desconocidas. Pruébala y no te arrepentirás.

38 El perdón

No se me ocurre ningún principio más importante para la salud y la fortaleza internas que la poderosa práctica del perdón. Perdonamos no sólo en beneficio de los demás sino también de la propia tranquilidad. Hacer del perdón parte de la vida como una práctica espiritual diaria, es algo que nos ayudará a dejar atrás ira, resentimiento y temor. Sin él, nuestros corazones pueden nublarse con odio, amargura y confusión.

Creo que nunca ha habido una época en la historia de la humanidad en que el perdón sea más importante que ahora. Después de los brutales actos de terrorismo del 11 de septiembre de 2001, muchos corazones se cerraron por completo. Hay para quienes la idea misma del perdón resulta impensable. Por desgracia, la cerrazón de los corazones ha superado la incapacidad de perdonar a los terroristas y se ha extendido a la vida diaria. El cinismo ha tomado el control, lo que constituye una auténtica victoria para los malhechores.

Ya sea que se trate de algo horrible como el terrorismo, o de algo doloroso aunque de menor magnitud, es importante comprender y reconocer lo que no es el perdón. El perdón no es justificar, olvidar o aceptar actos o comportamientos imperdonables. No es apatía, ni tampoco es decir, «será mejor que lo supere». El perdón no es sinónimo de debilidad ni de falta de resolución. No significa dejar de apoyar y luchar por lo que está bien y de castigar lo que está mal. Podemos odiar un acto en particular y trabajar incansablemente para asegurarnos de que no vuelva a suceder, pero conservarlo en el corazón de manera que preservemos la sensatez y restituyamos nuestro bienestar. De esa manera podemos continuar la vida con fuerza renovada.

Hace años escuché una historia de perdón que cambió mi manera de percibir las injusticias de que he sido víctima. El hijo de una mujer fue secuestrado y nunca fue hallado. Después de una inimaginable agonía, ella abrió su corazón al perdón. Dijo que sin él, su vida habría sido destruida junto con la de todos los que estuvieran en su camino. Me comentó que sin el perdón, el abuso de drogas y alcohol hubiera sido tan inevitable como la luz del día. La mujer dijo que el perdón era como el abrazo cálido de un ser querido. Tiene la capacidad de desmoronar el odio, la mortificación y los pensamientos de venganza. Es una enorme liberación de energía negativa.

El perdón le permitió abrirse al hecho de que la vida es como es. Eso no significa que deba gustarnos siempre y por supuesto no es así. Sin embargo, el perdón permite experimentar una aceptación de lo que es y desarrollar la capacidad de seguir adelante.

Hay otra historia que me hizo llorar y me dio una nueva perspectiva. Una mujer adulta me comentó cómo había sido abandonada por su madre al nacer. Literalmente, la dejaron para que muriera. La mujer creció con hostilidad, furia y confusión; su vida había estado llena de infelicidad y problemas. Muchas personas, incluso terapeutas, estaban convencidas de que no tenía la capacidad para vivir feliz.

En cierto momento conoció a un amigo que, a pesar de la fuerte y continua resistencia de ella, logró convencerla del valor del perdón. Le tomó algo de tiempo, pero finalmente lo encontró en su corazón con sinceridad. Describió su perdón de manera similar a como lo hizo Cristo. En concreto, sus palabras fueron: «Es fácil perdonar cuando sabes que ella no sabía lo que hacía». La mujer se dio cuenta de que si su madre hubiera sentido al menos un poco de cariño o compasión, nunca hubiera cometido un acto tan vil y egoísta. Sabía que su madre había sufrido un intenso dolor. ¿Estaba aprobando lo que había hecho su madre? Por supuesto que no. De hecho, al igual que muchas víctimas, ella decidió dedicarse a ayudar a prevenir que otros sufrieran la misma experiencia. Esta mujer no perdonó a su madre por mera amabilidad, sino como una manera de revivir su pasión por la vida. Fue una estrategia de supervivencia.

Hay también una elocuente historia sobre un monje budista. Él y su amigo, otro monje, habían estado prisioneros algunos años antes. Ambos habían sido maltratados y torturados. Cierto día, el amigo le preguntó al monje si perdonaría a sus captores. «Nunca», dijo éste. La respuesta del budista queda como anillo al dedo en esta estrategia: «Entonces siempre serás su prisionero».

Una vez escuché que el Dalai Lama se refiere a sus «enemigos» como «mis amigos los enemigos». Nunca he puesto en duda su resolución para hacer lo correcto y siempre he creído que es consciente de que el resentimiento y el odio no lo llevarían a ningún lado. Defender la violencia y el odio es tal vez más vano y desfavorable.

Al final de una conferencia, un hombre me dijo en privado que si era fácil para mí hablar de perdón era porque obviamente no había tenido padres como los suyos. El hombre afirmaba que el perdón suena bien en teoría, pero que en algunos casos es poco realista. Le comenté la historia de la mujer y el hijo secuestrado, y reconocí que nunca había sufrido un dolor ni remotamente parecido. Sin embargo, he escuchado a muchas personas relatar historias de perdón. En todos estos años, nunca escuché a nadie decir: «Perdoné, pero me arrepiento de haberlo hecho». Creo que nunca lo escucharé. Al igual que tú, sólo espero aprender de quienes han transformado su dolor en perdón.

La verdad es que el perdón es una de las herramientas más prácticas. Uno de los argumentos más fuertes en favor del perdón es que, en última instancia, somos los más beneficiados. Piénsalo. ¿Qué otra práctica tiene el poder de ayudarnos a aliviar un dolor tan grande? ¿El ejercicio, comer sanamente, hacer un recuento de las bendiciones recibidas, expresar ira, pensar positivamente, acumular logros? No se me ocurre nada más poderoso y eficaz que la decisión consciente de perdonar.

Ya sea que hayamos experimentado un divorcio, un asalto o cualquier tipo de tragedia, el perdón es esencial para la recuperación interna y la felicidad. Me atrevería a decir que el simple hecho de crecer, de rebelarnos contra nuestros padres y convertirnos en adultos, requiere por lo menos de un poco de perdón. A mi manera de ver, o aprendemos a perdonar de manera consciente, o sufriremos una terrible agonía. Nuestro sufrimiento puede ser mudo o manifiesto, pero estará ahí.

El perdón es central en mi vida. No es que yo haya sido maltratado ni que haya sufrido mucho; es sólo que en la vida de todos ocurren cosas, se comenten errores, sufrimos decepciones y el resentimiento invade nuestros corazones. No importa quién seas, si eres humano, está ahí. Si eres honesto, probablemente admitirás que hay ocasiones en las que sientes resentimiento incluso hacia las personas que más quieres: padres, cónyuge, hijos y hasta tus mejores amigos. Nadie está exento. Incluso aquellos que tienen vidas aparentemente maravillosas experimentan dolor y confusión.

Admitir esto hace que la práctica del perdón parezca menos titánica. Nos permite ver que la decepción y el resentimiento son parte de la condición humana. Todos sufrimos dolor. Por más que nos esforcemos y por más que lo deseemos, es imposible evitarlo cien por ciento. La realidad es que hay momentos en que las personas nos decepcionan y nosotros hacemos lo mismo con otras. Reconocer esto nos recuerda que todos somos humanos y estamos en esto juntos. Desde esta perspectiva, es más fácil perdonarnos cuando demostramos, una vez más, que somos sólo humanos. Igual ocurre cuando los demás nos muestran lo mismo.

Una vez experimenté una extraña coincidencia relacionada con el doloroso asunto de la infidelidad. Estaba escuchando en el radio un programa de debate y una mujer casada llamó para comentar su confusión por el hecho de que había conocido a otro hombre por el que sentía atracción. El presentador despotricó furiosamente sobre lo reprobable que le parecía su comportamiento, aunque no había sucedido nada. Ella colgó el teléfono sintiéndose culpable y confundida, a juzgar por su voz.

No más de dos horas después hablé con una mujer que me contó básicamente la misma historia. Mi consejo y mi reacción fueron diferentes. Aunque no soy un experto, siempre he creído que la honestidad es lo mejor. Para mí, todos somos susceptibles de experimentar situaciones similares, si no idénticas. Le sugerí que hablara con su esposo sobre sus sentimientos y sobre lo que había pasado. Pensé que una conversación de corazón a corazón sería lo más adecuado.

Aunque obviamente nunca supe lo que pasó con la mujer del programa, sí volví a saber de la mujer con la que hablé. Me dijo que no sólo había recibido el perdón de su esposo, sino que después del suceso estaban unidos diez veces más que antes. Me dijo que cuando su esposo escuchó lo que había pasado, le salieron lágrimas de los ojos y le confesó que, aunque nunca había tenido una aventura, también había experimentado sentimientos parecidos en el pasado. De manera curiosa, y en circunstancias menos perfectas, aquella probable aventura sirvió de catalizador para mejorar su matrimonio.

¿Qué habría pasado si, en lugar perdonar, el esposo se hubiera mostrado obstinado? ¿Qué habría pasado si hubiera olvidado que él también era humano y no hubiera visto la humanidad de su esposa? Ninguno habría disfrutado su renovada proximidad.

De ningún modo estoy sugiriendo que resulte correcto engañar a tu pareja o hacer algo que resulte inmoral o doloroso para otro. Todo lo que digo es que la conciencia de que todos somos seres humanos hace mucho más fácil perdonar y seguir adelante. Cuando admitimos que «nosotros» somos «ellos», podemos experimentar la humanidad compartida. De vez en cuando incluso podemos ver el lado humorístico de la condición humana.

Existen muchos niveles de perdón. El primer nivel consiste en perdonarnos conscientemente a nosotros. Perdónate por las injusticias que has perpetrado, los errores que has cometido y las decisiones que resultaron equivocadas. Perdónate por no ser perfecto, por ser humano.

Después, perdona a los demás por ser humanos: a tus padres por no ser perfectos, a tus hermanos por no haberte defendido siempre y a tus amigos por haberte traicionado a veces. Perdona a tus vecinos, socios, compañeros de trabajo y a todos los demás por actuar guiados por interés personal. Recuerda que nadie es perfecto. Nadie. Recuerda que la ira jamás cumple su promesa de hacerte más feliz. De hecho, mientras más te aferres a la ira y al resentimiento, más infeliz serás.

Finalmente, perdona al mundo por no ser perfecto. Perdona al universo por cometer errores y por no ponerte en primer lugar. Perdona al caos y a todo lo que parece no tener sentido. Sé consciente de que, a pesar de las evidencias contrarias, Dios sabe lo que está haciendo. De algún modo, todo tiene sentido aun cuando no siempre podamos entenderlo. Hay varios tipos de meditación que trabajan con este tipo de perdón múltiple. En un estado de profunda relajación, empiezas a pedir perdón a quienes has hecho daño. Luego pides la capacidad para perdonar a las personas que te han hecho daño. Finalmente, pides perdón por cualquier daño que te hayas hecho a ti mismo. En muchos sentidos ésta es la parte más difícil. ¡Somos unos ogros con nosotros mismos!

La práctica efectiva del perdón comienza por entender que es en nuestro beneficio. Tenemos que ser conscientes de que el amor y el perdón son las piedras de toque de la salud mental y la felicidad. Cuando queremos perdonar, es fácil usar las palabras «te perdono». Ése es precisamente el siguiente paso, la disposición para decir «te perdono» o «me perdono» por no ser perfecto. Por simple que parezca, el perdón proporciona un enorme alivio.

La Biblia dice: «Perdona y serás perdonado». Esto no significa: «si perdono a los demás puedo hacer lo que yo quiera». Es simplemente una manera de recordarnos que nadie es perfecto. Es muy fácil que justifiquemos de manera reactiva nuestras imperfecciones y que digamos o pensemos: «Lo que hice no fue tan malo, pero ahora déjame decirte lo que me hicieron a mí».

A veces la parte más difícil es admitir que, al igual que los demás, somos seres con imperfecciones. Estropeamos las cosas, cometemos errores y tomamos malas decisiones. ¿Qué pasaría si en vez de sentir resentimiento hacia los demás porque hacen lo mismo, practicáramos el arte del perdón? ¿Qué crees que pasaría con el odio del mundo si fuéramos los primeros en perdonar? Tal vez sea impopular creer que es mejor ser el primero en perdonar, pero no me importa. Me gusta pensar que si el perdón comenzara en casa, el mundo sería un mejor lugar y todos seríamos mucho más felices.

39

Ten presente la conexión mente-cuerpo

La conexión entre la mente y el cuerpo es un tema que me ha interesado durante más de veinte años. Es emocionante tener la oportunidad de compartir algunos de esos pensamientos.

Cuando estuve en la universidad conocí a una mujer que era una gran defensora de la salud. ¡Era tan cordial como radiante y saludable! Ella podía distinguir, con sólo verme, si necesitaba ayuda. La recuerdo diciéndome en tono amable: «Para tu edad y aptitud atlética, simplemente estás demasiado cansado y no tienes suficiente energía». Por esa época no dormía bien, y anímicamente me sentía «como agua para chocolate».

Ella conocía un médico que realizaba análisis para determinar alergias hacia los alimentos. El resultado me descubrió la asombrosa conexión entre el cuerpo y la mente. Los análisis demostraron que era sensible o alérgico a una gran cantidad de alimentos y me sugirieron que los eliminara de mi dieta durante un tiempo hasta que fuera seguro volverlos a incluir, poco a poco.

Mi experiencia fue dramática, por decir lo menos. Además de perder peso y dormir mejor, casi inmediatamente mi estado de ánimo mejoró y me sentí menos tenso. No me cabía la menor duda de que la eliminación de esos alimentos había influido enormemente en la calidad de mi vida física y emocional.

Unos veinte años después, nuestra hija de diez años empezó a mostrar algunos síntomas. Había tenido muchos problemas de respiración y tendía a frustrarse repentinamente. Preguntamos a un médico qué pensaba de sus síntomas y él nos preguntó si estábamos dispuestos a someterla a una prueba de alergia a los alimentos. Debido a mi experiencia, aceptamos inmediatamente.

El doctor nos envió a un laboratorio. Los resultados mostraron una alergia grave a ciertos tipos de alimentos. Por desgracia, ¡muchos eran de sus favoritos!

La historia todavía no llega a su conclusión, pero se desarrolla bien. De acuerdo con ella y con el médico, y con lo que nosotros podemos observar, sus síntomas han desaparecido. Incluso se siente más feliz.

Los alimentos son sólo una pequeña parte de la conexión entre la mente y el cuerpo. En los últimos veinte años he comprobado que la mente y el cuerpo están vinculados de manera inextricable. Por ello, lo que es bueno para uno, generalmente es bueno para el otro.

A mí me encanta todo tipo de cuidados para el cuerpo, por ejemplo, los masajes, la quiropraxis o la estimulación profunda de los tejidos. En ocasiones, en plena sesión con un terapeuta profesional, y sin razón aparente, me he soltado a llorar. Ese llanto no es resultado del dolor físico, sino de las obstinadas emociones que son liberadas por mi cuerpo. Seguramente un cínico se burlaría de esta conexión y negaría su validez.

También yo lo haría de no haberla experimentado y escuchado decenas de historias similares. Una buena sesión de trabajo con el cuerpo puede ser algo parecido a pelar una cebolla. Capa tras capa se va revelando, y con cada capa viene una sensación de liberación emocional, a veces sutil y otras dramática. Cuando la sesión termina me siento más ligero, feliz, menos estresado y abrumado.

Mi modalidad favorita de trabajo con el cuerpo es el *rolfing*. Se trata de un sofisticado trabajo corporal bautizado en honor de Ida Rolf, su creadora. Los terapeutas se entrenan en el *Rolf Institute* de Boulder, Colorado, y en otros centros de instrucción. Nunca olvidaré mi primera sesión con quien ahora es mi mejor amigo, Benjamin Shield. Él trabaja en Los Ángeles y es uno de los mejores profesionales de este campo en el mundo.

Llegué a la sesión nervioso y a las carreras, preguntándome cuánto iba a durar. Tenía una actitud cínica, pero debido a algunas lesiones, estaba dispuesto a probar. Aproximadamente una hora después, cuando salí, era una persona nueva. La estructura de mi cuerpo había sufrido tal cambio en una sola sesión que mi ser estaba totalmente libre de cualquier tipo de tensión. Puedo decir que nunca he estado tan tenso como en aquella época. Para mí, los resultados fueron permanentes. Cuando mi cuerpo se liberó de la tensión, mi mente también lo hizo. La impresión más grande no me la llevé yo, sino Kris, quien me llevó a casa en el auto después de mi sesión. Ella no podía creer el cambio que había ocurrido ni lo relajado que estaba. Esa experiencia fue una de las más trascendentales; abrió mis ojos al mágico mundo de la conexión mente-cuerpo.

Al continuar las sesiones me sentí cada vez más relajado. Mis prioridades empezaron a cambiar. Perdí interés en la competencia y lo gané en ayudar a los demás. Es posible que si no hubiera tenido esa experiencia en la universidad, mi vida hubiera seguido un camino distinto y no estaría escribiendo este libro. Así de importante fue para mí la conexión mente-cuerpo, y tal vez lo sea para ti.

No estoy calificado para dar ningún tipo de explicación científica, pero puedo decirte que después de una buena sesión de masaje, *rofling* o quiropraxis, me siento más relajado hasta por dos o tres días. Las cosas que normalmente me sacan de quicio dejan de molestarme. Una vez, dos buenos terapeutas nos dieron masajes a Kris y a mí mientras estábamos uno al lado del otro. Nos relajamos tanto que notamos que nuestra actitud defensiva había desaparecido. Nuestra comunicación, que ya era muy buena, se elevó a nuevas alturas. Hubo una conexión invisible entre nuestros cuerpos, más relajados que nunca, y nuestra capacidad para comunicarnos afectuosamente, de corazón a corazón.

En un curso de meditación conocí una forma de respiración profunda. No recuerdo cómo se llamaba, pero sí puedo decirte lo útil que ha sido en mi vida. La propuesta consistía en dedicar dos o tres minutos a respirar profundamente antes de entrar a casa después de un largo día de trabajo. La premisa era que la respiración tiene la capacidad de generar un sentimiento de relajación. Así, en vez de entrar a la casa como un vendaval, con respiraciones superficiales y saludando a mi esposa e hijas con impaciencia, pude entrar con un estado de ánimo relajado. ¡Qué distinto fue todo desde el primer momento! No sólo yo, sino toda mi familia se sintió más calmada instantáneamente, y sólo había cambiado mi relación con mi cuerpo. Relajé cuerpo y mente. Una vez más, la conexión mente-cuerpo en acción.

Una de las aplicaciones más obvias de la conexión mente-cuerpo es el ejercicio. Todo mundo sabe que la actividad física libera endorfinas, las cuales incrementan la sensación de bienestar. He conocido a personas rezongonas que decidieron empezar a hacer ejercicio durante la hora del almuerzo en lugar de atiborrarse de comida, ¡y cómo han cambiado! Son las mismas personas, pero con una visión diferente. Sé que cuando hago del ejercicio una prioridad me siento mejor. Incluso quince o veinte minutos al día cambian muchísimo las cosas. Mi consejo es que acudas a tu médico y que investigues qué ejercicio es el más apropiado para ti.

Tal vez los ejemplos más drásticos de la conexión mente-cuerpo los he visto a través del yoga y la meditación, dos prácticas que han cambiado mi vida para siempre. Ambas nos ayudan a encontrar y a conservar la paz interior, incluso en medio del caos. No tengo la menor duda de que estas antiguas prácticas pueden ayudar a cualquiera a enfrentar y a prepararse para los inevitables sucesos trascendentales.

Tengo dos hijas en edad escolar. Aunque apoyo el trabajo duro y todo lo que están aprendiendo, también estaría en favor de un poco menos de esfuerzo intelectual si éste fuera reemplazado por un poco de educación emocional, por ejemplo, mediante yoga, meditación u oración. Cuando veo a los jóvenes, compruebo que no siempre saben cómo enfrentar conflictos, decepciones y frustraciones. No todos, pero muchos simplemente reaccionan al entorno. Con frecuencia, esas reacciones son negativas y agresivas. La meditación y el yoga nos enseñan a permanecer centrados. Aprendemos a tomar decisiones desde un sitio pacífico de respuestas y no desde un lugar caldeado de reacciones. ¿Te imaginas qué pasaría en el mundo si los niños aprendieran no sólo los necesarios pilares académicos, sino también la capacidad para mantenerse tranquilos y felices? Así como la lectura, la escritura y las matemáticas son los pilares de una buena educación, el yoga y la meditación son, a mi manera de ver, dos de los pilares de la urbanidad y la cooperación.

Por supuesto, no sólo los niños enfrentan conflictos y dramas no deseados. Todos lo hacemos. Nuestras cabezas están llenas de deseos contradictorios y necesidades. Nuestros impulsos generalmente nos obligan a ir tras esos deseos a cualquier costo, a sentirnos frustrados o a actuar con agresividad cuando no obtenemos lo que queremos. Lo que el yoga y la meditación enseñan es el arte de la paciencia, saber cuándo esforzarse y cuando retraerse. Nos ofrece opciones internas; enseña a desvanecer los conflictos con un estado de ánimo sereno.

El yoga y la meditación demuestran la conexión mente-cuerpo de muchas maneras. Una de las consecuencias más notables que experimentan las personas que estudian estas artes antiguas es el desarrollo de la paciencia y la presencia. Ondrea Levine dijo: «Puedes ser paciente o puedes esperar». Cuando escuché esas palabras me reí porque me parecieron muy acertadas. En otras palabras, ¡es imposible esperar pacientemente! No hay tal cosa. Esperar significa que estás ansiando que la situación cambie. Hay cierto grado de ansiedad, una cierta impaciencia porque no estás donde quieres estar.

Por otra parte, la paciencia es la capacidad de aceptar las cosas como son. Si estás en una larga fila y eres paciente, sólo

permites que la fila avance como está avanzando, sin apresu-
rarla mentalmente. No hay ansiedad ni frustración; simplemente es lo que es.

La misma cualidad aplicada a otros aspectos más importantes de la vida puede marcar la diferencia entre una interac-
ción exitosa y pacífica, y una destructiva. Piensa en el valor
que tiene la paciencia cuando tratamos con los demás, ya sea
en el trabajo, donde podemos enfrentar conflictos de intereses, o en el hogar, donde tal vez tengamos que tratar con un
adolescente obstinado. La cualidad de la paciencia te permite
imponer consecuencias en vez de dar sermones, mantener la
calma en vez de perderla, y tomar decisiones sensatas en vez
de reactivas, todo esto con tranquilidad y ecuanimidad. Irónicamente, no hay antídoto más poderoso contra el comportamiento negativo que un estado de ánimo sereno.

La presencia es otro don que resulta de la práctica de la
meditación y del yoga. La presencia es la habilidad de estar
aquí y ahora, de estar donde estás y no desear estar en otro
lado. ¿Cuántas veces te ha pasado que mientras hablas con alguien consultas tu reloj y deseas intensamente poder continuar con tu día? Sin embargo, cuando llegas a tu próximo
destino, vuelve a ocurrir lo mismo. Con excepción de algunos
breves momentos, normalmente no estás satisfecho en el lugar
donde te encuentras porque siempre estás un paso delante de
ti, pensando en lo que sigue. Cuando lo que sigue llega, vuel-
ves a caer en la misma dinámica interior.

Aprender a meditar o a practicar yoga no significa que no
volverás a retrasarte o a tener prisa. Sin embargo, sí reducirá
tu tendencia a sentirte apresurado, sobre todo cuando no es
útil ni necesario. La ansiedad desaparecerá. ¿Algunas vez has

estado con alguien que, mientras está contigo, está totalmente satisfecho y feliz de estar ahí? ¡Podríamos decir que estar con nosotros es lo máximo para ellos! Es uno de los aspectos más reconfortantes y satisfactorios de ser humano. Ésta es una cualidad que puedes aprender a mantener en tu vida la mayor parte del tiempo. Puedes llegar al punto en que los demás sentirán que eres tú quien les ofrece esa hermosa cualidad llamada presencia.

La presencia es una herramienta mágica que te acerca a las demás personas: cónyuge, hijos, compañeros de trabajo, amigos y hasta desconocidos. Sin embargo, nunca es más útil que cuando enfrentamos momentos difíciles. Cuando tú u otra persona necesita una mano afectuosa, apoyo o alguien con quien hablar, ese alguien puedes ser tú. Todo empieza con el reconocimiento de la relación mente-cuerpo; todo es resultado de encontrar formas de utilizar el cuerpo en beneficio de la mente y viceversa.

Tengo un buen amigo que es un destacado maestro de yoga y cuya vida está en gran parte dedicada a su trabajo y a su práctica. Hace poco sufrió el terrible dolor de la pérdida de su padre. De ningún modo puedo decir que él, ni nadie, haya escapado del dolor relacionado con la muerte de un ser querido. Sin embargo, sí puedo decir que su belleza interior y su corazón compasivo le permitieron enfrentar de la mejor manera posible un momento difícil. Su práctica del yoga le había enseñado a permanecer centrado y a mantener el corazón abierto, incluso en momentos de dolor. Sus palabras, aun en medio de su dolor, eran reconfortantes y significativas para todos los que lo rodeaban. Su padre se hubiera sentido orgulloso.

Tanto el yoga como la meditación se han vuelto populares y accesibles, y creo que es una buena noticia para todos. Actualmente, mi revista favorita sobre yoga es *Yoga Journal*. Está llena de artículos, ideas y productos maravillosos que pueden ayudarte a comenzar. También puedes encontrar buenas revistas y libros de meditación en tu librería o biblioteca local. Te exhorto a que lleves esta información al siguiente nivel y que encuentres las prácticas más adecuadas para ti. Sentirás una diferencia significativa casi inmediatamente. Pero además, te estarás preparando para los momentos difíciles. Cuando lees revistas como *Yoga Journal* tienes acceso a una amplia variedad de fantásticas ideas sobre la salud y la curación.

La conexión mente-cuerpo es misteriosa y fascinante. Las posibilidades son ilimitadas. Vale la pena cualquier esfuerzo que hagamos por familiarizarnos con ella. La integración del cuerpo y la mente nos ofrece una fortaleza necesaria en la vida, un arma de paz contra el aluvión de situaciones difíciles que enfrentamos.

La felicidad

Cuando mi hija Jazzy era más pequeña, una de sus amigas le preguntó a qué se dedicaba su papá. Ella contestó: «Enseña a las personas a ser felices». Su amiga dijo: «¡Suena divertido!» La amiguita tenía razón. No sólo es divertido sino que es un privilegio. De hecho, el tema es tan cercano a mi corazón que decidí concluir este libro con unos pensamientos al respecto. En esta estrategia final utilizo indistintamente las palabras felicidad, satisfacción y tranquilidad. Para mí, son una y la misma cosa.

Luego de muchos años de reflexión en silencio he aprendido algunas cosas importantes. Hay dos en particular que me vienen a la cabeza en este momento. En primer lugar, creo que todos podemos aprender a ser más felices y agradecidos, dos cualidades que van de la mano. Estoy convencido de que, como sugiere el título de uno de mis libros anteriores, puedes ser feliz pese a todo [*You Can Be Happy, No Matter What*]. Muchas personas me han escrito para decirme que aprendieron a ser sensatos y pacíficos a pesar de que les ocurrieron cosas espantosas. Sus elevados niveles de entendimiento y sabiduría han superado la capacidad de la vida para propinar golpes perjudiciales. La paz interior y la sabiduría no sólo permiten superar los retos más duros, sino que incrementan la capacidad de sentir compasión, lo que a su vez hace posible que una persona esté disponible y capacitada para ayudar a los demás.

En segundo lugar, es importante reconocer que nadie es feliz todo el tiempo. Yo no lo soy, y no he conocido a nadie que lo sea. De hecho, una de las primeras cosas que notarás al estar con personas confiables que se describen como felices, es que no fingen estar felices si no lo están. No hacen muchos aspavientos. Lo irónico es que ésta puede ser una de las principales razones por las cuales son felices. Si están deprimidos, lo reconocen y lo aceptan, pero no lo analizan en exceso ni lo convierten en un problema. Una de las personas más pacíficas que he conocido me dijo una vez: «Cuando me siento deprimido trato de no verlo como una emergencia». Para él, el asunto no era mucho más importante que decidir a cuál restaurante ir. Me dijo que no le gusta estar deprimido, pero que confiaba en que «lo que sube normalmente baja, y con suerte, vuelve a subir también».

Mientras reflexionaba en sus palabras me di cuenta de que tenía razón. Pensé en los cientos de veces que he estado de mal humor y me he recuperado. Al igual que él, no le resto importancia a esos estados de ánimo ni niego su existencia. Simplemente trato de recordar que mi base de operaciones es un sentimiento de satisfacción. Si me lo permito, invariablemente vuelvo a él. A veces pierdo el rumbo, más de las que gustaría admitir. Sin embargo, ahora confío en que puedo hacer los cambios necesarios.

Una vez escuché en el radio a Rabbi Harold Kushner. En esa ocasión dijo: «Las personas están demasiado ocupadas persiguiendo la felicidad. Si aminoraran la marcha y giraran sobre sus talones, le darían la oportunidad de que los alcanzara». La felicidad está al alcance de todos. Sin embargo, una de las claves es dejar de perseguirla.

La felicidad es un estado de ánimo, no un conjunto de circunstancias. Si las circunstancias y la capacidad de obtener lo que queremos fueran las claves, ¡la mayoría estaríamos eufóricos!

Es interesante pensar en cuántas veces hemos obtenido justo lo que queríamos. En esos momentos tuvimos una sensación pasajera de alegría, producto de un logro o del cumplimiento de un deseo, pero pronto volvimos a desear vehementemente algo más. ¿Qué ocurrió con la felicidad que se suponía debía proporcionarnos? ¿Por qué nunca dura mucho?

No me malinterpretes. Soy el primero en admitir que me encanta obtener lo que quiero y me encanta alcanzar sueños y metas. Sin embargo, he aprendido que es un error equiparar la satisfacción de esos deseos con la felicidad. De hecho, no es necesario. El momento crucial de mi viaje hacia una vida más satisfactoria fue cuando adopté esta verdad, cuando me di cuenta de que la vida es un juego que se juega desde dentro hacia afuera.

Hay una vieja frase que dice: «No hay un camino para llegar a la felicidad. La felicidad es el camino». La felicidad es un sentimiento que existe en el momento presente. Eso es todo lo que es. Desde mi punto de vista, hay dos puntos de partida o ingredientes esenciales que nos permiten experimentar este sentimiento de manera más frecuente. Mientras tengamos uno o el otro, en cualquier momento, la felicidad estará a un pensamiento de distancia.

El primero consiste en retirar la atención de preocupaciones, problemas, aflicciones y frustraciones, y permitir a la mente permanecer despejada. Esta claridad hace que surja un sentimiento natural de satisfacción que trae consigo objetividad, compasión y sentido del humor. ¿Significa esto que los problemas no existen? Por supuesto que no. Simplemente se trata de la conciencia que permite que la tranquilidad exista y se desarrolle. Cuando nos retiramos conscientemente de las preocupaciones, no lo hacemos por la fuerza ni para fingir que los problemas no están ahí, sino con la intención de traer más paz al momento. Tal como las olas en la playa, los pensamientos llegan continuamente a la cabeza. Si somos sensatos, aprenderemos a dejar que la mayoría regresen al lugar de donde hayan venido.

Cuando es necesario o útil concentrarse en un problema, debemos hacerlo. Muchas veces es lo único que podemos hacer. Ése es un asunto aparte. De lo que estoy hablando es de la habilidad consciente y de la disposición para abandonar las preocupaciones en vez de sumergirnos más profundamente en ellas.

El segundo ingrediente de la felicidad es una variante de la misma conciencia, aunque es quizá más importante. Es la habilidad de reconocer los pensamientos problemáticos aun cuando no podamos o no queramos desecharlos. Si reconocemos que el pensamiento es sólo pensamiento y no algo a lo que debamos temer, podremos evitar perdernos y ser avasallados por él. Podremos dar un paso atrás y abordarlo de manera distinta, menos personal. Es como la diferencia entre estar en una película y verla. Cuando hay por lo menos un poco de distancia, podemos observar el pensamiento y no ser controlados por él. Empezamos a relacionarnos con nuestro pensamiento y no desde él. Eso cambia todo. Nos permite ser menos reactivos y tomar decisiones más sensatas.

Podemos experimentar la felicidad en este momento o no experimentarla en absoluto. Si te sorprendes diciendo o pensando cosas como «seré feliz después», ¡ten cuidado! Lo que en realidad estás diciendo es: «algún día tomaré la decisión consciente de desviar la atención de mis problemas, preocupaciones y fuentes de estrés, y entonces seré feliz». De hecho estás diciendo: «No puedo o no quiero hacerlo ahora, pero lo haré después». Simplemente estás posponiendo lo que necesitas hacer.

El problema es que, el mismo razonamiento que impide que lo hagas ahora también estará presente en el futuro, te lo garantizo. Siempre tendremos problemas y justificaciones externas para sentirnos serios, preocupados, resentidos o infelices. Siempre habrá preocupaciones que parezcan requerir o en efecto requieran atención. Siempre tendremos la misma historia personal y los mismos padres. Si tuviste una horrible experiencia cuando eras joven y ahora tienes 40 años, esa misma experiencia también habrá sucedido cuando tengas 60. Éste no es un comentario sarcástico sino una realidad que hay que tomar en cuenta. A menos que algo cambie en tu interior, no habrá manera de que te sientas satisfecho.

Casi todos estamos conscientes de que siempre tendremos problemas. Dentro de diez años tal vez serán menos graves o más graves de lo que son ahora; lo más probable es que sean diferentes. Sin embargo, hay algo seguro: estarán ahí.

No obstante, muchos estamos convencidos de que si vamos a experimentar felicidad, será más tarde. Tengo una noticia buena y una mala. La mala es que, ¡eso no funciona! Tarde o temprano, si quieres ser feliz, tendrás que serlo a pesar de todo. La buena noticia es que puedes hacerlo hoy, en este momento.

Confucio dijo: «La felicidad no consiste en tener lo que quieres, sino en querer lo que tienes». ¡Exactamente! Muchos experimentamos momentos de felicidad. Esos momentos están ahí pero se alejan con nuestros pensamientos, dejándonos, una vez más, anhelando ese sentimiento. A mí me ha ayudado recordar que la felicidad no es más que un sentimiento que se experimenta en el momento presente, en éste.

He aprendido que sentirnos satisfechos es una de las cosas menos egoístas que podemos hacer. Cuando tenemos en nuestro interior lo que necesitamos, la respuesta natural es dar o abrir nuestros corazones a las causas en las que creemos. Muchos afirman que la compasión es el requisito más necesario para sentir felicidad. Estoy absolutamente de acuerdo. Sin embargo, no creo que sea necesario forzarnos a ser más compasivos, pues cuando somos felices no podemos evitar sentir compasión. Aldous Huxley dijo una vez: «Es un poco vergonzoso haberse ocupado de la condición humana toda la vida y descubrir que no podemos aconsejar nada mejor que tratar de ser un poco más generosos».

Con frecuencia pregunto a la gente: «¿Qué dirías si te ofreciera mil dólares por todo aquello por lo que te sientes agradecido?» Estoy seguro de que se te acabaría el papel para escribir antes de que acabaras con tus respuestas. La razón es que, en el fondo, todos sabemos que es un milagro estar aquí. La vida es un don que hay que atesorar; fue un don cuando naciste y lo ha sido desde entonces. Divulguemos juntos el mensaje para traer más generosidad y felicidad a nuestro mundo. Tengo la esperanza y rezo por que encuentres la felicidad en esta vida, a partir de este momento. Te lo mereces.

Lo que sí importa en la vida se terminó de imprimir
en septiembre de 2004, en Litográfica Ingramex, S.A.
de C.V., Centeno No. 162, col. Granjas Esmeralda,
C.P. 09810, México, D.F.

Certificado No. 02-2082

6/10   9   3/09